운명을 바꾸는
사주명리학

운명을 바꾸는
사주명리학

1쇄 인쇄 2022년 04월 10일
1쇄 발행 2022년 04월 20일

지은이 홍연표
펴낸이 김순일
펴낸곳 미래문화사
신고번호 제2014-000151호
신고일자 1976년 10월 19일
주소 경기도 고양시 덕양구 고양대로 1916번길 50 스타캐슬 3동 302호
전화 02-715-4507 / 713-6647
팩스 02-713-4805
이메일 mirae715@hanmail.net
홈페이지 www.miraepub.co.kr
블로그 blog.naver.com/miraepub

ⓒ 홍연표 2022

ISBN 978-89-7299-536-4 (03180)

사주는 못 바꿔도 팔자는 바꾼다

운명을 바꾸는
사주명리학

四柱命理

홍연표 편저

미래문화사
MIRAE

인간은 우주 속 지구에 속해 있으며 동물, 식물, 광물 중 동물에 속해 있는 존재이다. 태어날 때 내가 태어나면 숨 쉴 공기와 마실 물이 있어야 함을 알고 준비해 놓고 태어난 존재가 아니다. 태어나 보니 이미 누군가가 합목적적이고 신비로우며 오묘한 세계를 만들어 놓았다.

인간은 이 세계에서 봄 여름 가을 겨울 사계절을 한 해로 계산하면서 주어진 명대로 한세상을 살다가 죽는 것이다. 인간이 태어날 땐 누구나 똑같이 한 부모의 자녀로 태어나는데, 어떤 부모와 가정환경인지에 따르거나 혹은 자신의 사주팔자四柱八字에 따라 살아가는 모양은 천태만상이다. 똑같은 인간으로 태어났음에도 각기 다른 양상으로 희로애락과 부귀영화의 질質이 다른 인생을 사는 것은 불공평하지만 어쩔 수 없는 운명이요, 팔자소관이라 본다.

예로부터 인간의 생사화복生死禍福은 팔자소관이란 말이 있는데 도대체 사주팔자가 뭐길래 한 인간의 운명을 좌지우지한단 말인가? 참으로 궁금한 일이다. 인간이 우주 삼라만상 속의 한 존재에 불과하다면 분명히 우주 법칙과 자연 섭리의 변화에 따라 영향을 받을 수밖에 없다. 봄이 오면 봄기운에 반응해 생동하듯 계절에 따라 적응해 가야만 하는 존재가 인간임은 불변의 진리이다. 사람이 태어난 년年 월月 일日 시時의 네 기둥을 사주四柱라 하며, 사주에 천간天干과 지지地支를 합한 천간지지天干地支 여덟 글자를 팔자八字라 해서 이를 통칭 사주팔자라 일컫는다.

사주팔자를 연구하는 학문을 사주명리학四柱命理學이라 한다. 사주명리학의 유래와 전수에 관한 학설은 여러 가지이지만 이에 대한 내용은 차차 밝히기로 한다. 본 학문을 연구한 사람이라면 오묘하고 신비로운 학문임에 감탄해 공부에 매력을 느끼게 되므로, 인간과 밀접한 필수 학문이라 반드시 공부하고 연구돼야 할 분야라고 생각한다. 특히 인간을 지도하고 연구해야 할 사람이라면 꼭 관심을 갖고 연구해 보도록 권하고 싶다. 예를 들면 자녀를 낳아 기르는 어머니, 학생을 지도하는 교사, 종교계의 지도자 등 사람을 양육하고 가르치고 지도하는 위치에 있는 사람들 말이다.

사주팔자의 명리학 풀이에 따라 인간의 운명과 건강, 성격이나 인간관계가 예시돼 있다면 실로 신비롭고 오묘한 일이 아니겠는가? 사주팔자

에는 자신의 선천적인 오장육부의 강건함과 연약함이 예시됐으니 타고
난 체질은 물론 오장육부 중 어느 부위가 약해서 쉽게 질병에 걸릴 것인
가를 예측할 수 있다. 예를 들어 간장이 약한 사람은 타인보다 술을 금해
야 할 것이고, 폐가 약한 사람에게 있어서 담배는 독약이나 다름없다. 선
천적으로 취약한 장기를 위해 섭생에 신경 쓰면 건강하고 장수할 수도
있다.

사주팔자를 흔히 하는 말로 점占이니, 주술이니 하는 표현을 하는 사
람들이 일부 있다. 하지만 분명히 사주명리학은 학문이요, 철학이라고
본다.

이에 선문대학교 사주명리학 반에서 교수하신 선생님들과 그의 제자
들이 사주명리학 연구회를 만들어 가르치며, 공부해 온 내용을 편집해
이 책을 내놓게 됐다.

편저자의 바람을 말하자면, 이 학문이 대중화되어 많은 사람이 자신의 운
명을 알아 길흉화복에 지혜롭게 대처해 더욱 행복한 삶을 살았으면 한다.

본문을 편집하면서 천간天干 갑甲 을乙 병丙 정丁 무戊 기己 경庚 신辛 임壬

계癸, 지지地支 자子 축丑 인寅 묘卯 진辰 사蛇 오午 미未 신申 유酉 술戌 해亥를 비롯해 음陰 양陽 오행五行, 금金 목木 수水 화火 토土 등은 반복되는 문자이므로 그냥 한자漢字를 노출해 쓰기로 한다.

이제 선생님의 제자들이 명리학을 후학들에게 가르치는 선생이 돼 강단에 서게 됐고, 개인 상담실을 개설해 전수자가 아닌 강사의 반열에 함께함을 기쁘게 생각하며, 무한한 보람을 느끼면서 책을 편찬한다.

홍 연 표

제3장 십간十干과 십이지十二支

제4장 십이운성十二運星의 요약

제5장 사주의 구성構成

제6장 육신六神론

제 7 장 십이운성 각론十二運星 各論

제 8 장 격국론格局論

제11장 사주 감정요결鑑定要訣

제1장

명리입문 命理入門

사주에는 미래가 있다.

사주에는 건강과 행복이 있다.

사주를 알면 내일의 내 모습을 볼 수 있다.

자기의 운명을 알면, 하늘을 원망하지 않고,

남의 탓도 하지 않는다.

그리고 운명에 순응해 갈 수 있는 지혜를 얻게 될 것이다.

자기 삶에 만족하고, 자기의 운을 개척하며 살려는 의지와 노력이

운명을 바꿀 수도 있다.

이것이 인간의 책임 분담이다.

1. 사주명리학의 기원

사주학이란 명命의 원리를 연구하는 학문이라 해서 명리학命理學이라고 하며, 명을 추리하는 학문이라 해서 추명학推命學이라고도 하는데, 본서는 사주명리학四柱命理學이라고 한다.

인간은 동서고금을 막론하고, 누구나 앞으로 일어날 일에 대해 무척 알고 싶어 한다. 미리 앎으로서 나쁜 일은 피하고 좋은 일은 성취하려 한다(피흉추길避凶追吉). 옛글에도 지명자불우知命者不憂요 지도자불수知道者不愁라 했다.

예부터 인류는 미래를 예측하는 일에 부단한 노력을 기울여 왔다. 동양에서는 이미 오천 년 전 상고시대부터 태호太昊 복희씨伏羲氏와 주 문왕이 용마하도龍馬河圖와 신구낙서神龜洛書를 발견해, 삼라만상의 진리를 나타낸 도문道門을 열었으니, 이는 대자연의 모든 변화를 담고 있는 만고불변의 진리인 역도易道인 것이다.

원형이정元亨利貞 생로병사生老病死 고집멸도苦集滅道 춘하추동春夏秋冬 인의예지仁義禮智, 양자전자 중성자의 통일장이론은 물론 시공을 초월한 영혼문제까지도 표현하고 다룰 수 있는 원리가 역리易理인 것이다. 주나라

때의 《주역》을 공자가 가죽 끈이 세 번 떨어지도록 탐독하고 〈계사전〉 등 십익을 추가함으로써 오늘날까지 전해지는 역이 완성됐으며, 그 역학에서 수많은 학설이 파생해 발전을 거듭해 왔다.

역리에 의거한 본 《사주명리학》도 당나라의 이허중李虛中이 년주年柱 위주로 감명하던 것을 송나라 때의 서자평徐子平이 일주日柱 위주의 사주학으로 전환해 감명하는 과정을 거쳐 오늘날 명리학의 기본체계가 이뤄졌으므로 서공승이 지은 《연해자평淵海子平》이 현대 사주명리학 최고의 고전이 된다. 그 후로 수많은 명리학자가 나왔으니 《명리정종命理正宗》의 장신봉, 《삼명통회三命通會》의 만육오, 《궁통보감窮通寶鑑》의 여대춘, 《적천수適天髓》의 유백온, 《명리약언命理約言》의 진소암, 《자평진전子平眞銓》의 심효첨, 《적천수천미》의 임철초, 《적천수장의》의 서락오, 《명리참원》의 원수산 그리고 근대의 《명락강의》의 위천리, 《명리신론》의 오준민 등이다. 오늘날 사주명리학에선 그들의 이론이 주류를 이루고 있으며, 대한민국 역학계의 사주명리학 현주소를 보면 서울의 이석영 선생, 대전의 박재완 선생, 부산의 박재현 선생 등이 선인先人들의 자료를 수집하고 연구해 현대화시킨 사주학설이 대세를 이루고 있다.

앞으로 새 천 년을 주도할 최고의 부가가치를 지닌 미래 산업은, 인간의 마음을 편안하게 해 주고 인생의 다양한 문제점을 다루는 심성산업 mind industry이 될 것이라고 많은 미래학자들이 예견하는 바, 이 심성산업을 선도할 역할이 21세기 역학계의 사주학자들에게 주어진 사명이요 새로운 행운의 기회가 될 것이다. 이에 새 천 년을 주도할 신사주학의 출현을 수많은 사람들이 간절히 고대하고 있다.

편저자의 사주명리학四柱命理學은 지금까지의 여러 갈래 기존 이론을 누구나 쉽게 터득할 수 있도록 종합정리한 일반 사주명리학을 근간으로 해서 사람들이 저마다 타고난 자기분수와 함께 주어진 자기 환경을 선택하는 방법도 쉽게 터득할 수 있다. 그리고 자신의 신념 의지로 원하는 삶을 창조하는 자기 창조 개운법을 가르친다.

21세기 심성산업의 명운상담 분야를 주도하게 될 학문은 사주명리학이 될 것이 분명하다는 사실을 믿으면서, 경험자가 경험으로 터득한 산 지식을 널리 인간을 위할 인연을 기다려 남김없이 전한다.

2. 사주명리학의 역리

동양에서는 옛부터 기氣의 문자인 십간십이지十干十二支를 연구해 천문지리 복역卜易의학 등에 활용해 왔다.

간지이론은 은주殷周시대부터 발전해 오다가 당나라 때 세인으로부터 추앙을 받던 나진인羅眞人이 체계화했다. 그 후 여러 사람들에 의해 발전을 거듭해 오다가, 일주를 기준으로 하는 현재 사주명리학은 송나라의 서자평에 의해 완성됐다.

사주명리학은 인간이 태어날 때 처음 우는 소리와 함께 우주 기운인 년월일시年月日時라는 사주팔자를 갖고 나오는데, 이 사주팔자의 오행 기五行 氣를 천지자연의 법칙과 비교해 그 사람의 미래를 추리한다.

년월일시年月日時마다 우주의 기운이 다르게 작용하기 때문에, 인간이 태어나면서 품고 나온 우주의 기운을 잘 살피면 인간의 길흉화복을 예측할 수 있고 부귀빈천을 판단할 수 있다.

자평은 사주를 저울에 비유해, 년주年柱는 저울의 갈고리요, 월주月柱는 손잡이며, 일주日柱는 저울대요, 시주時柱는 무게라고 보면서 인생의 변화를 읽었다.

- 년주는 태양이 지구에 미치는 힘의 영향으로, 지구가 태양을 1회 공전하는 데 걸리는 시간, 365.2425일이다.
- 월주는 달이 지구를 돌면서 지구에 미치는 힘의 영향으로 1회 자전하는 데 걸리는 시간, 29일 12시간 44분 28초이다.
- 일주는 지구가 스스로 자전하면서 걸리는 시간, 즉 24시간이다. 이것은 지구가 우주 전체를 상대로 하는 자전운동을 일컫는데, 자전하는 1일은 동일하다 하겠다. 인간도 지구를 벗어나서는 살 수 없는 지구의 구성원이므로 우주운동에 편승해 천지기운을 머금고 자전하는 일진을 자기 자신으로 보는 것이다.
- 시주는 지구가 태양을 중심으로 우주운동을 전개하는 과정에서 어느 시간대에 태양의 기운을 어느 정도 받고 태어났느냐를 나타낸다.

나(자신)라고 하는 작은 별의 생명기운이 우주별의 무한기운의 흐름에 편승해 존재하는데, 출생과 함께 주어진 팔자라는 '나'의 기가 우주의 기와 상관작용을 어떻게 하는가를 살피는 학문이 사주명리학이다. 즉 음양오행학인 사주명리학은 시공의 흐름을 기학적氣學的으로 파악하며, 인간이라는 우주의 생명체를 살피는 학문인 기 철학氣哲學인 것이다.

동양학을 이해하고 사주학을 연구하려면 무형유용無形有用의 기氣를 이해하지 않으면 안 된다. 사주학의 근거인 역리학易理學이 기 철학氣哲學이기 때문이다. 무형이지만 실제로 작용하는 우리의 마음과 같은 것이 기氣라고 이해하면 된다. 그러므로 사주학의 음양 오행 간지이론 역시 체體와 기氣라는 상대성 관계를 바르게 이해해야만 묘리妙理를 얻을 수 있다.

사주명리학의 木火土金水 오행五行이나 갑자~계해甲子~癸亥 등의 간지는 실체가 아니라 상징이며 비유이고 '무형유용의 기'라는 사실을 이해할 때, 주어진 운명을 깨닫고 만드는 인생을 의도대로 창조할 수 있으며,

사람마다 행복할 권리를 제대로 누릴 수 있는 지혜를 얻게 될 것이다.

저마다 다른 수많은 인간의 기운이 어떻게 작용하는가를 알 수 있다는 사실은 매우 감격적이다. 우리는 사주학을 창안한 위대한 조상들의 공적을 치하하지 않을 수 없다. 그들의 놀라운 학문을 미신이라고 무조건 천시하며 매도하는 것은 참으로 어리석은 일이다. 21세기에는 서양이 위대한 우리 동양학을 배우러 올 것이며 세계정신의 지도국으로서 심성산업을 주도할 사주명리학에 대한 연구가 활발해질 것이다.

우리는 본 학문에서 오묘한 우주의 진리를 발견하고, 일상생활의 지혜를 깨닫기 위해서는 하늘을 중심으로 하는 경천사상과 인간을 위하여 사는 홍익인간 정신을 실천해야 할 것이다. 우리의 팔자가 흥하고 길할 때는 쇠하고 흉할 때를 대비하고 흉하고 보잘것없이 쇠할 때는 은인자중하면서 하늘이 부여한 나만의 소임을 자각하고 스스로 할 바를 다하며 감사한 마음으로 살아야 할 것이다. 그리고 뜻을 세워 바르게 살아가는 사람의 주어진 사주팔자를 통해 만드는 인생을 자기의 신념대로 창조하고 경험할 것이다.

사주팔자를 안다는 것은 좋은 일이다. 자아를 알고 자아를 실현하는 지혜를 얻을 수 있기 때문이다.

3. 명리학의 태극론太極論

계사에 이르기를, 역에 태극이 양의兩義를 낳고 양의는 사상四象을 낳고 사상은 팔괘를 낳는다고 했으며, 팔괘가 길흉吉凶을 정하며 길흉이 대업大業을 낳는다고 했다.

태극은 역의 근원이고 음양의 근본이다. 일대원상一大圓相의 일원진기一

元眞氣가 태극이니 우주의 본원이요 존재의 시원이며 태초의 '한'이 실재實在의 귀원歸元이므로 생명의 근본자리요 모든 운동의 시발점이 된다.

역의 이치를 굴리어 자아를 깨닫고 세상이치를 훤히 알아 널리 세상을 밝히기 위해서, 태극이 무극無極이고 무극이 태극이라고 말로 가르칠 수 없어 일대원상의 동그라미 원圓을 하나 그려 놓고 친절한 설명을 덧붙인 의학입문의 글을 다음과 같이 옮겨 적는다. 아무쪼록 마음으로 읽고 나름대로 이해해 태극의 원리를 깨닫기 바란다.

"주역을 배운 뒤에라야 가히 의학을 말할 수 있으니, 괘서를 배우고 효상을 배우는 것이 아니다. 이것[일원상一圓相]을 시험해 관찰하건대 그 내부에 과연 획이 있는가? 과연 효가 있는가? 원리原理와 원기元氣가 혼합해 간격이 없을 뿐이다. 천天을 생生하고 지地를 생하고 인人을 생하고 물物을 생하는 것은 모두 조화로 말미암아 주장하게 된다.

양생養生하는 자가 이것을 알게 되면 곧 저절로 분노를 징계하고 욕심을 막아서 수승화강水昇火降으로 삭히어 태평하게 살 것이고, 구제救濟하는 자가 이것을 알게 되면 곧 저절로 사물을 판별하고 방법을 정해서 침체한 질병을 대번에 회복시킬 것이다."

그렇다! 추명推命하는 자가 이것을 알게 되면 곧 자연히 인간의 선악을 직관하고 인생의 진퇴를 알아 피흉추길避凶趨吉을 돕게 될 것이다.

태극이란 음과 양이 있기 이전이고 천과 지, 남과 여가 생겨나기 이전이니, 희노우사喜怒憂思 비공경悲恐驚, 풍한서습風寒暑濕 조화燥火 등의 칠정육사가 생겨나지 아니한 현현묘묘玄玄妙妙 허허공공虛虛空空의 고요함이요 스스로 그러한 자연自然인 것이다. 태극이란 우주만유의 주체이며 연역演繹의 최시最始요 귀납歸納의 최종最終으로서 일체현상 출현의 전체임과 동시에 완성인 것이다.

몸을 곧게 하고 마음을 밝히는 처음 공부가 태극운화[無心正坐]이고 마지막 공부도 태극운화[無心正觀]이니, 태극이란 일시일종一始一終 무시무종無始無終이다.

역리에 통달해 인생일대사人生一大事를 자유자재로 판단하고 해결하는 능력이 있다 해도 태극의 도를 모른다면 모두가 허망한 일이다. 그러므로 태극원리에 입각한 마음공부와 사주공부를 병행해야 인간의 생사일대사生死一大事를 훤히 알게 될 것이다. 잠시 두 눈을 감고 마음을 고요히 하라.

마음을 고요히 하면 맑아지고, 마음이 맑아지면 밝아지는 법이다. 마음이 밝아지면 '나 자신이 누구인가? 왜 살아야 하는가? 또한 존재물이 태극인가? 영주靈珠인가? 허상인가? 실상인가? 진여眞如인가? 생멸生滅인가? 길흉화복인가? 부귀빈천인가?'를 깨닫게 된다.

(도표 1) 명리학의 근본원리를 요약한 도표

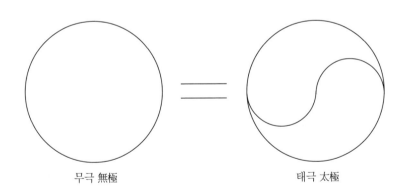

무극 無極　　　　　　　태극 太極

최초의 태극太極은 아무것도 없는 무無였으나 그 형상은 음·양인 태극이다.

4. 사주명리학의 근본원리

(1) 결과세계로 본 신神의 실존성과 기본원리

사람이 이 세상에 태어날 때, 숨을 쉬기 위해 공기를 만들어 놓고, 물을 마시기 위해 물을 만들어 놓고 태어난 사람은 한 사람도 없다. 태어나보니 먹을 물과 숨 쉴 수 있는 공기가 만들어져 있었던 것이다.

그리고 하늘엔 해와 달, 오행성(木·火·土·金·水星)이 나름대로의 질서와 법도를 유지하며 돌고 있었다. 또한 지구도 인간에게 절대적으로 필요한 태양과 달빛과 오행(목·화·토·금·수=나무·불·흙·쇠·물)적 요소가 조화를 이루고 있었다.

인간은 이러한 생명적 요소가 없이는 단 하루도 살 수가 없는 존재이다.

그러면 이 오묘하고 신비로운 대자연의 세계를 만든 조물주(창조주)는 그 누구인가? 인과법칙因果法則으로 볼 때 우주를 창조하신 절대자는 필히 존재해야 하며, 그 절대자를 동양에서는 하늘님〔天〕·하느님이라 불렀고, 서양 기독교에서는 하나님이라 불렀으며, 부르는 사람에 따라 조물주·제일원인·신神·절대자 등으로 불리고 있다.

동양인은 경천애인敬天愛人 사상을 중심으로, 하늘을 인격적 신神으로 숭앙해 왔다. 인명재천人命在天이니, 진인사대천명盡人事待天命이니, 천지신명天地神命이니 하는 말 속에 숨어 있는 '하늘'은 모든 것을 좌우하는 절대적인 신神으로 숭상돼 왔음을 알 수 있다.

동양철학은 대자연의 요소들과 생명체와의 인과관계를 역학적力學的으로 규명하고자 했으며, 특히 사주명리학四柱命理學은 음양陰陽(태양과 달)과 오행五行(목·화·토·금·수)의 氣를 연구하는 학문이라 볼 수 있다.

(도표 2) 명리학의 근본원리를 요약한 도표

사람이 태어난 년年, 월月, 일日, 시時의 네 기둥[四柱]의 글자로 구성된 팔자의 기氣와 힘[力] 간의 역학力學관계와 대운大運과 세운歲運의 흐름에 따라 운명이 바뀔 수도 있는 역학적易學的 관계를 감명할 수 있으며, 생로 병사와 희로애락을 예측할 수 있으니 정말 오묘하고 신비로운 학문이다.

명리학은 음양陰陽과 오행五行의 역학적力學的인 학문이다.

어떠한 원리에 의해 사주팔자 속에서 한 사람의 운명·인간관계·부귀 빈천·명예와 영달·건강·성품과 인간성·직업 등을 알 수 있는지, 그 근 본 원리를 규명하고자 한다.

(2) 음양의 근본원리

1) 음양이란

- 첫째-시간적인 음양: 낮과 밤, 봄과 가을, 여름과 겨울의 음양. 하루 의 시간은 인시寅時(새벽 3~5시)에서 미시未時(13~15시)까지는 양의 시간 이요, 신시申時(15~17시)부터 축시丑時(1~3시)까지는 음의 시간에 해당 된다.
- 둘째-형상과 물질적인 음양: 존재의 양상을 음양으로 구분하면, 사 람은 남자와 여자, 동물은 수컷과 암컷, 식물은 수술과 암술, 물질은 +이온과 -이온과 같다. 그 외에 큰 것과 작은 것, 볼록한 것과 오목 한 것 등이 있다.
- 셋째-에너지(氣)적 음양: 양자와 전자, +전기와 -전기, 북극과 남극 의 양극과 음극 같이, 형상은 보이지 않지만 기氣나 에너지로 작용 한다. 천간天干과 지지地支를 음과 양으로 구분하면 천간은 양이요, 기氣요, 정신이며, 지지地支는 음이요, 형체이다.

- 넷째- 운동성으로 본 음양: 양의 운동은 발산, 확장擴張, 외향적, 적극적, 능동적인 운동인 반면에 음의 운동은 수렴收斂, 축소, 내향적, 소극적, 수동적인 운동이다.

2) 음양은 상대성이다

세상의 모든 존재는 서로 상대적 존재성을 지니고 있다. 예를 들면, 인간은 남자와 여자, 동물은 수컷과 암컷, 식물은 수술과 암술, 광물질의 분자는 양이온과 음이온, 원자는 양자와 전자, 에너지는 +전기와 -전기, 지구는 북극과 남극 등 모든 존재물이 음양의 상대적 존재로 상대성을 갖고 있다.

그 밖에도 낮과 밤, 해와 달, 밝음과 어둠, 하늘과 땅, 크고 작음, 불과 물, 상하上下, 전후, 좌우, 고저, 장단, 동서남북 등 모든 것이 상대적 존재성으로 구분돼 있음을 알 수 있다. 이와 같이 세상의 모든 것은 음과 양의 상대성을 보이고 있다.

넓은 범위의 상대적 관계는 상생相生과 상극相剋관계도 포함되는 만큼, 상생의 뜻과 상극의 정의를 명확히 이해해야 한다.

양陽은 발산, 확대, 밖으로의 확산운동을 하고 있다. 음陰은 반대로 수축, 수렴, 축소, 안으로의 수렴성의 운동을 한다.

3) 음양은 진리이다

역학에서 태극은 음양이며, 음양은 곧 진리라 했다. 음양의 원리를 떠난 존재는 있을 수 없으며, 음과 양의 모습으로 존재하는 그 자체가 진리이다.

일음일양지위도一陰一陽之謂道라는 말은, 일음과 일양이 곧 도道라는 뜻이요, 도道는 곧 진리('道也者는 言也라')라는 뜻이다.

사주명리학의 도道를 깨닫기를 원하면 음양의 도道를 통달하고, 균형과 중화의 비법을 깨달음이 선결 과제임을 알아야 한다.

4) 음양은 합일성合—性과 창조성創造性이다

음성과 양성은 서로 결합하고자 하는 본성을 가지고 있다.

모든 만물이 음양의 합일성에 의해, 남자와 여자의 결합이 결혼이요, 동물은 수컷과 암컷의 짝짓기요, 식물은 수술과 암술의 열매 결실이요, 분자는 양이온과 음이온의 결합이 물질 생성이다.

음양의 합일성이 없으면 종족번식 작용이 생기지 않으며, 번식이 없으면 새로운 생명이 탄생되지 않으며, 존재 자체의 영원성과 지속성이 없어 모든 생명체는 멸종되고 만다.

사주팔자에서 음양의 중화성과 균형을 중요시함이 여기에 있다.

음양의 합일성 때문에 음과 양은 항상 서로 주고받는 수수授受작용이 일어나며, 이 수수작용에 의해 피조물이 생존(존재)·번식(발전)·운동작용이 발생하고 새로운 것이 창조된다.

5) 음양은 상의성相依性과 상응성相應性이다

음양은 대립 속에 존재하고 운행하며 변천하나 서로 대립하는 상대성향 속에서도 서로 의지하고 함께할 수 있는 것이며, 서로 감응해 화합하고 통일이 가능한 것이다.

이는 태극이 음과 양으로 나누어져 양 중에 양이 태양太陽이요, 음이 소음少陰이 되는 이치와 같은 것이다. 즉 양 속에 음이, 음 속에 양이 내재돼 있어 서로 의지하고 상응하도록 돼 있다. 그 까닭은 남자에게도 여성 성품과 여성 호르몬이 내재하고, 여성에게도 남성 성품과 남성 호르몬이 내재하고 있다.

뿐만 아니라, 길吉 중에 흉凶이, 흉 중에 길이 함께하는 것이다.

우리가 극단적인 길과 흉만 강조하는 간명은 극極과 극極 사이가 아주 먼 것을 모르듯, 길과 흉 사이의 현상을 잘 모르는 것과 같다.

6) 음양은 이성성상二性性相이다

음양은 성질과 구분상으로는 서로 상극되는 어휘요, 기질이다. 그런데 음양이 서로 상응, 상의, 합일되는 이유는 음양이 상대성을 지닌 이성성상적 존재이기 때문이다.

양성 안에 내재하는 음성은 상대적이든 상극적이든 합일될 수 있는 성질을 갖고 있으며, 음성 또한 속에 각기 상대적인 양의 성질이 중화돼 있기 때문이다. 예를 들면, 남자는 양성인데 남자 속에는 여성 호르몬과 여성 기질이 중화돼 있고, 여성(음성) 속에도 남성 호르몬과 남성적 기질이 중화돼 있기 때문이다.

이 원리에 의한 것이 천간합의 논리이다.

甲과 己가 오행의 성정상으로는 상극이면서도 합해 부부가 되고, 乙과 庚이 합이 되고, 丙과 辛이, 丁과 壬이, 戊와 癸가 서로는 상극의 성정을 가지고 있음에도 불구하고 서로 합이 될 수 있는 이유이다. 그러므로 음과 양은 각기 다른 성정이 아닌 이성성상적 존재임을 알 수 있다.

(3) 음양은 오행五行이다

음양을 좀더 세분해 보면 木 火 土 金 水인 오행이다.

오행 자체가 음양이며, 더 큰 영역으로 오행을 구분하면, 土를 중심으로 木과 火는 양이요, 金과 水는 음이며, 봄과 여름은 양이요, 가을과 겨울은 음이요, 인생으로 보면, 소년과 청년은 양이요, 장년과 노년은 음이라 볼 수 있다.

음양오행이 서로 중화中和 또는 조화調和됐느냐 하는 여하에 따라 사람의 사주팔자가 생명력과 창조력을 가졌느냐, 못 가졌느냐, 또는 그 사람의 운명을 길과 흉으로 판단하게 된다.

음양의 중화가 되지 못하면 운동성, 지속성, 영원성, 조화성이 부족하며, 건강 또한 오장육부의 편중된 기氣로 인해 건강상 문제가 생기는 것이다.

오행에서 중화의 역할을 담당하는 신神이 土이다.

팔자에 土가 없거나 부족하면 중화력이 부족하고, 주거와 직업의 안정성이 떨어지는 것이다.

이런 의미로 볼 때 명리학의 초점은 사주팔자가 얼마나 음양오행의 중화가 잘된 사주인가에 따라 귀격貴格인지 아닌지가 정해진다.

그러므로 사주명리학은 음양오행의 중화中和를 저울질하는 학문이기도 하다.

(4) 생명의 제일 원소는 기氣다

1) 우주의 중심은 기氣다

인간이 세상에 태어나기 이전에 제일 먼저 존재한 것이 기氣이다.

기氣는 모든 생명체의 본질이고 생명의 원천이며 생명력이다.

기氣를 중심으로 태양이 비치면 양기陽氣이고, 해가 지고 달이 비치면 음기陰氣가 되는 것이다.

또한 木, 火, 土, 金, 水의 오행이 존재한다. 기氣가 운행할 땐, 각기 목의 기운·화의 기운·토의 기운·금의 기운·수의 기운, 즉 오행의 기氣가 흐르는 것이다.

음과 양의 기氣와 오행의 기氣가 기운氣運과 기氣의 힘과 어떠한 역학 관계를 유지하며, 지구에 있는 인간과 만물(목·화·토·금·수로 형성된 모든 피조물)에 영향을 미치느냐 하는 역학力學관계를 연구하는 것이 역학易學이요, 사주명리학이라 본다. 이러한 역학관계에 의한 이론이 일주日柱를 중심으로 한 육친과 십이운성의 힘, 즉 강약의 논리이다.

2) 오장육부의 건강상태는 기력과 기운과 기의 흐름에 의해 결정된다

하늘에는 오행성五行星이 있고, 땅(지구)에는 나무·불·흙·쇠·물인 오행이 있듯이 지구의 중심체인 인간은 오장육부로 구성돼 있다.

인간의 오장육부를 닮아, 지구는 5대양 6대주로 돼 있고, 인간의 육체가 70%의 물로 돼 있듯이 지구도 70%의 바닷물로 돼 있다.

하늘의 양과 음(태양과 달)과 오행성이, 사람은 남녀와 오장육부로, 지구는 5대양 6대주로 형상화한 것이다.

하늘의 이성성상이 인간의 모습이요, 인간의 남성과 여성의 이성성상이 하늘을 닮게 된 것이다.

하늘이 곧 인간이라 할 수 있는 인내천人乃天이요, 인심人心이 천심天心이란 말이 성립되는 것이다.

하늘의 음양과 오행의 기氣와 자연의 오행적 기氣가, 인간의 오장육부에 미치는 역학 관계가 사람의 선천적 건강상태를 좌우하는 것이다. 이러한 원리가 타고난 사주팔자四柱八字에 나타난 선천적인 운명이다.

3) 오행으로 본 인간의 오장육부

오행 중 木에 해당되는 장기는 간肝과 담(쓸개)의 신경계요, 火는 심장과 소장의 순환기계요, 土는 위장과 비장의 소화기계이며, 金은 폐肺와 대장의 호흡기계요, 水는 신장과 방광, 생식기와 비뇨기계이다. (김일엽명

리전서, p. 413, 동양철학교육원간, 2003)

천간 십간의 오행적 기氣와, 십이지지의 오행적 기氣가 균형과 조화의 기운氣運으로 인간 오장육부에 미치면 사람은 건강한 체질을 유지하지만, 오행적인 기氣가 장부에 약하거나 너무 강하면 그 장기는 기氣의 강약에 의해 건강상 문제가 생기게 된다.

없는 것도 문제이지만 많은 것은 더욱 문제가 된다. 과유불급過猶不及과 태과불급太過不及이란 명리학에서 흔히 쓰는 말이다.

사주명리학은 팔자 중에 오행이 없는 무자無字법이나, 다자多字법에 의해 건강상 문제가 있다고 본다. (박청화 저, 춘하추동 신사주학 冬편 제 17강)

오행이 없다는 것은 신체장기가 없다는 뜻이 아니라, 오행에 해당되는 장기의 기氣가 약해 제 기능을 잘 못한다는 것이요, 많다(多字)는 것은 그 오행의 기운이 너무 강해서 제 역할을 잘 못하거나, 상극의 원리에 의해 극을 받는 장기의 기능이 약할 수 있다는 논리이다. 과유불급過猶不及이란 말과 같이 많은 것은 부족함보다 못한 것이다.

단, 사주에 없는 오행이 대운에서 함께할 때는 예외일 수도 있다.

(5) 천간과 지지의 음양, 오행의 설명

1) 천간(십간)의 음양성

하늘의 천간을 음과 양으로 보면, 甲 乙 丙 丁 戊는 陽의 기운이요, 己 庚 辛 壬 癸는 陰의 기운이다.

양의 운동은 발산, 확산, 외향적 운동이며, 음의 운동은 수렴, 축소, 내향적 운동성이다.

양은 밝고, 환하고, 적극적이고 활동적인 반면에 음은 어둡고, 조용하고, 소극적이다. 그러므로 甲에서 戊土까지는 발산과 확산시키는 양의 확장 영역이요, 己土에서 癸水까지는 더 이상 발산하면 우주가 폭발할 수도 있기에 음토인 己土가 확산을 억제시켜 음의 영역으로 수렴, 축소 시키는 운동을 함으로써 확산을 진정시키는 것이다.

십간을 오행상 음과 양으로 구분하면, 木과 火는 양이요, 金과 水는 음이요, 戊己토는 음양을 중화할 수 있는 중앙의 토라고 볼 수 있다. 그러므로 사주에 土가 없으면 중화력이 떨어지고, 정착보다는 변동적인 모습을 보인다.

2) 십이지지의 음양성

십이지지의 음양성의 구분은 밤과 낮을 중심으로 한, 시간 때의 기운氣運과 기질氣質을 분석한 결과를 해자축亥子丑, 인묘진寅卯辰, 사오미巳午未, 신유술申酉戌의 방국을 춘·하·추·동의 사계절로 분류했다.

서북간의 申·酉·戌·亥·子·丑의 6지를 음의 지지로 분류하고, 寅·卯·辰·巳·午·未의 동남간을 陽의 지지로 구분했다.

陽의 지지는 따뜻하고, 발산, 확대, 활동적이며 열정적인 데 비해, 陰의 지지는 차고, 조용하고, 수렴과 축소적이며 소극적인 성정을 지니고 있다.

이러한 성정을 남자와 여자에게 적용하면, 남자는 양성陽性이니 陰의 기운이 있어야 하며, 반대로 여자는 음성陰性이니, 陽의 기운이 있어야 서로 중화와 균형을 이루게 된다. 사주팔자에 음양의 조후를 중요시하는 이유가 여기에 있다.

달(月支)과 일(日支)과 시(時支)는 계절과 시간상으로 음양이 뚜렷하니 음양의 구분이 이해가 된다. 하지만 년(年支), 다시 말해 띠는 왜 亥, 子, 丑 띠가 냉하고 차며 조용한 기질의 陰의 띠(年支)가 되는지를 명확히 이해해야 할 것이다.

(6) 명리학의 근본원리는 대자연大自然이다

우리가 살고 있는 우주는 태양을 중심으로 하고 수성, 금성, 지구, 화성, 목성, 토성의 순으로 일정의 질서와 법도를 유지하며 돌고 있다. 이모든 것들을 태양계라고 하며, 위성 중 지구만이 달을 동반위성으로 함께하고 있다. 지축을 23.5도로 하고 있는 지구는 태양의 한 바퀴를 공전하는 데 365.2425일이 걸리며, 자전하는 시간은 24시간이 걸린다. 이러한 원리에 의해 지구는 봄·여름·가을·겨울의 사계절과 낮과 밤이 뚜렷한 것이다.

사주명리학의 원리는 태양계와 오행의 기氣가 지구와 인간에게 미치는 기氣의 역학力學이라 보는 것이며, 미치는 기氣는 년年·월月·일日·시時에 따라 각기 다른 양상을 띠며, 사주팔자는 60갑자 120글자 중에 8글자 밖에 쓰지 못하는 제한적 운명인 것이다.

태양계의 행성 중에 유일하게 지구에만 생명체가 살 수 있는 이유는, 생명의 근원이 되는 木·火·土·金·水의 오원소가 오행의 원리에 의해 생극제화의 균형을 이루고 있고, 상호간에 상생相生작용을 통한 번식력이 있기 때문이다.

자연이라 함은 태초의 인간이 생겨나기 이전에 존재했던 지구의 환경을 말하며, 바다(水)와 땅(土), 나무와 풀(木), 바위와 금속(金)의 천연적인 존재상태 그대로의 현상이다.

이 네 가지 물성을 조화롭게 공유하고 있는 지구가 하늘의 태양(火)빛을 받고, 우주에 가득한 기氣가 열기, 온기, 냉기, 한기, 습기 등의 천태만상으로, 또는 기질, 기압, 기류, 기상, 기분 등으로 오행에 작용하며, 작용된 오행의 기氣는 다시 인간에게 영향을 미치게 된다.

자연 그대로의 모습을 유지해야 조화와 균형을 이룬 지구의 자연상태

속에서 인간과 생명체들이 생존할 수 있는데, 인간의 욕심 때문에 자연환경을 파괴해 오행의 불균형과 부조화로 인한 자연재해가 발생하게 된다고 생각한다. (예: 새만금방조제의 갯벌 막기, 산림 훼손, 각종 난개발 등)

명리학을 공부하는 단 하나의 목적이 있다면 자연 그대로의 보존을 위함이 인간을 위한 일임을 알고, 자연 보호와 자연 만물을 사랑하는 자연사랑(愛物) 정신을 함양함에 있다.

5. 명리학의 삼재론三才論

하늘 하나(天一), 땅 둘(地二), 사람 셋(人三), 이 삼재(三才)이니 천지인은 태극의 나누어짐이고 우주만유를 온전하게 하는 세 가지 기본 요소인 삼태극三太極이다. 셋이라야 능히 궁구해 변통함을 완성하는 것이다. 태극이 나뉘어 다시 합하는 정正 분分 합습도, 삼재의 이상을 이루는 실제이므로 삼재를 삼태극이라고 한다.

천원天圓, 지방地方, 인각人角이 갖춰지고 제대로 운행해야 음양합덕陰陽合德이고, 셋이 모여 하나로 돌아가야 회삼귀일會三歸一의 진리를 이룬다.

일시무시일一始無始一이 석삼극析三極해 만왕만래萬往萬來로 무진본無盡本한다는 것은 태극운화로 천지정위하고, 양의운화로 음양합덕해, 삼신운화로 삼극자전三極自轉하는 것을 이름이니, 이것은 태극이 중도中道를 이룬 우주변화의 원형이다.

삼신운화로 삼극자전하는 것은 고요한 무無의 상태에서 움직이는 유有의 상태로의 전환을 의미한다. 돌고 도는 회전을 통해 생동함으로써 이 세상 모든 것을 지어내고 지우는 것이다. 존재자의 존재를 확인시키는 운동이 곧 삼극자전이며 존재하는 존재물을 조화무궁하게 영속시키는 에너지원이다. 이것과 저것의 가운데를 거머잡고 둥글게 돌고 돌아서 함이 없이 하는 교요함의 '한'에 이르고, 밝힘이 없이 밝히는 '빛'의 움직임과 하나되는 것을 가르친 원리가 역의 삼재론이다.

(천·지·인), (상·중·하), (전·중·후), (좌·중·우), (가위·바위·보), (양자·전자·중성자), (정자·난자·태자), (풍백·운사·우사), (지육·체육·덕육), (지혜·능력·인덕), (조화·교화·치화), (불·법·승), (유·불·선), (믿음·소망·사랑), (지·정·의), (진·선·미), (성·명·정), (심·기·신), (감·식·촉), (아·미·타), (성부·성자·성신), (교리·교단·교인), (심리·물리·생리), (주권·국토·국민), (정·분·합), (시간·공간·인간), (천시·지리·인화), (원·방·각), (하나·둘·셋)은 세자리이면서도 한 몸의 관계(三位一體)로서 서로 도와 온전한 하나를 이루는 것이다.

음과 양이 마주하고 주고받는 가운데 서로 이끌려 합일슴一하면, 새로운 것이 자연스럽게 생겨나는 것이 삼재원리이고, 언제나 새로운 창조(지어내기)의 도道와 화합(지우기)의 덕德을 이루고자 하나가 셋이 되고 셋이 하나가 되는 신묘한 작용변화가 나타난다. 이것은 삼신일체라는 우리 고유의 삼일三一사상의 핵심으로, 역인易人이 이법을 모르고 명운命運을 상담하고 감정한다는 것은 밝은 세상을 어둡게 하는 어리석은 행위가 될 수도 있다.

우리 인간의 삶 또한 삼재원리에 의해 부귀빈천, 길흉화복은 물론 수요장단, 행불행이 결정된다.

운명을 결정짓는 삼재원리의 비율은?

- 타고난 사주팔자가 33.3%요 (자기의 분복)
- 주어진 인연배경이 33.3%요 (자기의 환경)
- 자신의 의지와 신념으로 창조하는 행함이 33.3%다. (자기의 책임분담)

사주팔자는 타고난 명命이지만 운運의 흐름과 인간의 신념과 의지로 얼마든지 운명과 흐름을 조절할 수 있다.

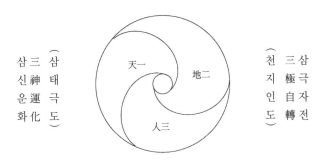

삼三 （삼
신神 태
운運 극
화化 도）

天一
地二
人三

（천 三삼
지 極극
인 自자
도） 轉전

6. 명리학의 사상론四象論

음양이 천지의 정도正道요, 만물의 기강紀綱이요, 조화造化의 경위經緯요, 변화의 부모요, 생살生殺의 본시本始요, 신명神明의 본부本府요, 사시四時의 변수變數이다.

음양의 상하가 천지이고, 좌우가 일월이고, 내외가 수화水火이고, 순역順逆이 흥망興亡이고, 정사正邪가 수요壽夭이고, 선악이 길흉화복吉凶禍福이다.

태극이 음양을 낳고 음양이 사상四象을 낳으니 태음, 소양, 소음, 태양으로 木, 火, 金, 水가 된다. 사상은 천도지상天道之常의 원형이정元亨利貞이고 인성지강人性之剛의 인의예지仁義禮智이며, 천지자연天地自然의 춘하추동春夏秋冬 사시四時이다.

사시四時란 낳고, 기르고, 거두고, 감추는, 생장수장生長收藏의 춘하추동이며 따뜻하고, 덥고, 서늘하고, 추운, 온난냉한溫暖冷寒의 변통을 주재하는 사계절의 木火金水 기운이다. 춘하추동이란 사시는 천지자연의 진리요 질서이며 만물의 시종始終이고 생사生死의 근본이다. 일음일양一陰一陽은 반반半半이라 참으로 공평무사公平無私하고 치우침이 없어 천지의 정도正道요, 세상을 창조하고 경영하는 씨줄과 날줄이 음양의 이치라, 모든 사람이 즐거움을 누린 만큼 그에 상응하는 괴로움의 대가가 따르는 것 또한 음양의 정해진 이법이다.

음양은 천지의 대도이므로 적선積善해 순천順天하면 발복發福하고, 적악積惡해 역천逆天하면 패망敗亡하는 법칙이다. 반드시 스스로 지은 대로 받는다. 행한 대로 보응받게 되는 것이다.

봄이 가면 여름이 오고, 여름이 가면 가을이 오고, 가을이 가면 겨울이 오고, 겨울이 가면 꽃이 피고 새가 우는 생명이 약동하는 새 봄이 다시 온다. 그가 비록 성인聖人이라도 자연의 변화, 사시의 변수를 막을 수 없으며, 천지자연의 변수는 사시의 순리이고 천하의 대도이며 음양의 본령本令이다.

사시四時는 천하대도라, 대도는 무정無情이고 따름(承順)이며 변화를 보여 줄 뿐이다. 사주명리학을 공부한 사람들은 이 음양理 陰陽 순 사시順 四時의 법도를 따라 생생지도生生之道를 펼쳐야 한다. 본인의 자유의지로 즐거웠던 지난날의 쾌락을 참회하고, 오늘보다 더 평화로운 미래를 예비하는 고행苦行을 경험하면서 절망하는 이웃을 희망으로 인도해야 한다.

이 음양 순 사시는 천지정도요, 천하대도요, 천지대덕이다. 마음과 몸을 바루어 음양의 이법에 합하고, 사시의 순리에 응해 무병, 건강, 장수하는 생생지덕生生之德을 이루는 것이 진정한 도성덕립道成德立이고 역인易人들이 마땅히 행해야 할 책무이다.

7. 명리학의 오행론五行論

(1) 오행五行은 목木, 화火, 토土, 금金, 수水이다

오행론은 소박한 고대인들이 우주만물의 발생과 변화 발전을 木火土 金水라는 다섯 가지 물질운동에 의해 서로 생하고 극하면서 이뤄진다고 파악한 학설로서 동양사상의 핵심이요 근간이다.

음양과 오행에 대한 이해가 없이는 동양사상에 접근할 수 없고 진리를 가다듬기 어려우며 사주명리학을 공부할 수 없다.

여기서 오행을 단순한 나무, 불, 흙, 쇠, 물이라는 물질적 현상만으로 파악하지 말고, 우주만물을 구성하는 다섯 가지 원소〔五 元素〕, 다섯 가지 기운〔五氣〕이라고 이해할 때 우주실상의 진실에 접근할 수 있을 것이다.

지구가 한 순간도 멈춤없이 돌고 돌듯이 오행도 멈춤없이 움직이고 있으므로 구분은 가능하나 분리하기는 어렵다.

(2) 오행은 음양의 나뉘어짐이다

태극이 나뉘어 음양이 생겨나고, 음양이 나뉘어 사상이 생겨 나왔다. 빛의 근원인 음양을 오행원소로는 화수水火라고 하는데, 밝은 양은 화火 이고 어두운 음은 수水에 해당이 된다. 양의 음인 소음은 목木에 해당이 고, 양이 양인 태양은 그대로 화火에 해당하며, 음의 양인 소양은 금金에 해당이고, 음에 음인 태음은 그대로 수水에 해당이 된다. 그리고 토土는 목화금수木火金水의 기운 중앙과 사이사이에 끼어 본래대로 작용하게 이 끄는 조절신調節神이다.

그러므로 옛글에도 이르기를 "아무것도 없을 때가 태극이다. 이때 무엇인가 움직이면 양을 낳는다. 움직임의 끝이 고요해지면 다시 음을 낳는다. 그래서 서로의 뿌리가 된다. 이것으로서 음과 양이 나뉘어 세워진다. 또 양이 변하고 음이 변해 물(水) 불(火) 나무(木) 쇠(金) 흙(土)을 낳는다. 이 다섯 기운이 순조롭게 퍼져서 사계절을 만들어 운행한다. 오행은 하나의 음양이며, 음양은 하나의 태극이다. 태극은 본래 아무것도 없는 것이다. 그러나 오행이 있음으로서 제각기 자기 본성을 가지게 된다."라고 했다.

※ 토土는 목 화 금 수의 성정작용을 머금어 지니고 화현化現함과 동시에 부동본不動本의 중앙에 자리한다.

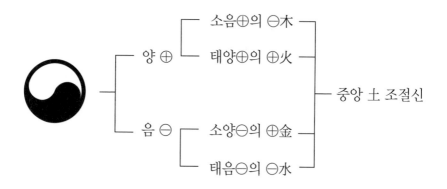

〈음양 오행 분화도〉

(3) 오행의 속성은 저마다 다르다

오행의 속성을 크게 자연계와 인체로 나누어서 이해할 수 있는데, 속성작용의 구분은 소박한 고대 동양인들의 자연과 인간관찰에 의한 생활경험과 치병경험에 의해서 다음과 같이 인식된 것이다.

목木: 성장·발육·약진·곡직의 기운으로 봄이요, 동쪽이며 아침이고, 청색이며 신맛이고, 인성仁性으로 인자·측은·정신·의지·의욕을 나타내며, 의정은 분노요 정령은 얼(魂)이다.

　인체상의 간 담이며 눈이고, 근육이며 팔·다리이고 두뇌 신경계통이다. 소리는 목소리요 사기邪氣로는 바람(風)이다.

화火: 번창·정화·열정·염상의 기운으로 여름이요 남쪽이며 낮이고, 적색이며 쓴맛이고 예성禮性으로 예의·명랑·화려·화술·수식을 나타내며 의정은 환희요 정령은 빛(神)이다.

　인체사의 심장 소장 삼초 어깨 혀이고 혈맥 순환계통이다. 소리는 혓소리요 사기邪氣로는 더위(暑火)이다.

토土: 번식·수용·함장·가색의 기운으로 사계 월(끝 달)이요, 중앙이며 사이(間)이고, 황색이며 단맛이고 신성信性으로 신용·중후·조화·균형·안정을 나타내며, 의정은 사념이요 정령은 뜻(意)이다. 인체상의 비·위·피부·살·입이고, 소화기계통이다. 소리는 콧소리요, 사기邪氣로는 젖음(濕)이다.

금金: 결실·강요·숙살·종혁의 기운으로 가을이요, 서쪽이며 저녁이고, 흰색이며 매운맛이고 의성義性으로 정의·결단·심판·혁신·냉혹을 나타내며 의정은 비애요 정령은 넋(魄)이다. 인체상은 폐·대장·코·골격·치아이고, 호흡기계통이다. 소리는 잇소리요 사기邪氣로는 마름(燥)이다.

수水: 운동·변화·수렴·윤하의 기운으로 겨울이요, 북쪽이며 밤이고, 흑색이며 짠맛이고, 지성智性으로 지혜·총명·시비·분별·판단을 나타내며, 의정은 공포요 정령은 앎(知)이다. 인체상은 신장 방광 골수 수액 귀이고 비뇨기계통이다. 소리는 입술소리요 사기邪氣로는 추위(寒)이다.

〈기본속성 오행도〉

구분 오행	계절	방위	색깔	맛	인정	의정	정령	덕성
목 木	봄	동	청 靑	신맛	인자	노 怒	혼 魂	인 仁
화 火	여름	남	적 赤	쓴맛	명랑	희 喜	신 神	예 禮
토 土	사계 끝달	중앙	황 黃	단맛	중후	사 思	의 意	신 信
금 金	가을	서	백 白	매운맛	용단	비 悲	백 魄	의 義
수 水	겨울	북	흑 黑	짠맛	애수	공 恐	지 志	지 智

〈인체관련 오행도〉

구분 오행	장 臟	부 腑	관 官	체 體	기능	사 邪	소리	소리 (2)
목 木	간	담	눈	근 筋	신경계	풍 風	각	후 候
화 火	심	소장 삼초	혀	맥 脉	순환계 시력계	서 署 화 火	치	설 舌
토 土	비	위	입	육 肉	소화기	습 濕	궁	비 鼻
금 金	폐	대	코	피부	호흡기 피부계	조 燥	상	치 齒
수 水	신	방광	귀	골수	비뇨기	한 寒	우	순 脣

(4) 오행에는 상생, 상극의 법칙이 있다

오행끼리의 상호관계에는 규정된 일정법칙이 있으니 수수작용收受作用에 의한 모자관계母子關係와 같은 상생법相生法이 있고, 억제작용抑制作用에 의한 군신관계君臣關係와 같은 상극법相剋法이 있어서 오행 상호간에 협조와 견제로 균형을 이루며 발전과 변화를 거듭한다.

1) 상생법相生法

木은 火를 낳고, 火는 土를 낳고, 土는 金을 낳고, 金은 水를 낳고, 水는 木을 낳는 것이 상생의 법칙이다.

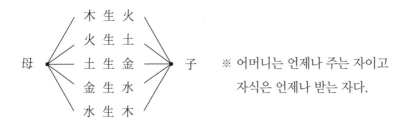

※ 어머니는 언제나 주는 자이고
자식은 언제나 받는 자다.

2) 상극법相剋法

木은 土를 이기고, 土는 水를 이기고, 水는 火를 이기고, 火는 金을 이기고, 金은 木을 이기는 것이 상극의 법칙이다.

※ 임금은 다스리는 자이고
신하는 다스림을 받는 자다.

(5) 오행의 변통은 무궁무진하다

오행의 상생, 상극, 상승相乘, 제화制化, 강약強弱 관계의 조화 변통은 참으로 신묘하고 무궁무진하다. 그러니 주의를 집중하고 관찰하면 자연과 인생의 이치를 밝게 꿰뚫는 지혜를 얻을 수 있다.

木이 水에 의지해 살아가나 水가 넘치면 木은 뿌리째 뽑히어 물에 떠내려가고 木은 金을 싫어하나 金이 木의 잔가지를 잘라 주어야 木이 곧게 더 잘자라고, 木이 강하면 木을 이기는 金이 오히려 이즈러지고, 木이 약한데 金을 만나면 木은 깎이고 부러져서 쓸모가 없어지며, 木이 왕하면 火를 만나야 木이 빛나고, 木이 약한데 火를 만나면 木이 타 버리며, 木이 火를 생하면 木의 기운은 소모되나 木을 치려는 金을 火가 견제하는 상제相制작용이 일어나니 베풀어 주는 덕의 효용이 저절로 나타난다. 木이 土를 이기어 土에 뿌리 내리고 土를 깰 수도 있으나 土가 단단하면 오히려 木이 부러지고 상한다.

※ 다른 오행의 작용 통변도 이와 같은 원리이니 미루어 추리하라, 하나를 알면 열을 헤아려 아는 일독지십一讀知十 추리 통변력은 추명인의 기본이다.

오행의 변통은 자연현상의 변통이면서 우주기운의 변통이고, 인생의 이치라, 깊이 궁구하고 통변하면 실로 오묘한 철리哲理를 깨달을 수 있을 것이다.

의약의 허실虛實 보사補瀉등의 방법 원칙도 오행의 생극제화生剋制化의 통변원리에서 나온 것이다.

지도자가 수행의 공덕을 이루어 널리 세상을 이롭게 하고자 자신의 능력을 펼칠 때도, 오행의 원리에 의지하고 생 극 조화에 어긋남이 없이 넉넉하게 통변함이 자유로워야 거룩한 이, 밝은 이로 존경을 받는다.

(6) 오행의 생성生成은 순서가 있다

황하와 낙수에 나타난 신물神物을 보고 이를 본받아 옛 성인이 하도와 낙서를 그리니, 음양오행 팔괘와 선천개벽의 생성수리가 극명하게 나타나고, 하늘의 도가 이 땅 위에 모습을 드러냈다.

일육은 수요　　一生水 六成水
이칠은 화요　　二生火 七成火
삼팔은 목이요　三生木 八成木
사구는 금이요　四生金 九成金
오십은 토다　　五生土 十成土

어둠을 가르고 빛이 생겨남에, 생명이 자라나고 만물이 다듬어져 땅의 조화가 중심을 잡으니, 이는 선천개벽의 창세과정이다.

(7) 오행은 생장수장과 조절의 기운이다

오행은 일명 오기五氣라고 하는데, 우주 자연의 기와 인간 생사의 기로 대별해 천기天氣와 인기人氣로 나눌 수 있고, 사시四時 변화의 기와 사방四方 지역의 기氣 등으로 나눌 수 있다.

木은 3·8 동방목이고 만물이 발아發芽하고 생동하는 봄철로 인정仁正을 펼치는 목기이며 동방에 위치한 나라요 지역이다.

火는 2·7 남방화이고 만물이 성장해 무성해지는 여름철로 예의禮儀를 지키는 화기이며 남방에 위치한 나라요 지역이다.

土는 5·10 중앙토이고 만물을 중화中和 조절하는 사계절의 끝달로 신용信用을 보이는 토기이며 중앙에 위치한 나라요 지역이다.

金은 4·9 서방금이고 만물을 성숙시켜 수거收去하는 가을철로 의리義理

를 세우는 금기이며 서방에 위치한 나라요 지역이다.

　水는 1·6 북방수이고 만물을 수집해 장축藏蓄하는 겨울철로 지혜智慧를 밝히는 수기이며 북방에 위치한 나라요 지역이다.

　살리고, 기르고, 다듬고, 거두고, 감추는 기운이 곧 오행이다.

제2장

음양론陰陽論과 오행

가슴 벅찬 행복이 내게 들어와도 함께 나눌 사람이 없으면
불행한 법이다. 많은 재산이 내게 있어도 함께 나눌 수 있는
상대가 없다면 허무한 일이다.
당신 곁에는 지금 행복을 나누어 가질 사람이 있는가?
이 세상 모든 존재들은 음陰과 양陽, 여자와 남자와 같이 음양의
상대적 조화체로 돼 있다. 만일 지금 당신이 혼자라고 느낀다면
당신은 외로운 자요, 우주의 법칙을 외면하는 사람이니,
함께 수수授受작용을 할 상대(사람)를 찾아야 행복해질 것이다.
혼자는 외롭고 불행해질 수 있다.

우주에는 여러 가지 만물이 존재하지만 이를 크게 나누면 정신과 물질의 두 가지로 나눌 수 있다. 정신精神은 무엇을 생각하고 판단하며 진리를 밝히는 만유萬有의 등불로서 하늘의 태양太陽과 땅의 등불처럼 온 천하天下를 밝게 비추는 불꽃이다. 그 불꽃은 모든 물질에서 발생發生하지만 대표적인 것은 우주의 불꽃인 태양과 지구의 불꽃인 인간영혼이다.

　태양은 둥글고, 크고, 밝고, 높고, 넓고, 강한 열기를 내뿜는 동시에 언제나 표면화하고 끊임없이 움직이고 있는 우주의 원동력原動力이자 대동맥이다. 그 거대한 원기의 근원을 陽이라고 한다. 陽은 불꽃이 상징이므로 오행상화五行上火에 속한다.

　火는 빛과 열과 기운은 있어도 형체가 없고 가벼우면서도 무서운 힘을 가지고 있지만 물질은 아니다. 그와 같이 이 세상 만물 중에 태양처럼 크고, 둥글고, 강하고, 뜨겁고, 적극적이며, 높고, 밝고, 억세게 움직이는 것을 陽이라고 한다.

　인간人間의 영혼이자 만물의 정신인 불꽃은 기름을 먹고 산다. 기름이 있어야 불이 켜지고 불꽃이 타오른다. 그 기름은 물질로서 물체에서 발생하고 불꽃의 연료로서 공급된다.

　물질은 반드시 형체가 있고 생명이 있다. 그 물체의 모체는 대지大地

다. 陽의 고향이 하늘인 데 반해 陰의 고향은 땅이다.

땅은 만물을 생성하고 기른다. 만물萬物은 흙에서 낳고 흙에서 성장해 흙으로 돌아간다. 만물은 흙의 단꿀인 물질物質의 기름을 먹고 산다. 그 기름은 액체로서 水로 표시된다. 陰을 水라고 하는 까닭은 바로 여기에 있다.

그러나 그 水는 물이 아니고 만물이 먹고 사는 에너지 기름이며 영혼의 불꽃을 발생하고 지탱하는 정신의 연료이다. 水는 액체로서 차고, 어둡고, 작고, 약하고, 유하며, 언제나 고정돼 있다.

陰의 대표적 상징은 水의 모체母體인 대지다. 대지는 하늘에 비해서 작고 네모지고, 낮고, 어둡고, 춥고, 연약하다. 그와 같이 모양이 작고 네모지거나 연하고 낮은 것을 陰이라고 한다. 만유萬有는 陰과 陽의 조화이듯이 陰과 陽의 두 가지를 모두 겸하고 있는 동시에 형태와 성질에 따라서 陰과 陽으로 분류된다. 가령 동물은 움직이는 물체이기 때문에 陽에 속하고 식물은 고정된 상대로서 陰에 속하며 범은 강한 맹수로서 陽에 속하고 토끼는 유한 동물로서 陰에 속하며 해는 낮에 뜨므로 陽에 속하고 달은 밤에 뜨므로 陰에 속하며 강물은 흐르니 陽에 속하고 샘물은 정지 상태라서 陰에 속하며 남자는 적극적이므로 陽에 속하고 여자는 소극적이므로 陰에 속하며 산은 높고 크므로 陽에 속하고 논밭은 낮고 작으니 陰에 속한다.

강한 것은 陰이듯이 큰 것은 陽이요 작은 것은 陰이며, 높은 것은 陽이요 낮은 것은 陰이며, 밝은 것은 陽이요 어두운 것은 陰이며, 둥근 것은 陽이요 네모진 것은 陰이며, 뜨거운 것은 陽이요 차가운 것은 陰에 속한다. 이와 같이 陰陽을 분별하자면 한이 없다. 그러나 陰陽의 핵심은 그러한 외모와 형식보다도 실질적인 기氣와 체體에 있다.

陽은 기요 陰은 체로서 우주의 공기나 대기는 陽에 속하고 형체 있는 만유는 陰에 속한다. 만유는 기에서 발생한 기의 화상化象으로서 흥망성쇠와 강약은 기의 왕쇠旺衰에 달려 있다. 기가 강대하면 크고 강한 작용을 할 수 있고 기가 허약하면 작은 조화를 부릴 수밖에 없다. 따라서 기는 체를 얻어야만 생명과 물질을 변화하고 존재할 수 있으므로 왕성한 기는 왕성한 체를 통해서만 발생할 수 있다. 건전한 정신은 건전한 신체에서 나온다는 속담은 陰陽의 진리이다.

기와 체, 陰과 陽, 정신과 육신은 서로 불가분의 동일체로서 어느 것이 주체요 객체라고 분별하기가 어렵다. 때문에 음양학陰陽學에서는 정신 위주의 유심론이나 물질본위物質本位의 유물론을 자생적으로 하나로 융화하고 통일함으로써 그러한 편견을 완전히 물린다.

1. 사상론과 오행론五行論

서양에서는 과학이 발달하고 원자핵무기가 개발돼 달세계를 정복하는 인공위성과 우주선이 판을 친다. 하지만 음양학陰陽學상으론 아직 양자와 전자의 陰陽을 발견하고 이용할 따름이다. 그에 반해서 동양인은 수천 년 전부터 陰陽을 다시 네 개로 분류하는 사상과 다섯 개로 분별하는 오행설을 개발하는 동시에 일상생활과 의약 등 여러 가지로 활용하고 있다.

오행은 木, 火, 土, 金, 水의 다섯 개로 구분한다.

2. 사상론四象論

陽에 속하는 火와 陰에 속하는 水 그리고 火를 생生하는 木과, 水를 생하는 金의 네 가지를 사상四象이라고 한다. 木은 火를 생하고 또 火가 성장하는 소년기少年期로서 소양少陽이라 하고 金은 水를 생하고 또 水가 성장하는 소년기로서 소음少陰이라 하며 火는 陽의 왕성기로서 태양太陽이라고 하고 水는 陰의 전성기로서 태음太陰이라고 한다.

이를 인생으로 비유하면 木은 소년기요 火는 청년기이며 金은 장년기요 水는 노년기이다. 나무가 자라나서 꽃이 활짝 핀 것이 火요, 꽃이 지고 열매를 맺은 것이 金이며, 열매를 짜서 만든 기름이 水요, 정액에서 발생한 것이 木이다. 계절상으로는 木은 봄이요, 火는 여름이며, 金은 가을이고, 水는 겨울이다. 방위로는 木은 동방이요, 火는 남방이며, 金은 서방이요, 水는 북방이다.

소년이 자라나면 청년이 되고 성숙하면 장년이 되며 장년이 지나면 노년이 되듯이 봄이 가면 여름이 오고 여름이 가면 가을이 오며 가을이 지나면 겨울이 온다. 그와 같이 해는 동방에서 뜨고 남방에서 중천해 서방에서 저물고 북방에서 잠이 든다.

사상은 곧 인생과 자연과 계절과 방위가 전진하고 변화하는 순서이자 질서이며 영원히 변하지 않는 법칙이다. 이 사상을 의학적으로 응용한 것이 바로 사상의학이다. 木火는 陽이니 모든 병病이 水의 부족에서 발생하고 金水는 陰이니 모든 질병이 火의 부족에서 연유하므로 木火에 속하는 체질은 먼저 보음하는 약을 써야 하는 것이다. 金木水火의 사상을 떠받고 있는 만유萬有의 어머니인 土는 사상처럼 일정한 계절과 방위를 갖지 않고 있지만 사상과 계절 그리고 방위 등에 중요한 역할을 하고 있다.

사상과 土를 합한 것을 오행五行이라고 한다. 사주는 오행의 이합집산에 의한 변화작용을 관찰하는 데 핵심이 있으므로 오행의 근본을 뚜렷이 파악하는 것이 사주를 연구하고 이해하는 선행조건이라고 하겠다.

(1) 木

흔히 木이라면 단순한 나무로만 생각한다.

그러나 오행은 세상만물을 다섯 가지로 분류한 우주의 집약체이듯이 좁은 뜻이 아닌 넓은 의미를 지니고 있다. '한 일一자'의 지평선에 뾰족이 나타나 한폭의 싹과 그 밑에 세 가닥의 뿌리가 뻗고 있는 형상으로서 이 지구상에 한 점點을 차지하고 있는 모든 생물을 가리키는 대명사다.

그 여러 가지 생물을 보편적으로 대변할 수 있는 상징적 문자로서 木을 표시한 것인데 이를 단순한 木이라고 생각하거나 판단한다면 큰 오산이다. 생물에는 동물과 식물이 있고 나는 새와 물고기가 있으며 맹수와 가축이 있고 거목과 화초 등 다양하다.

어떻게 이 많은 생물을 분류하고 설명할 수 있는가하는 문제가 나오지만 이는 앞서 말한 陰陽의 이치로서 선명하게 설명할 수 있다. 가령, 움직이고 크고 둥글고 밝고 강하고 높고 뜨거운 것은 陽의 속성으로서 움직이는 동물이나 거대한 고래를 비롯해서 높이 나는 큰 새, 강한 짐승, 둥근 이파리, 밝은 꽃, 열정적인 동물은 모두가 陽나무甲에 속하고 움직이지 않는 식물과 약한 동물을 비롯해 작은새, 모난잎, 파리, 어두운 박쥐, 차가운 물고기 등은 모두가 陰나무乙에 속한다.

木은 이제 막 싹이 트고 자라나는 어린 시절의 나무요 생물이요 인생이기 때문에 천진난만하고 애정이 풍부하며 희망과 포부가 푸른 하늘처럼 부풀고 착하고 어진 반면에 강한 자나 방해자를 만나면 싸우고 극복할 힘이 없으므로 그대로 굴복하고 순종하는 약점이 있다. 목은 동방에 속하고, 봄의 계절이며 아침에 해당하므로 인류사회로는 동양과 동양인에 속한다. 그래서 동양인은 어질고 착한 소년처럼 따뜻한 애정을 즐기고 부모와 남에게 의지하는 마음이 간절하며 강자 앞에 쉽게 무릎을 꿇는다.

역사상 인간이 인간을 지배하는 군주정치가 가장 먼저 발생하고 또 오래도록 유지돼 온 곳이 바로 동양이라는 사실은 결코 우연한 것이 아니다. 나무는 평소엔 거침없이 뻗어 나가지만 바위나 어떤 장애에 부딪히면 그대로 방향을 바꾸고 굽어 버린다. 소년은 꿈이 많고 꿈을 먹고 사는 동시에 아직 미성년이기 때문에 기분과 감정에 치우치고 무엇이든 하다가 힘에 겨우면 계속 전진할 힘이 없으므로 그대로 포기하고 다른 것을 선택한다. 만사가 시작은 있어도 끝이 없고 꿈은 크나 행동과 실천력은 약하다.

그와 같이 동양인은 꿈이 많고 감정과 기분이 풍부하며 경험없는 일을 했다가 십중팔구는 도중하차하고 애정과 감정이 생활을 지배하며 강자 앞엔 꼼짝을 못하면서 약자 앞엔 큰소리를 친다. 따라서 남에게 의지하려는 의존성이 강해 성공하고 실패하는 열쇠가 자신의 능력이 아닌 배경에 달려 있다고 생각하는 경향이 있다.

부모를 잘 만나면 장애인도 부귀영화를 누릴 수 있듯이 운만 좋으면 바보도 성공하지만 부모 덕이 없으면 아무리 똑똑해도 학교에 다닐 수 없고 가난과 천대 속에 몸부림쳐야 하며 배경이 없는 사람은 아무리 유능해도 출세할 수가 없다고 믿는다.

특히 동양인 중에 사주에 木이 많거나 木일생은 그러한 특성이 더욱 두드러진다.

그 오행은 말이 없고 형체가 없지만 성품과 기질은 너무도 뚜렷이 나

54

타나고 실증된다. 陰陽과 오행은 신비하고 위대한 힘이 있으며 모든 것은 우연이 아닌 음양오행의 결과라는 것을 입증할 수 있다. 그 구체적인 실증을 위해서 다음 오행을 살펴보기로 하자.

(2) 火

나무가 자라나면 화려한 꽃이 피고 소년이 자라나면 청년이 되며 아침 해가 솟아오르면 남방의 중천에 이르고 봄이 지나면 뜨거운 여름이 되며 미성년이 배우고 단련하면 물리에 밝고 체격이 강한 성년으로 발전한다. 그 화려한 꽃과 정열적인 청년 뜨거운 정오의 해와 무성한 여름 그리고 문명이 발달하고 사리에 밝은 문화인을 상징하는 오행이 바로 火다.

뜨거운 불, 밝은 태양과 낮은 대표적인 火의 상징이지만 그것이 火의 전부는 아니다. 火는 남방에 속한다. 그래서 인류문명은 남방에서 싹트고 꽃이 피었다. 어째서인가?

火는 陽이요 陽은 정신이며 정신은 태양의 정기로서 태양과 가까우면 정기와 정신이 왕성하고 정신문명과 정신세계의 개발이 자연적으로 발생하고 촉진한다. 그와 반대로 태양에서 버림받은 북방은 정기와 정신이 한랭하므로 정신문명과 정신세계의 개발이 늦다. 남방인이 태양과 신령을 그리는 종교를 생활로 삼고 있는 데 반해 북방인이 종교를 아편이라고 배격하는 것은 바로 그 생생한 실증이다.

청년기는 정열적이면서 과감하고 무엇이든 확대하고 전진하며 진실을 밝히고 발견하려 든다. 그래서 사주에 火가 많은 사람은 틀림없이 정열과 결단성이 있어 무척 능동적이고 진취적일 뿐만 아니라 용감하고 적극적인 성격과 행동을 나타낸다.

남방인이 어느 인종보다도 정열적이고 양기陽氣가 왕성하며 과감한 것은 토질 때문이 아니고 오행 때문이다. 만일 남방인이 종교를 통한 정신적 자제와 예의가 없다면 남녀관계가 극도로 어지러워져 정열과 사랑의 도시로 변했을 것이다.

여름의 불길은 뜨겁고 과격하다. 참고 견디는 것이 거의 불가능이다.

그와 같이 남방인 특히 아랍인들은 성질이 급하고 과격하다.

전쟁을 해도 10일 전쟁이니 한 달 전쟁이니 하며 후다닥 해치우지 오래 끌면 견딜 수 없다. 불이 밝고 사리가 통하면 예의범절을 따지고 소중히 지킨다. 남방인이 어느 인종보다도 남녀 간의 예의를 비롯해 엄격한 율법을 지키는 것은 바로 그 火오행의 탓이다.

(3) 土

청년이 되면 아기를 낳듯 만물은 여름의 무성한 열기 속에 제3의 생명을 생산한다. 감나무엔 감이 열리고 호박넝쿨엔 호박이 열리듯 고구마 뿌리에선 고구마가 열리고 밤나무, 배나무, 사과나무 등 모든 과수에선 과일이 열린다. 아기를 낳는 것은 어머니뿐이다.

어머니를 陰陽에선 곤坤, 즉 땅이라 말하니 바로 土를 의미한다. 여름 다음은 가을의 金이 오는 것이 상식인데 火와 金사이에 土를 넣는 것은 바로 그 어머니의 생산과정을 구체적으로 설명한 것이다. 土는 동서남북 방방곡곡에 있으므로 사상과 달리 일정한 계절이나 방위가 없다.

유독 중앙토中央土라고 한 것은 땅을 金水木火의 사상에 의해서 동서남북으로 나누다 보니 중앙에 공터가 생겼고 토를 배치할 곳이 없다 보니 중앙에 배치한 것이다. 사실 金水木火는 저마다 일정한 계절과 방위를 가지고 있는 데 반해 土는 주소가 없다. 金水木火가 동서남북을 점유했으니 설 땅이 없다.

그러나 땅을 동서남북으로 나누다보니 중앙엔 공지가 있고 그 공지는 같은 땅이면서도 순수하고 알차고 강하기에 土의 보금자리로는 최고인 것이다.

土는 만물의 어머니요, 보금자리요, 위대한 존재로 작용을 하지만 그 자체는 아무런 힘도 없다. 모든 것이 피동적이다.

나무를 심으면 산이 되고 집을 지으면 집터가 되며 운동장을 만들면 운동장, 공원을 만들면 공원, 경마장을 만들면 경마장으로 묵묵히 지킬 따름이다. 무엇이든 점유하는 것이 주인이다. 강자와 약자의 대결장이 바로 土다. 지리적으로 중앙은 중국에 해당한다.

중국 역사상 전쟁이 끊긴 적은 없다. 춘추전국시대를 절정으로 해서 강자와 영웅이 서로 주인공이 되려고 아귀다툼을 했다. 일본이 침략하고 서양인이 쳐들어왔으며 급기야는 공산당도 지배하던 시절이었다. 누구든 무력으로 점령하면 땅 주인이 된다. 땅은 중앙뿐이 아니고 세계 어느 곳에나 흩어져 있다.

그와 같이 중국인은 이 세상 어느 곳에나 화교로서 흩어져 있다. 金水木火는 성격이나 기질이 명백한 데 반해 土는 그것이 없다.

다만 환경에 따라서 순응하고 동화할 뿐이다. 봄이 되면 따뜻한 난로가 되고 여름이면 뜨거운 조토燥土가 되며 가을이면 신선한 건토乾土가 되고 겨울이면 차가운 땅이 된다. 칠면조처럼 철 따라 변한다. 주체성이 없고 능동성이 없으며 독립성도 없다. 같은 土이면서도 여름 土만은 만물을 생산하는 어머니 土곤토坤土로서 새로운 제삼의 생명을 풍성하게 창조한다. 낳고 기르는 생산과 성장과정이 바로 火와 金 사이의 土다.

모든 것은 여름에서 생긴 일이므로 土는 火의 남방에 같이 배치한다. 계절상으로는 여름 다음의 가을로서 火생生金이 상식이지만 생명의 진행과정으로서는 분명히 火 다음엔 土를 거쳐서 金이 오기 마련이다. 여기서의 土는 생명을 부화하는 생명의 발전과정으로서 모성의 역할을 하는 것이 특징이다.

(4) 金

봄에 뿌린 씨가 여름내 성장하거나 여름에 생긴 열매가 뜨거운 태양 속에서 무럭무럭 자라나면 성숙의 계절인 가을이 온다. 가을은 오곡과 백과가 무르익는 결실의 계절이다.

추수한 곡식과 과실은 상품으로 시장에 출하되고 현금으로 교환되니 재물이 생긴다. 그 돈을 金이라 한다.

황금을 말하는 것이다. 황금은 경제의 핵核이다. 그와 같은 金은 오행 중 경제를 관장하는 실리와 소득과 부의 별이다. 하루의 해가 서산에 기울어지는 석양과 한 해가 무르익어 가는 가을과 인생이 알차게 철나는 장년이 金에 해당한다. 아들 딸이 주렁주렁 매달린 중년기엔 기분이나 감정을 떠나서 생활과 실리와 경제와 현실에 치중하듯 金은 속이 알차고 빈틈이 없으며 돈과 실리實利만을 따진다. 벼가 익으면 고개를 숙이듯 철이 난 인생은 친절하고 부지런하다.

金은 사방에 위치해 자리 잡고 있다. 그래서 서양인은 옛부터 경제와 실리 위주로 생활하고 개발하고 발전함으로써 마침내 세계와 인류경제의 중추적 역할을 하고 있다. 그 무엇에 대해서도 경제와 현실을 떠나서는 생각하고 행동할 수 없다. 기분이나 감정으로 생활하는 동양인과는 정반대다.

성숙한 장년은 남의 지배를 받지 않고 자주독립한다. 때문에 서양에서는 인간이 인간을 지배하는 군주정치가 처음부터 싹트기 어려웠고 성장할 수가 없었다. 모두가 대등하고 자유롭고 자주적인 평등질서 민주사회가 이 지구상에서 가장 빨리 그리고 강력히 싹트고 성장해 왔다. 경영적인 주종관계는 이루어질 수 있어도 계급적인 군신관계는 성립되기 어려운 것이 서방세계의 풍토다.

장원제도에 의한 지주와 기사는 바로 군신이 아닌 토지라는 경제에서 성립된 주종관계로서 절대적인 군주 앞에 절대 추종하는 동양의 군신관계와는 근본적으로 다르다. 그것은 비단 서양인뿐이 아니고 동양인 중에서도 사주에 金이 왕성한 사람은 그와 똑같은 성격과 기질을 가지고 있다.

(5) 水

성숙한 과실이나 참깨를 짜면 꿀 같은 단물과 기름이 나온다.

만물이 먹고사는 생명수다. 쌀이나 밀이나 보리나 생선이나 고기를 먹는 것도 따지고 보면 그 물체 속에 있는 영양질 생명수를 흡수하고 섭취하기 위해서다.

水는 북방에 위치한다. 그래서 북방엔 기름기가 가득 차고 북방인은 기름기가 풍만해 살이 찌고 체구도 크며 강대하다. 나무를 심어도 북방에서는 무럭무럭 자라나고 거목으로서 울창한 데 반해 남방에서는 기름기가 적으므로 가지만 치고 굵게 자라나기가 힘들며, 사람의 체질 또한 기름지고 살찌고 비대하기가 어렵다.

북방은 춥고 어둡다. 태양에서 버림받은 물질세계인지라 정신세계와는 거리가 멀다. 모든 것은 본능적이고 육체적이며 현실적이다. 한랭한 지대인지라 농사가 어렵고 동물사냥에만 의지함으로써 처음부터 산짐승과 싸우는 수렵과 짐승을 기르는 방축으로 생활을 해 왔다.

사람과 사람 사이에는 강자가 으뜸이다. 약자는 자연도태되고 강자만이 생존하고 발전할 수 있다. 짐승을 사냥하던 포수는 점차 먹이가 부족하자 남방의 경작인을 사냥하는 무장강도로 직업전환했고 그 무장강도는 무장된 군대로 조직화해 마침내 인류사회에 살육과 전쟁의 씨를 뿌렸다.

남방의 문화와 평화와 자유를 짓밟은 침략자와 파괴자는 모두가 북방에서 남하한 수렵인과 유목민들이며 지금도 북방의 어두운 장막 속에 숨은 채 남방의 평화와 자유를 파괴하려는 침략준비에 광분하고 있다.

물은 불처럼 밝고 높이 치솟는 게 아니고 땅에 엎드려 기어가는 도둑처럼 땅에 밀착해 소리 없이 흘러 발뒤꿈치에 닿을 때까지도 분간을 못한다. 슬며시 와서 와락 휩쓰는 모습이 흡사 도둑과 같다. 그래서 물을 밤도둑과 침략군대의 별명인 현무玄武라고 일컫는다. 물은 해가 지고 다시 뜨는 사이의 암흑과 밤 그리고 눈보라 치는 겨울과 방안에서 누워 있는 노년기에 해당한다.

밤과 암흑과 겨울과 노인은 모두가 장막에 쌓이고 울에 갇혀 있는 형태로서 햇빛과 평화와 자유가 없다. 살려면 머리를 써야 하고 꾀가 많은 사람만이 승리해 잘 살 수 있다. 그래서 水를 지혜라 하고 권모술수라 한다. 음모와 작전과 술책에 뛰어난 천재의 생산공장이 바로 북방세계다.

북방공산국이 하나에서 열까지 모두가 침략을 위한 위장이요 술책이요 작전이라는 사실은 바로 오행의 원리로 水의 근성을 생생하게 증명하고 있는 것이다.

3. 상생相生

　계절은 봄에서 시작해 여름과 가을 겨울로 질서있게 순환한다. 봄이 가면 여름이 오고 여름이 가면 가을이 오며 가을이 가면 겨울이 오고 겨울이 가면 봄이 온다.

　인생도 마찬가지이다. 소년이 가면 청년이 오고 청년이 지나면 장년이 오며 장년이 지나면 노년이 오고 노년이 지나면 다시 인도환생한다. 봄은 木이요 여름은 火이며 가을은 金이요 겨울은 水다. 봄은 여름을 낳고 그에 상속하니 木생火요 가을은 겨울을 낳고 그에 상속하니 金생水이다. 水에서 木이 발생하는 것이 아니고 겨울은 가고 봄이 온다는 자연과 계절의 전진적 발전과 평화적인 교체 그리고 순리적이고 합법적인 변화를 뜻한다.

　자연과 계절의 변화는 동서고금을 통해서 언제나 질서정연하고 불변하기 때문에 상생의 법칙은 영원히 지켜지고 반복되는 대자연의 진리다. 여기 문제되는 것은 여름이 가면 가을이 오는 것이 정상인데 어찌하여 火생金이 아니고 火생土, 土생金인가?

　이는 계절의 법칙에 따라 생물의 변화 법칙을 가미한 것이다.

　앞서 오행론에서 설명한 바와 같이 여름에는 만물을 생산하는 土가 두각을 나타내고 그 모체에서 발생한 제이의 생명이 성열한 것이 金이므로 火와 金 사이에 土를 끼워서 火생土, 土생金이란 변칙이 생기는 것이다. 이는 계절의 이변이 아니고 방위와 계절을 갖지 못한 土를 상생의 순서에 안배하려니까 부득이 火에다가 결부시킬 수밖에 없는 것이다.

　상생은 자연의 순리적인 진행 법칙이기 때문에 전진과 발전과 평화와 안전을 상징象徵하며 다정한 상속과 교체交替를 의미한다. 때문에 木이 火를 보면 나무에 꽃이 피듯이 즐겁고 반가운 발전적인 변화가 발생하고

水가 金을 보면 아기가 어머니를 본 것처럼 다정하고 유익한 자원을 상속받으니 반드시 기쁜 소식과 발전이 있다.

木이 火를 보면 어머니가 자식을 낳는 것이니 새로운 발전과 업적이 있고 火가 木을 보면 자식이 부모를 만나는 것이니 힘을 기르고 용기가 생기며 이름을 떨치게 된다.

4. 상극相剋

오행은 상생의 법칙에 따라서 질서있게 순서대로 진행하고 변화하게 됐다. 金생水 水생木 木생火 火생土 土생金하므로 水는 金 다음에 움직이고 木은 水가 지나간 다음에야 나타난다.

버스나 택시를 탈 때 순서대로 질서있게 승차하는 것과 똑같다. 그러나 승차하려 할 때는 2번이 가만히 있지 않는다. 불법이요 침해라는 말과 더불어 다툼이 발생한다.

이는 법질서보다 힘으로 무찌르려는 불법행위이니 비록 일시적으로는 강자가 약자를 지배하려 했어도 결과는 시끄럽게 문제되지 않을 수 없다. 이와 같이 순서를 뒤엎고 질서와 법을 깨며 강제로 뛰어 넘는 힘의 충돌과 대결을 상극相剋이라고 한다.

水극火 火극金 金극木 木극土 土극水가 그것이다.

극剋이란 지배한다는 것이니 水극火란 水가 木을 거치지 않고 火에 직접 침입해서 강제로 火를 점령하고 지배하는 것이요 火는 무법자 水의 침략에 정복해 부득이 굴복하고 추종追從하는 것이다. 그렇다고 火가 순순히 굴복하는 것은 아니다. 火는 비록 水보다 약하지만 온갖 힘을 다해서 반항하고 싸우며 최후의 순간에야 복종한다. 때문에 水가 火를 점령하기까지는 막대한 힘과 시간을 소비해야 한다.

힘이 강대한 자는 넘치는 힘을 처리하고 전리품을 얻으니 일거양득이지만 힘이 약한 자는 무리한 전쟁을 함으로써 도리어 막대한 손해損害를 본다. 요즈음 같은 법치시대엔 힘에 의한 침략과 지배란 있을 수 없다. 피해자는 반드시 법에 의한 대항과 반격을 한다. 그래서 상극된 사주나 상극의 해와 달을 만나면 불법이나 무리에 의한 말썽과 시비가 발생해 시끄럽고 복잡하기 쉽다.

상극은 오행의 순서를 무시한 뛰어넘기, 즉 월권에서 발생하는 대결로서 水대對火 火대金 金대木 木대土 土대水로 고정돼 있다. 물과 불이 싸우면 불이 꺼지듯이 水는 火를 누르고 지배해 불과 쇠가 부딪히면 쇠가 불에 녹으므로 火가 金을 누르고 지배하며 金과 木이 대결對決하면 나무가 꺾이므로 金이 木을 다스리고 지배하며 木과 土가 씨름하면 흙이 무너짐으로써 木이 土를 점령하고 지배하며 土와 水가 맞붙으면 흙이 물을 메꾸기에 水는 土에 굴복하고 지배를 감수한다. 그래서 水는 火를 지배하고(水극火) 火는 金을 지배하며(火극金) 金은 木을 지배하고(金극木) 木은 土를 지배하며(木극土) 土는 水를 지배(土극水)하는 것이 만유의 질서와 법칙이다.

水는 북방이요 火는 남방이며 木은 동방이요 金은 서방이며 土는 중앙이다. 이 상극의 법칙에서 모든 전쟁은 북방에서 남침하고 서방에서 동방을 공격하며 남방에서 서방을 치고 일본에서 중국을 치며 중국에서 러시아를 공격하는 것이 철칙이다.

때문에 남쪽에서 북침하고 중국에서 일본을 침략하며 동양에서 양을 치고 러시아에서 중국을 공격하는 것은 대자연의 법칙을 무시한 자연행위로서 반드시 실패한다.

일본이 미국에 선전포고하고 러시아가 중공을 도와 준 것은 바로 자살

행위이듯이 서양이 동방 아랍을 경시한 것은 중대한 실책이며 오늘날 아랍의 석유가 서유럽의 경제를 뿌리째 뒤엎고 흔드는 것은 오행상 필연적인 현장이다. 그렇다고 水가 무조건 火를 이기고 지배하는 것만은 아니다. 중과부적이라고 火가 많고 水가 적어 마치 불길이 하늘 높이 치솟는 경우엔 아무리 물을 퍼부어도 소용 없듯 도리어 水가 火에 눌리고 굴복한다. 때문에 상극이라 해서 덮어 놓고 水가 火를 극하고 지배한다는 선입견은 버려야 한다.

제3장

십간十干과 십이지十二支

지금 당신은 어디에 서 있는가?

하늘과 땅 사이에 서서, 매년 맞이하는 12달,

봄 여름 가을 겨울을 맞이하고 보내며 살고 있다.

하늘과 땅엔 10간과 12지지의 오행신(木, 火, 土, 金, 水)이

당신을 웃게도 하고 울게도 하면서 당신의 희로애락을

좌지우지하고 있음을 아시고 지혜롭게 당신의 행복을 지키시오.

원인을 잘 아는 자는 좋은 결과를 창출해 낼 수 있다.

간지干支에는 천간天干과 지지地支가 있다. 역법易法에서 필수적으로 쓰는 주기週期이다.

천간天干은 갑甲·을乙·병丙·정丁·무戊·기己·경庚·신辛·임壬·계癸이고, 지지는 자子·축丑·인寅·묘卯·진辰·사巳·오午·미未·신申·유酉·술戌·해亥로 이것이 십간십이지十干十二支다.

천간天干이 열 개, 지지地支가 열두 개로 천간 갑甲에 지지 자子를 합해 갑자甲子·을축乙丑·병인丙寅·정묘丁卯……로 시작해 다시 갑자甲子가 시작되는 수가 60회가 된다. 여기에 오행 금金·목木·수水·화火·토土를 배당配當시키고 쥐(鼠)·소(牛)·호랑이(虎)·토끼(兔)·용(龍)·뱀(蛇)·말(馬)·양(羊)·원숭이(猿)·닭(鷄)·개(犬)·돼지(猪)를 배합시켜 한대漢代부터 연대를 표기

〈상생평면도〉

〈상극평면도〉

해 왔다.

金木水火土 五行을 陰과 陽으로 나누어 부호로 사용하는 문자는 甲乙
丙丁戊己庚辛壬癸의 10자와 子丑寅卯辰巳午未申酉戌亥의 12자 등 모두
22자가 있다. 나무木자가 지평선을 그어서 싹이 나오고 뿌리가 있는 것
처럼, 陰陽의 부호는 나무의 싹처럼 땅 위에 있는 것과 나무의 뿌리처럼
땅 밑에 있는 두 가지가 있다. 땅 위에 있는 것은 하늘로 뻗은 줄기(幹)라
해서 천간天干이라 하고 땅 밑에 있는 것은 땅 속으로 뻗은 가지(枝)라 해
서 지지地支라 한다.

甲乙丙丁戊己庚辛壬癸는 천간天干에 있는 10자라 해서 십간十干이라 하
고 子丑寅卯辰巳午未申酉戌亥는 지지地支에 있는 12자라 해서 십이지지
十二地支라 한다.

천간은 땅 위에 솟은 음양오행의 나무 줄기요, 십이지지十二地支는 땅
속에 숨어 있는 음양오행의 뿌리다.

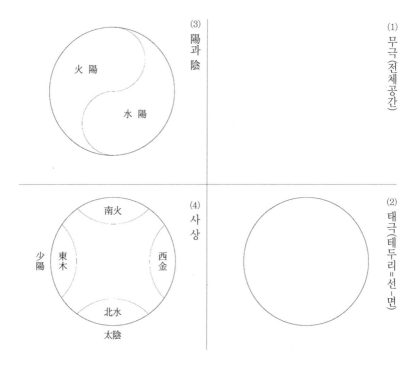

1. 십간+干

십간은 오행五行을 陰陽으로 나누어 명시한 음오행陰五行, 양오행陽五行
이다.

甲乙은 木이요 丙丁은 火며 戊己는 土요 庚辛은 金이며 壬癸는 水다.
甲丙戊庚壬은 陽이요, 乙丁己辛癸는 陰이니 甲은 陽木이요 乙은 陰木이
며 丙은 陽火며 丁은 陰火이며 戊는 陽土요 己는 陰土이며 庚은 陽金이
요 辛은 음金이며 壬은 양水요 癸는 수水다.

陽은 기요 陰은 체이니 陽木은 陽나무가 아닌 생물의 생기요 乙木은
생물의 형체形體이며 丙은 火의 근기根氣인 태양이요 丁은 火의 형체이자
빛인 실화이다.

戊는 제삼의 생명을 부화하는 아버지의 기氣요 己는 어머니의 체이며
庚은 만물을 익히는 열기요 辛은 이미 성숙한 과실이다. 壬은 水의 근기
인 구름이요 癸는 水의 형체인 이슬비다.

이를 자연적으로 설명하면 甲은 생기로서 만물을 회생시키고 乙은 회
생한 만물이며 丙은 만물을 따뜻하게 보살피고 기르는 만유의 아버지요
丁은 씩씩하게 성장한 장정의 모습이며 戊는 다시 제삼의 생명을 창조하
려는 무성한 나뭇잎이요, 己는 만삭이 된 어머니의 부른 배다.

庚은 모든 과일을 사람이 먹을 수 있도록 익히는 강한 서릿발이고 辛
은 서릿발 속에 익을 대로 무르익은 과실이며 壬은 이미 생물의 농사가
끝남에 따라서 땅의 생기가 하늘로 승천해 집결한 구름이며 癸는 다시
회춘함에 따라 땅에 생기를 뿌리는 이슬비다.

이 지구상의 만물이 눈을 뜨고 숨을 쉬고 움직이는 것은 오직 생기가
발생하면서부터다. 그 생기는 바로 甲이다.

그 생기를 들이켜고 뱀처럼 움직이는 형상形狀이 乙이요 그 생기를 만

천하에 섭취토록 날개를 펴는 것이 丙이다.

생기가 지구상에 가득 차고 이를 마음껏 흡수한 만물은 왕성旺盛한 장정으로 변하며 정신 또한 샛별처럼 총명하고 왕성하다. 그 왕성한 정신과 육체를 소유한 꽃이 만발한 성인의 늠름한 모습을 丁이라 한다.

丁은 곧 만물의 꽃이요 화려한 청춘이다. 힘이 넘치는 장정이 되면 자식을 낳아야 하고 자식을 낳으려면 기운을 저축하고 배양해야 한다. 기운은 땅에서 섭취하는 물질의 기름과 더불어 태양에서 발생하는 양기의 배합에서 조성된다.

사람이나 동물은 콧구멍으로 대기를 섭취하지만 나무를 비롯한 식물은 잎으로 섭취한다. 여름이 되면 나뭇가지가 무성하고 잎이 만발해 녹음을 이룬다. 그 무성한 나뭇잎은 바로 대기를 흡수하고 기운氣運을 생산하는 호흡기능이다.

때문에 나뭇잎을 훑거나 송충이가 솔잎을 갉아먹듯 좀먹으면 나무는 이산화탄소를 흡수하고 대기를 호흡할 기능이 없으므로 숨구멍이 막힌 사람처럼 기절하고 이내 말라 죽는다.

그와 같이 나뭇잎은 단순한 장식물이 아니고 나무의 호흡기능인 폐요 생명의 수족이다. 그러기에 힘차게 자라나며 성숙할 수 있다. 나뭇잎 없는 가지에 열매가 열리는 법은 없듯이 여름철에 나뭇잎이 떨어지고 시들지 않는 나무는 없다. 그 무성한 나뭇잎을 통해서 대기에서 흡수 저축한 양기로 생명의 과실은 창조된다. 닭이 알을 까는 것처럼 많은 생명을 잉태하고 부화하는 생명의 생산공장이 바로 己土다.

흙 속에서 생기는 고구마나 가지에 열리는 복숭아, 배, 사과, 호박, 참외, 수박 등 모든 과실은 기름진 흙(己)에서 공급하는 물질의 기름과 나뭇잎을 통해서 섭취한 양기의 배합으로 태어난 음양의 조화요 아버지인 戊土와 어머니인 己土의 합작품이다.

근에서 생산된 과실은 여름의 뜨거운 태양 아래 힘차고 빠르게 성장한다. 그 과실을 물질의 기름으로 성숙시키려면 익혀야 한다. 덮어 놓고 크기만 해서는 먹을 수가 없다. 익지 않은 과일은 먹을 수가 없듯이 무용지물이다. 그 성장하고 살찐 과실을 무르익게 하는 열기가 庚이다.

庚은 이제까지의 타성과 전통과 질서를 총결산하고 새로운 질서를 창조하는 개혁과 혁명의 별이다. 흔히 庚金이라면 숙살肅殺의 기氣라 해 살인적인 무기로 생각하는데 사실은 그와 정반대다. 과실을 먹을 수 있도록 익히는 것은 생명의 완성을 촉진하고 보호하는 작용이요, 결코 생명을 해치거나 죽이는 것은 아니다. 그 성숙의 기운에 의해서 무르익은 황금의 과실이 바로 辛金이다.

辛은 알찬 과일이기 때문에 최고의 가치와 능력을 가지고 있다. 만물의 영양가로서 만유가 침을 삼키듯 부러워하는 천하의 미인이 바로 辛이다. 과실은 생기를 싫어하고 부러워한다. 생기를 흡수하면 싹이 트고 싹이 트면 과실은 먹지 못하는 폐물이 되기 때문이다. 그 과실을 보관하기 위해서는 생기를 모두 하늘로 승천시켜서 하늘에 묶어 놓아야 한다. 그 생기를 하늘로 뽑아 올리고 뭉쳐 놓은 생기의 저장물인 구름이 壬이다.

壬은 하늘에선 구름이 되고 땅에선 차가운 바람이 된다. 겨울이 춥고 바람이 거친 이유는 생기를 뽑아올린 壬의 조화다. 겨울이 지나면 만물이 다시 회생하기를 원한다. 그들이 회생하려면 구름에 묶인 생기를 풀고 땅에 되돌려 줘야 한다. 구름은 비로 변해 생기를 땅에 수송한다. 그 생기의 이슬비가 癸다.

癸가 땅에 생기를 촉촉히 뿌리면 깊은 잠에 코를 골던 甲이 다시 눈을 뜨고 지구상에 생기를 공급한다. 이러한 자연의 순환은 예나 지금이나 변함이 없다. 그와 같이 십간의 서열과 진행과정은 불변의 철칙이다. 고전 명리파古典 命理派는 십간을 단순한 음양으로 나눔으로써 甲은 양나무요 거목이며, 乙은 음나무요 화초라고 한다.

甲乙이 단순한 양나무, 음나무요, 거목이나 화초라면 서로 바꿔놓은들 문제될 것은 없다. 화초가 거목보다 앞에 있는 것쯤 무엇이 이상하겠는 가. 그러한 십간은 피상적이고 추상적인 넋두리가 아닌 자연의 질서이기 때문에 그 어느 것도 바꿔 놓을 수가 없다.

물론 십간은 자연의 질서만이 아니다. 이 세상 만물을 가장 세밀하게 열 가지로 분류한 만유의 십분법十分法이다. 그 분류법은 오행을 음양으 로 나누는 것이다. 가령 木은 생물이니 이를 甲乙의 음양으로 나누면 수 백 수천 종류가 된다. 먼저 양은 높고, 크고, 둥글고, 강하고, 뜨겁고, 움 직이고 밝고 가벼운 것이니 같은 생물 중에도 크나 큰 거목이나 거수巨 獸를 비롯해 사나운 맹수, 움직이는 동물, 높이 나는 새, 둥근 잎의 식물, 밝고 둥근 단풍나무, 큼직한 고래와 코끼리, 말 잘하는 앵무새, 재주부리 는 원숭이, 목이 긴 기린, 재빠른 제비, 무서운 독수리와 솔개, 남자와 장 년, 왕과 귀족들, 무관과 법관, 가시나무와 독버섯 등은 甲에 속한다. 음 은 유하고 네모지고 약하고 작고 낮고 차고 어둡고 고정되고 무거운 것 이니 부드러운 화초나 낮은 관목灌木, 작은 새를 비롯해 동굴 속의 박쥐, 귀여운 토끼, 기어다니는 짐승, 움직이지 않는 식물, 칼처럼 뾰족한 나뭇 잎, 파리, 모기, 칡넝쿨, 생쥐, 물고기, 땅굴 속의 뱀, 지렁이, 조개, 소라, 이끼, 송사리들은 모두가 乙에 속한다.

丙丁은 火요, 빛이요, 정신이니 강한 태양이나 산소불을 비롯해 강렬 한 촉광, 넓직하고 둥근 해바라기, 화재의 불기둥, 폭약원자탄, 철재의 머리, 왕성한 정신, 석양의 찬란한 태양 빛 강한 의지 등은 丙에 속하고 밤에 뜨는 별과 달, 등불과 촛불, 개나리꽃, 진달래, 여자의 마음, 연약한 의지, 소년, 소녀의 꿈과 희망, 형광등과 반딧불 등은 丁火에 속한다.

戊己는 같은 土이지만 크나큰 태산, 높은 봉우리와 성곽, 뚝방, 화분,

뜰, 언덕, 사막, 백사장, 바위, 들, 절벽, 앞산, 굴뚝 등은 戊에 속하고 평지, 길, 논밭, 마당, 하수도, 개간지, 경작지, 썩은 흙, 진흙, 작은 돌, 모래, 화원 등은 己에 속한다.

庚辛은 같은 금속과 과일이지만 강철, 원광原鑛, 도끼, 큰 톱, 서릿발, 쇠뭉치, 강철, 큰 칼, 미숙한 과실, 가시, 철사 등은 庚에 속하고, 황금, 진주, 보석, 반지, 구슬, 낫, 작은 칼, 무르익은 과실 등은 辛에 속한다. 壬癸는 같은 물이지만 흐르는 물, 강물, 큰 호수, 바다, 수돗물, 홍수, 저수지, 구름, 바람 등은 壬에 속하고 비, 이슬, 샘, 식수, 서리, 눈, 냉수 등은 癸에 속한다.

사주는 음양오행의 건물이요, 십간의 참뜻과 근본을 뚜렷이 알면 사주는 스스로 통달할 수 있다. 지금까지의 고전사주가 어렵고 애매한 이유는 여러 가지 있겠지만 가장 큰 이유는 십간의 근본이 애매하고 귀걸이, 코걸이 식으로 갑론을박을 되풀이하고 있는 데 있다. 이 십간법에 대해서는 앞으로 보다 구체적으로 설명하고 통변할 기회를 갖겠지만, 온 관심과 정성을 여기에 기울여야 한다.

2. 간합干合

강자가 약자를 누르고 지배하는 것이 상극인 데 반해 강자가 약자와 정을 통하고 다정하게 부부생활하는 것을 간합干合이라고 한다. 간합은 서로 상극된 사이이면서 음양이 배합되기 때문에 서로 정이 통하고 스스로 강자에 시집가는 음양의 결합을 말한다. 때문에 간합은 반드시 양이 강하고 음이 약하며 서로 상극된 오행에서 이뤄진다.

金극木 木극土 土극水 水극火 火극金의 상극관계에서 강자가 남자요

약자가 여자며 남자는 양간이 되고 여자는 음간이 돼야 한다. 이러한 배합은 양간에서 여섯 번째의 음간과 이루어짐으로써 육합六合이라고 한다. 가령 甲인 경우 甲에서 여섯 번째의 육간은 己甲乙丙丁戊己土에 해당하므로 甲과 己는 음인즉 서로 정이 통하고 사랑함으로써 마침내 부부의 인연을 맺고 하나로 뭉친 것이다. 간합은 다섯 양간과 다섯 음간으로 이뤄지는데 그 내막은 다음과 같다.

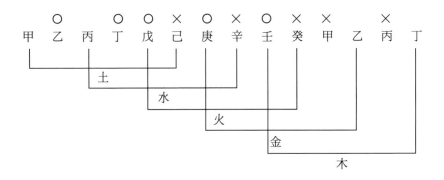

간합이 이뤄지면 양간의 오행이 변화하는데 이를 화오행化五行이라고 한다. 화오행은 다음과 같다.

甲己化土　　　乙庚化金　　　　丙辛化水

丁壬化木　　　戊癸化火

합合은 서로 단합된 유정지상有情之象이다. 합合이 있으면 다정하고 원만해 사교적인 반면에 적극성이 없고 소극적이며 시종일관하기가 어렵다는데 반드시 그러한 것은 아니며 다만 합合이 여럿 있으면 다정다감한 경향이 있어서 여자는 곤란하다는 것이다.

흔히 甲己합은 바르고 庚乙합은 의로우며 丙甲합은 권위가 있고 丁壬

합은 음란하며 戊癸합은 무정하다고 말하지만 이는 추상적인 견해일 뿐 사실과는 다르다.

합슴은 그 위치와 경우에 따라서 좋고 나쁜 것이 달라지고 작용하는 힘의 비중比重도 달라지는 만큼 실질적으로 판단하기는 어렵다.

가령 사주의 년간에 甲이 있고 월간에 己가 있어서 甲己합이 되면 이는 사주의 주체인 일간과 분리되고 외면한 것으로서 사실상 아무런 작용을 하지 않을 것으로 보고 일日간과 간합이 됐으면 같은 신하이면서 군주와 결합한 신하이므로 그 己土는 어느 신하보다도 강한 힘을 가지고 있다. 이는 왕과 결혼한 왕비이니 왕 다음의 힘을 가지고 있는 중신重臣으로 보아야 한다.

년과 월은 부모궁에 해당하므로 년월年月이 간합이면 부모가 서로 껴안고서 애정에 빠진 나머지 군주인 일간을 외면하고 전혀 돕지 않는 형상이니 부모와의 인연이 박하고 부모를 모실 수 없게 된다. 부부는 일남일녀一男一女에서만 이뤄지듯이 간합은 음, 양에서만이 성립된다.

가령, 1甲, 1己, 1庚, 乙, 1丙, 1辛, 1壬, 1丁, 1戊, 1癸는 정당한 부부로서 간합이 이뤄지나 2甲1己, 2己1甲은 여자 하나에 두 남자가 붙고 한 남자에 두 여자가 붙은 격이니 서로 질투하고 싸울 뿐 정식 결합인 간합은 성립될 수 없다. 이를 투합妬合이라고 한다.

3. 간충干沖(=칠살七殺)

상극하는 사이라도 양이 음을 보거나 음이 양을 보면 정이 통해 유정 지합이 되는 데 반해 양이 양을 보거나 음이 음을 보면 원수가 원수를 본 것처럼 달려들어서 충돌한다. 이러한 간충은 자기 위치에서 일곱 번째의 천간으로서 이를 칠살七殺이라고 한다. 가령 甲은 甲에서 일곱 번째의 천간이 庚이므로 甲庚충이 되고 庚이 칠살이 된다.

살殺은 칠살을 뜻하므로 甲은 庚을 보면 토끼가 범을 만난 것처럼 庚에 의해서 정복된다. 한번 정복된 자는 호랑이가 존재하는 한 아무런 작용도 못하고 죽은 듯이 꼼짝을 할 수가 없다.

이를 십간별로 살펴보면 다음과 같다. (X표는 칠살)

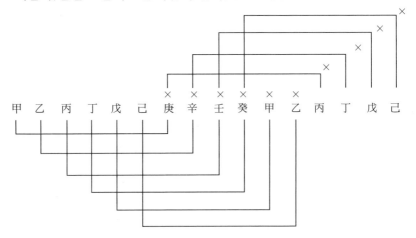

金극木	甲충庚	乙충辛	庚극甲	辛극乙
木극土	戊충甲	己충乙	甲극戊	乙극己
土극水	壬충戊	癸충己	戊극壬	己극癸
水극火	丙충壬	丁충癸	壬극丙	癸극丁
火극金	庚충丙	辛충丁	丙극庚	丁극辛

甲충庚이란 甲은 庚에게 정복되고 굴복한다는 뜻이고 庚극甲이란 庚은 甲木을 지배한다는 뜻이다. 충沖은 칠살이라고도 하므로 甲살庚 乙살辛이라고도 한다.

甲은 庚에 살해되고 乙은 辛에게 살해된다는 뜻이다. 칠살을 만나면 산 채로 사로잡혀 산송장처럼 묶여 있는 것이니 사실상 살해된 것과 다를 바 없다. 그래서 충과 칠살을 사주에서는 가장 두려워하고 싫어한다.

그러나 간충(칠살)은 오행에 따라서 차이가 있다.

金과 木(甲庚, 乙辛) 水와 火(丙壬, 丁癸)의 충은 정충(丁沖)으로서 가장 큰 타격을 받고 火와 金(庚丙, 辛丁) 土와 水(壬戊, 癸己)의 충은 타격은 있으나 치명적이 아니며 木과 土(戊와 甲, 己와 乙)의 충은 도리어 기뻐한다. 金水木火는 충을 당하면 반드시 상처가 발생하지만 土는 木이 쟁기요 호미로서 木을 만나면 도리어 숨을 쉬고 농사를 지을 수 있으니 기쁨을 얻는다.

충이 발생하면 약자는 강자에게 치명적 상처를 당하는 반면에 강자는 막대한 힘의 소모와 출혈을 함으로써 양자가 다같이 마이너스를 가져온다. 때문에 충이 된 두간(二干)은 사실상 서로 싸우고 얽매이고 지쳐서 별다른 작용을 하지 못한다. 왜냐하면 정복된 약자는 기회만 있으면 반격하고 도망칠 준비를 하고 있으므로 강자는 한시도 약자 곁을 떠날 수 없다. 마치 죄수를 지키는 간수가 똑같이 울안에 갇혀 있는 것처럼 서로 얽매여 있다.

간충은 년간과 월간, 월간과 일간, 일간과 시간과의 이웃 사이에서만 성립되고 년과 일, 월과 시, 년과 시처럼 한 다리나 두 다리를 건너서는 충이 성립되지 않는다. 고전 명리에서는 이를 '날아서 충한다' 해서 비충飛沖이라고 했지만 그 작용은 전혀 무력하다. 따라서 일간에서 월간이나 시간을 충하는 것은 충이 성립되지만 월간이나 시간에서 일간을 충하는 것은 충이 성립되지 않는다. 왜냐하면 일간은 군주요 월시는 신하로서 비록 신하가 강하다고 해도 군주를 정복하거나 살해할 수 없기 때문이다. 이럴 땐 다만 일간을 충하는 칠살이 군주 앞에 거만하고 말썽을 부릴 따름이다.

충은 1대1의 경우에만 성립되고 2대1, 3대1의 경우엔 성립되지 않는다. 충은 쌍방의 전투인데 1대1의 경우엔 한번 싸워 봄직하고 또 싸움이 성립될 수 있지만 2대1이나, 3대1의 경우엔 약자가 대항하지 않으므로 싸움이 성립되지 않는다. 다만 약자가 2이고 강자가 1인 경우엔 2대1이라 해도 도리어 싸움이 치열하게 붙는다. 약자가 둘이 합하면 강자에게 선수를 치고 도리어 칠살 작용을 하는 것이다. 가령 庚이 둘이고 甲이 하나면 甲은 겁이 나서 덤비지 못하는 데 반해 甲이 둘이고 庚이 하나면 甲이 평소의 굴욕을 설욕雪辱하려고 庚에게 싸움을 거는 것이며 이때엔 庚이 수세에 몰린다.

같은 甲庚이라 해도 계절에 따라서 힘의 강약이 달라진다. 가을철의 甲庚은 庚이 압도적으로 강하고 甲을 자유자재로 지배하지만 봄철에 甲은 왕성하고 庚은 노쇠함으로써 도리어 甲이 庚을 극하고 지배한다.

4. 십이지지十二地支

음양오행을 표면적으로 나타낸 음양오행의 싹이 십간이듯이 음양오행을 내면적으로 나타낸 음양오행의 뿌리를 십이지지라고 한다. 子丑寅卯辰巳午未申酉戌亥가 바로 십이지지이다. 십이지지는 십간처럼 음양오행으로 구성돼 있다. 십이지지를 차서次序적으로 구분하면 子寅辰午申戌은 양이고 丑卯巳未酉亥는 음으로 구분하지만 실질상 지지가 갖고 있는 십간의 음양과, 지지의 뜻과 명리학에서 실용하는 십이지지의 음양은 각기 다르다. 지장간에 숨어 있는 십간과, 육친해석을 보면 子와 午는 음이요, 亥와 巳는 양의 지지임을 밝힌다.

그러므로 명리학에서 통용되는 십이지지의 음양은 다음과 같다. 양의 지지는 寅辰巳申戌亥요, 음의 지지는 子丑卯午未酉이다. 십이지지는 방위와 계절과 달과 시간을 분간하는 기준으로서 아주 중요하며 여러 분야로 응용된다. 명리학을 이해하기 위해서는 무엇보다 12지지의 특성(성정)과 활용을 잘 알아야 한다.

5. 방위方位

亥子丑은 水의 고장으로서 북방에 위치하고 寅卯辰은 木의 고장으로서 동방에 위치하며 巳午未는 火의 고장으로서 남방에 위치하고 申酉戌은 金의 고장으로서 서방에 위치한다. 이를 좀 더 구체적으로 설명하면 子는 정북正北이고 卯는 정동正東이며 午는 정남正南이고 酉는 정서正西다.

戌亥는 서북간으로서 건방(乾)이고 丑寅은 동북간으로서 간방(艮)이며 辰巳는 동남간으로서 손방(巽)이고 未申은 서남간으로서 곤방(坤)이다. 흔히 풍수에서 子坐午우향이니 건방이니 손방이니 하는 것은 모두가 십이지의 방위를 말하는 것이다.

6. 계절季節

亥子丑은 북방이니 춥고 어두운 겨울철이고 寅卯辰은 동방이니 따뜻하고 밝은 봄철이며 巳午未는 남방이니 뜨겁고 더운 여름철이요 申酉戌은 서방이니 신선한 가을이다. 이를 구체적으로 분별하면 삼춘으로서 寅은 초춘이요, 卯는 중춘이며 辰은 만춘이고 巳午未는 삼하三夏로서 巳는 초하初夏요, 午는 중하仲夏이며 未는 만하季夏이고 申酉戌은 삼추로서 申은 초추요, 酉는 중추이며 戌은 만추이고 亥子丑은 삼동三冬으로서 亥는 초동이고 子는 중동이며 丑은 만동이다.

　이를 다시 달로 분별하면 초춘인 寅이 정월이고 卯가 2월이며 辰이 3월이고 巳가 4월이며 午가 5월이고 未가 6월이며 申이 7월이고 酉가 8월이며 戌이 9월이고 亥가 10월이며 子가 11월이고 丑이 12월이다.

7. 시각時刻

　하루의 시간은 子에서 시작된다. 子는 하루의 일진日辰이 바뀌는 분기점이자 하루의 시발점이다.

　이를 십이지별로 살펴보면 다음과 같다.

子시	23시 부터	0시 59분 59초
丑시	1시 부터	2시 59분 59초
寅시	3시 부터	4시 59분 59초
卯시	5시 부터	6시 59분 59초
辰시	7시 부터	8시 59분 59초
巳시	9시 부터	10시 59분 59초
午시	11시 부터	12시 59분 59초
未시	13시 부터	14시 59분 59초
申시	15시 부터	16시 59분 59초
酉시	17시 부터	18시 59분 59초
戌시	19시 부터	20시 59분 59초
亥시	21시 부터	22시 59분 59초

일반사회에서는 0시부터 24시까지를 하루로 계산하지만 음양학계에서는 子시부터 亥시까지를 하루로 계산하니 밤 11시(23시)가 되면 자동적으로 날짜가 바뀌고 새 날이 시작된다.

고전 명리파는 하루의 시각이 子시부터 시작되는 것은 인정하면서 야자시夜子時로 나누어서 24시 이전의 子시는 그 전날의 일진을 쓰고 子시만을 다음날 子시로 쓰며 24시 이후의 子시에 한해서 그날의 일진과 子시를 쓰는데, 이는 뒤에서 구체적으로 설명하겠지만 子시의 일진의 근본을 모르고 하는 착오이므로 재론할 필요가 없다.

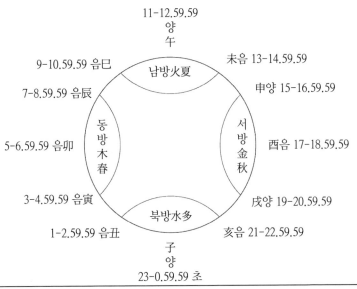

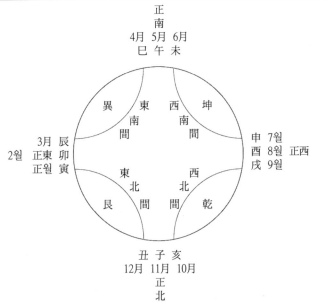

8. 표준시標準時와 시축론時縮論

(1) 표준시標準時

표준시標準時란 자오선子午線과 태양太陽이 정남중正南中으로 되는 시각時刻과 정오正午가 일치一致하는 경도經度를 말하는 것이다. 세계世界의 표준시標準時는 영국의 그리니치 천문대天文臺의 자오선子午線을 기준으로 하는 것이다.

우리나라의 표준시는 동경東經 127도度를 적용해야 하는데 우리나라에서 동경東經 135도度를 적용해 사용하면 삼십분三十分의 시차時差가 발생하는 것이다. 동경東經 127도度를 적용할 때 출생자는 11시時가 자시초子時初가 되고 이것이 우리나라의 표준시간을 사용하는 것이다.

동경東經 135도度를 적용할 때 출생자는 11시를 11시 30분으로 시계를 30분 빠르게 돌려 놓은 것이므로 11시 30분에서 30분을 환원해 사용하는 것이다. 즉 11시 30분이 11시와 같은 것이다.

(2) 경도 적용표輕度適用表

1910년 경술년庚戌年 음력 7월 25일 자시초子時初부터 동경東經 135도 적용 / 30분 환원 / 23시 30분이 자시초子時初가 된다.
1954년 갑오년甲午年 음력 2월 17일 자시초子時初부터 동경東經 127도 적용 / 아국我國표준시 / 23시가 자시초子時初가 된다.
1961년 신축년辛丑年 음력 6월 29일 자시초子時初부터 동경東經 135도 적용 / 30분 환원 / 23시 30분이 자시초子時初가 된다.

9. 지합支合

천간이 음과 양으로 간합을 이루듯 지지에서도 음과 양은 합을 이룬다. 이를 지합이라고 한다.

간합은 서로 상극된 관계에서 양이 음을 보면 정이 통해 합이 되지만 지지는 생물이나 물체가 아닌 오행의 근기根氣로서 합하는 것이라 근거가 전혀 다르다.

먼저 지지의 합을 소개하면 子丑합토合土 寅亥합목合木 卯戌합화合火 辰酉합금合金 巳申합수合水 午未합으로 돼 있다.

어째서 子丑은 土가 되고 寅亥는 木이 되며 卯戌은 火가 되고 辰酉는 金이 되며 巳申은 水가 되고 午未는 합이 될 뿐 변화가 없는가?

子는 水요 丑은 土다. 水는 바다요 土는 육지를 의미하니 바다와 육지가 합해 지구가 된다. 지구는 土의 근본이니 子丑이 합하면 土가 된다는 것은 자연을 표시한 것이다.

午는 해(日)요 未는 달(月)이니 하늘에선 일월이 음양으로서 부부를 맺는다. 해가 양이요 남성이며 달이 음이요 여성이다.

해와 달은 합쳐서 하늘을 형성하는데 오행상 土는 있어도 하늘 천天은 없다. 그래서 午未는 합할 뿐 지구와 같이 다른 물질로 변하지는 않는다. 午未합 또한 자연적 현상일 뿐 다른 뜻은 없다. 지합은 하늘과 땅 사이에 발생하는 자연적 변화와 현상을 계절로 설명한 자연의 이치다.

첫째, 땅에선 생물이 발생하고 계절은 봄에서부터 시작한다.

그 생물과 봄은 木의 상징으로서 子丑합 다음의 寅亥합에서 발생하는 자연현상은 木이 된다. 木이 성장하면 꽃이 피고 봄이 가면 여름이 온다. 그 꽃과 여름은 火의 상징으로서 寅亥合 다음의 卯戌합에서 발생하는 자연현상은 火가 된다. 꽃이 지면 열매가 생기고 여름이 가면 가을이 오며 열매가 무르익으면 기름이 생기고, 가을이 가면 겨울이 오듯이 卯戌합 다음에 오는 辰酉합에선 가을과 열매의 상징인 金이 오고, 그 다음의 巳申합에선 가을과 열매 다음의 겨울과 기름을 상징하는 水가 온다.

水 다음엔 높고 맑은 하늘이 나타나고 하늘 아래 펼치는 땅에서 새봄과 새싹이 아지랑이 속에 모락모락 피어 오른다. 이는 오행의 섭리이자 대자연의 진리로서 고금 동서를 통해 변함없이 질서적으로 영원히 진행되고 반복되는 음양오행의 순환이요 행진곡이다. 지합에 대해서는 월장月將설을 쓰기도 한다. 월장은 다음과 같다.

正	2	3	4	5	6	7	8	9	10	11	12
月 寅	卯	辰	巳	午	未	申	酉	戌	亥	子	丑
月將 亥	戌	酉	申	未	午	巳	辰	卯	寅	丑	子

가령 정월寅엔 亥가 장성하고 2월엔 戌이 월장이 된다. 월장은 해와 지구가 얽히는 방위와 지점으로서 그 달의 주장主將과 같다. 월은 음이요 여성이니 부부의 결합을 의미하는 지합은 달의 여주인공과 주장이 결합함을 뜻하는 것이다. 합을 남녀의 결합으로 따질 때 지합은 월녀月女와 월장月將의 결합으로 보는 것이 원칙이지만 음양의 근본은 단순한 남녀가 아닌 우주와 대자연으로서 지합 또한 대자연의 법칙과 질서의 관점에서 관찰하는 것이 보다 거시적이고 합리적이라 하겠다.

지합은 간합과 같이 유정有情한 결합으로서 정에 빠지고 만사를 외면함으로써 사실상 코를 골고 자는 남녀와 같이 아무런 작용을 하지 않는다. 이름과 숫자만 있을 뿐 아무런 힘과 도움이 되지 못함으로써 그에 의지하는 천간은 뿌리가 있으면서 없는 것과 똑같이 무력하고 지위를 잃게 된다.

때문에 지합이든 간합이든 합이 있거나 많은 것은 다정다감한 동시에 정에 얽혀서 대사를 그르치고 자립할 기회를 얻지 못하는 경향이 있다. 초지일관하지 못하고 도중에 변동이 무상함도 자명지사이다.

〈지합支合의 평면그림〉

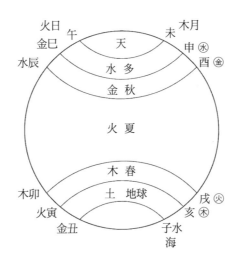

10. 지충支沖

정북인 子에서 정남인 午로 향해 직선을 그어 가고 午에서 子로 향해 직선을 그어 가면 반드시 중간 지점에서 정면충돌하듯이, 정동인 卯와 정서인 酉에서 동시에 반대 방향을 향해 직선을 그어 가면 중간 지점에서 맞부딪치게 된다. 丑과未, 寅과申, 巳와亥, 辰과戌이 반대편을 향해 동시에 직행하는 경우도 똑같다. 중간에서 반드시 충돌하게 돼 있다. 이러한 일직선의 쌍방 지지가 중간에서 맞부딪치는 충돌을 지충이라고 한다.

서로 앞을 가려고 양보하지 않고 또 비켜 설 자리도 없는 외나무다리에서 한치도 물러서지 않고 서로 떠밀고 싸우다 보면 서로 전진하지 못하고 마침내는 서로 지쳐서 쓰러진다. 흔히 지충이라면 자동차가 부딪히는 것과 같다 해서 교통사고나 무서운 재난이 일어난다고 해서 무척 두려워하지만 사실은 전혀 다르다. 무엇보다도 지지는 뿌리요 싹이 아니므로 머리와 머리가 부딪혀 싸우는 간충과는 달리 뿌리와 뿌리가 서로 영양분을 생산하다가 정면으로 부딪치자 서로 양보함이 없이 자리를 다투다 보니 서로 얽히고 엉켜서 생산은 할 수 없고 싸움만 일삼으니 마침내 土에 의지하던 천간이 굶주려 쓰러지고 집안에 뜻하지 않은 사고로 큰 소동이 벌어지는 것이다.

이는 빵을 생산하는 수족이 생산은 아니하고 싸움만 하다 보니 수족에 의지하던 머리와 기계가 영양부족으로 고장이 생기고 파괴되는 것과 같다. 태산처럼 믿었던 수족이 뜻하지 않은 싸움으로 생산과 공급을 중단하고 주인공을 골탕먹이듯이 사주에 충이 있거나 충을 만나는 경우엔 틀림없이 약속되고 또 진행될 것이 어떠한 뜻하지 않은 방해와 사고로 어긋나고 실패하는 것이다.

가령 은행에서 돈을 대출받은 경우 충이 발생하면 도중에서 좌절된다. 당사자는 은행 책임자와 가까운 사이고 또 확약을 받았는데 무슨 소리냐고 펄쩍 뛴다. 어느 모로 보나 그럴 수가 없다는 것이다. 그럴 땐 뜻밖에 은행 책임자가 전근이 된다거나 정책상 대출이 중단되거나 하는 불행한 사태가 발생해 기대가 빗나가게 된다. 따라서 지충은 서로가 쓸데없는 싸움으로 본분을 망각하고 시간과 정력을 낭비하는 것처럼 되지도 않을 부질없는 일에 신경을 쓰고 헛되이 얽매이다가 뜻을 이루지 못하고 낭패를 당하는 것이다.

다음 그림에서 보는 바와 같이 지충은 일직선의 쌍방이 동시에 출발할 경우 중간지점에서 맞부딪치는 외나무다리에서의 정면충돌이다.

  그러나 지충의 근본 원인은 앞으로 설명되는 삼합에서 발생하는 집단적인 전쟁으로서 같은 지충이지만 저마다 뜻과 내용과 형태와 결과가 다르다. 때문에 직선을 통한 지충을 충의 전부라고 생각하는 것은 속단이다. 이는 단지 충을 겉으로 보는 피상적이고 추상적인 관찰에 지나지 않는다. 이는 비단 지충뿐이 아니고 모든 면에서 그러하다. 그러한 추상적 관찰이 추상적인 판단을 가져올 것임은 필연적 사실이다. 여기에 고전 명리파의 고충이 있다.

11. 육해六害

  지합은 남녀부부가 베개를 베고 나란히 누워 있는 형국이다. 서로 사랑하고 즐거워하기 때문에 언제나 그 자리에서 서로 껴안고 있는 것이다.

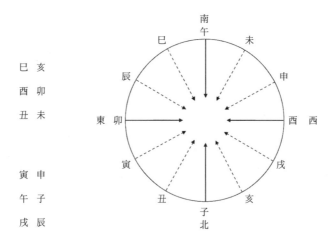

이 평화스럽고 금슬좋은 가정에 충이 뛰어들어오면 전투가 발생하고 희생자가 나타나며 단란했던 부부생활은 파괴가 되고 쑥밭이 된다. 가령 子와 丑은 합으로서 부부생활을 즐기는데, 난데없이 午가 뛰어들면 子와 싸움이 붙고 서로 피투성이가 돼서 병원에 입원하게 되니 丑은 하루아침에 남편을 잃고 과부가 된다.

丑의 남편 子를 상이용사로 만든 것은 午이니 午는 丑의 부부생활을 방해하고 파괴한 침략자다. 그래서 丑은 午를 싫어하고 미워하며 경계하고 저주한다. 그 午를 丑은 육해라고 부른다. 가정생활의 방해자라는 의미다.

이러한 방해자는 십이지의 가운데 여섯 개가 있으니 육해라고 한다. 午의 경우는 어떠한가? 午는 未의 합이 돼 멋지게 부부생활을 한다.

丑이 뛰어들어 아내인 未를 충하면 未는 부득이 싸움터에 나가고 상이용사가 되며 결과적으로 午는 홀아비가 된다. 丑이 午의 가정생활을 짓밟고 파괴했으니 丑은 午의 적이요 원수와 다를 바 없다. 丑에서 볼 때엔 午가 남편인 子를 짓밟은 파괴자이지만 午의 입장에서 볼 때엔 丑이 더 없는 파괴자요 방해자다. 결과적으로 丑과 午는 서로 파괴하고 방해하는 적대자로서 하늘 아래 같이 살 수 없는 원수지간이다.

이를 그림으로 살펴보기로 하자.

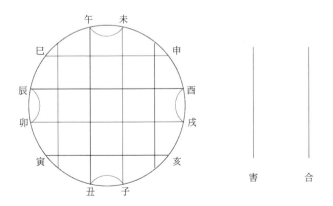

육해는 단결과 화목과 금슬을 깨는 별로서 사주상 육해가 있거나 만나면 무엇인가 방해자가 나타난다.

마치 두 남녀가 멋있게 놀러 가는 터에 제3자가 불쑥 나타나서 애인을 가로채고 도망치는 것과 똑같다. 때문에 약혼이나 결혼을 비롯해서 친목계나 조합 또는 단체의 결성을 하는 데는 육해의 일진을 피해야 한다.

육해의 날을 선택하면 생각지도 않은 침입자나 방해자로 인해서 평지풍파를 일으킨다.

그렇다고 육해의 날은 만사가 불성이라는 것은 아니다. 다만 그러한 방해나 지장이 발생할 암시와 우려가 있다는 것이다.

제4장

십이운성十二運星의 요약

누가 날더러 청춘이 바람이냐고 묻거든 나 그렇게 말하리라.

그 누가 날더러 인생도 구름이냐고 묻거든

나 또한 그렇노라고 대답하리라.

인간이 태어남과 죽음을 어찌 맘대로 할 수 있으리요?

생로병사는 이미 태어날 때부터 정해져 있으니

서러워하거나 슬퍼하지 말고

지금의 운성運로에 적응하며, 지혜롭게 대응해 보시라.

그러면 당신은 운명을 이기는 승리자가 될 것이다.

인간은 늘 왕성하지만은 않고, 왕하다 쇠할 때도 병들

때도 있듯이 인간만사가 돌고 도는 인생사이다.

1. 십이운성이란?

　사람이 어머니의 자궁에 잉태하면서부터 출생하고 성장하고 왕성하고 노쇠하고 병들고 죽어서 무덤에 묻히기까지의 일생일대의 모든 과정을 세밀히 분석하고 질서 있게 체계화한 인생의 이정표를 십이운성이라 한다.

　고전 명리파에서는 이를 하찮은 별로 여겨 그 해석 또한 지극히 피상적이고 추상적이다. 배우는 학도 또한 거의 무관심하게 도외시하고 있지만 사실은 십이운성이야말로 인간의 오장육부로서 가장 소중하고 신비한 운명의 열두 가락 거문고다. 거문고가 열두 줄에서 온갖 소리를 내고 울렸다 웃겼다 하듯이 십이운성은 인생의 성격과 직업을 비롯해서 부모형제 처자의 인연과 그 후박厚薄을 소상히 알 수 있고 소년시대와 청년시대 그리고 장년과 만년의 운명을 관찰할 수 있다.

　사람 팔자는 십이운성의 곡조에 맞춰서 읊는 노랫가락이라는 것이 가장 적절한 표현일 만큼 십이운성은 여태까지 상상조차 할 수 없는 무궁한 신비성을 간직하고 있다. 이 금단의 수수께끼는 다음 십이운성론에서 구체적으로 밝히려니와 여기서는 그 개념만 간단히 소개하겠다.

(1) 장생長生

사람이 출생해 어머니의 젖꼭지를 물고 있는 동안을 장생이라고 한다. 인생의 첫 출발이자 따사로운 모정을 담뿍 누릴 수 있는 가장 천진난만하고 행복한 시절이다. 성격이 원만하고 호인이며 모방성이 뛰어나고 예능 소질이 풍부하다.

(2) 목욕沐浴

흔히 목욕이라면 어린아이가 출생하면 맨 먼저 목욕을 시킨다 해서 장생은 출생이고 목욕은 첫 번째 목욕인 양 해설하고 있는데, 이는 어머니의 젖꼭지를 떠나서 저 혼자 마음대로 행동하면서부터 성년이 되기 이전의 미성년 시대를 말한다.

세상물정을 모르고 육체 또한 미완성한 단계에서 무엇이든 기분과 감정에 따라서 천방지축 경거망동하니 실패와 변동이 무상할 수밖에 없다. 다정다감하고 갈팡질팡하며 기분나는 대로 감정적으로 덤비고 행동하니 어찌 꼴불견이 아니겠는가? 인생으로서 가장 성패와 기복과 변동이 무상한 시기다. 풍류를 좋아하고 멋을 먹고 살며 시작은 있으나 끝이 없다.

(3) 관대冠帶

나이를 먹고 육체적으로 성숙했으니 성인이라 해서 결혼을 시키고 살림을 나누어 분가시키니 자주독립하는 첫 과정이다.

비록 육신은 성숙했으나 정신은 텅빈 미완성 단계이므로 반쪽 성인이다. 마치 벼이삭이 처음 열리는 상태와 같이 겉은 완성됐으나 속은 빈 쭉정이다. 그래서 익지 않은 벼이삭은 고개를 반짝 쳐들고 수그릴 줄 모른다.

그와 같이 관대는 저 잘난 멋에 누구에게나 어른 노릇만 하려 들고 고개 숙일 줄 모른다. 어른 공경하고 섬기는 법을 모르고 안하무인이며 천상천하 유아독존으로 행동하기 때문에 모가 나고 적이 많으며 좌충우돌이다. 경험 없이 닥치는 대로 덤비고 뛰어들기 때문에 실패가 거듭되고 고집과 우월감 때문에 고생을 사서한다. 백전백패하면서 백절불굴의 패기와 투지가 있어서 끝내는 성공을 하지만 아량과 관용성이 없어서 고독을 자초한다.

장생과 목욕과 관대는 부모 슬하의 시절이므로 이 세 가지 별은 모두 부모궁에 있다. 부모는 나를 생해 주는 것이니 木은 水生木해 水가 부모가 되고 火는 木生火하니 木이 부모가 되며 土는 火生土하니 火가 부모이고 金은 土生金하니 土가 부모이며 水는 金生水하니 金이 부모가 된다. 때문에 甲일생은 亥子丑 북방 水가 부모궁이고, 丙일생은 寅卯辰 동방 木이 부모궁이 되며, 戊일생은 중앙 土로서 방위가 없고 토궁土宮이 따로 없으므로 丙火에 묶어 놓는다.

丙火는 하늘이요 戊土는 땅인데 하늘과 땅은 하나요 땅이 소속할 곳은 하늘 뿐이라 해서 丙火에 종속시킨 것이다. 戊土는 丙火와 같이 寅卯辰 동방 木을 부모궁으로 삼는다.

木은 土를 극한다고 했는데 어떻게 해서 극하는 것이 부모가 될 수 있느냐 반문하겠지만, 앞서 오행상극란에서 말했듯이 金水木火의 사상은 극을 만나면 크게 상해되므로 두려워하지만 土만은 木이 쟁기요 호미로서 木이 극하면 도리어 생기를 얻고 기운이 생긴다.

부모궁은 생기와 기운을 얻는 곳이니 土가 木을 부모궁으로 삼는 것은 당연하다. 그렇다고 土를 火와 동일체로 삼는 것이 전적으로 옳은 것은 아니다. 왜냐하면 하늘은 양이요 땅은 음이므로 음양이 유별한데 음이 양으로 둔갑할 수는 없는 것이다. 땅은 어디까지나 음이요 양이 될 수는 없다. 그래서 중국 명리계에서는 土를 水와 결부시켜 십이운성을 논한다. 土는 육지요 水는 바다로서 육지와 바다가 한몸이 되는 것은 자연의 섭리라는 것이다.

음양으로 따지면 土가 음이듯 水도 음이며 土가 땅이요 水가 바다이니 土가 합치는 것은 당연하다 하겠다. 그러나 土와 水는 엄연히 상극된 오행으로서 상극이 하나로 뭉친다는 것은 있을 수 없는 이변異變이다. 문제는 土가 어디에 속하느냐 하는 것인데 土는 종속물이 아닌 만큼 어디에도 속하지 않는다. 다만 십이운성상 丙火에 잠시 업혀 가는 것 뿐인데 사실은 土는 金水木火처럼 죽고 살고 흥하고 망하는 생사왕쇠가 없으므로 생사왕쇠를 분별하는 십이운성을 그대로 적용하기에는 여러 가지 어려운 문제가 있다.

차후 구체적인 설명이 있겠지만 이 점을 참작해 십이운성을 관찰해야 할 것이다. 이러한 난점은 金의 십이운성에서도 발견할 수 있다. 金은 土가 부모궁인데 방위상 土궁이 없다. 그래서 부득이 여기서도 土는 火와 공동체라는 견지에서 巳午未火궁을 庚의 부모궁으로 삼게 됐다.

壬水는 申酉戌 서방 金이 부모궁이니 오행은 저마다 부모궁을 가지고 있다. 같은 부모궁이라 해도 순서에 따라서 장생, 목욕, 관대로 분류된다.

甲木은 亥子丑이 부모궁으로 순서대로 따져서 亥는 장생이 되고 子는 목욕이 되며 丑은 관대가 된다. 이를 그림으로 표시하면 좀 더 쉽고 구체적으로 이해할 수 있을 것이다.

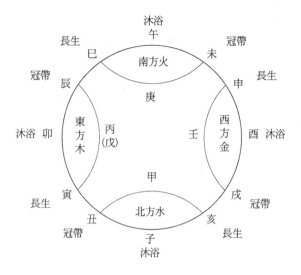

(4) 건록建祿

정신적인 미완성을 완성시킴으로써 정신, 육체 양면으로 성숙한 완성된 인간이 건록이다. 속이 꽉 차고 빈틈이 없는 벼이삭처럼 무게가 있고 침착하며 자주 독립할 수 있는 능력이 완전하다.

옛날엔 벼슬을 하고 녹을 먹는 것이 자립하는 첫 과정이었다. 그래서 건록이라 했고 임관臨官이라고도 한다. 부모의 슬하를 완전히 떠나서 자기 나라를 세우고 독립하는 과정이므로 남의 지배와 간섭을 거부하고 주도치밀하며 자신만만하다. 인덕이 없고 자수성가하며 고도의 지성으로서 기획과 설계에 능하다. 건록은 육신과 정신은 완성됐으나 아직 실제 경험은 겪지 못했으므로 수완이 부족하다. 융통성이 없고 처세가 원활치 못한 것이 흠이다.

(5) 제왕帝旺

벼슬하고 녹을 먹으면서 산전수전을 겪고 세상물정에 통달해 처세가 능수능란한 것이 제왕이다. 일생일대의 전성시대요 정상으로서 천하의 왕자로 군림하는 왕업王業을 꿈꾸는 것은 필연적이다.

수완, 역량이 비범하고 백절불굴이며 어떠한 간섭이나 지배도 받지 않고 자력으로 대규모의 사업을 일으킨다. 남에게 지지 않으려는 패기는 관대와 비슷하나 관대는 유용무모有勇無謀하고 제왕은 유용유모有勇有謀한 것이 큰 차이다.

(6) 쇠衰

장년시대가 지나고 노년기 초반에 들면 정신은 멀쩡하나 몸이 쇠퇴한다. 아직 독립할 능력은 있으나 천하를 다스리는 무거운 짐은 감당할 수 없다. 노련한 경험을 살려 한 부분적인 직분을 만족으로 삼는 마지막 활동기다.

패기가 없는 대신 온순하고 침착하며 소극적이고 헌신적이다. 봉직 생활로서 가장 적합한 시기요 마지막 봉사의 기회다.

건록과 제왕과 쇠는 자기 고장으로서 형제들이 살고 있는 형제궁이요 자수성가하는 독립궁이다. 甲木은 寅卯辰 동방木궁에 해당하고 丙火戊土는 巳午未 남방火궁에 해당하며 酉庚金은 申酉戌 서방金궁이 壬水는 亥子丑 北方水궁이 각각 형제궁이요 독립궁이다.

이를 그림표로 잠시 살펴보기로 하자.

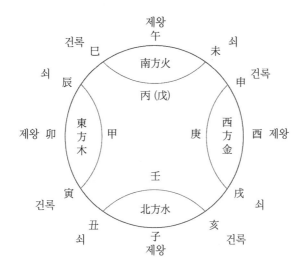

(7) 병病

초로初老를 지나면 몸이 쇠퇴해 병이 든다. 병들면 만사가 정상적이 아니며 감상적이고 비관적이다. 병들면 자식에게 의지하기에 이때부터 인생은 자식궁으로 옮겨 산다. 병들면 입원하고 입원하면 가장 기다려지는 것이 문병객과 음식 선물이다. 서로 대화하고 회식會食하며 남의 도움을 기뻐하듯이 그 자신도 남을 간호하고 보살피는 것을 즐겨한다.

몽상이 많고 잔소리가 많은 것이 특징이다.

(8) 사死

사람이 죽음에 임박하면 물욕이 없어지고 담백하며 취미를 살리고 종교와 철학 등 인생을 연구하고 학문을 닦는 데 주력한다. 몸이 노쇠하니 육체적 활동은 어렵고 정신적이고 기술적인 업무로 생계를 유지한다.

(9) 묘墓

인생은 무덤에 들어가면 모든 것이 끝장이다. 아직 무덤에 들어간 것은 아니지만 무덤에 갇힌 것처럼 수족이 움직이지 않고 앉아서 산다. 남과 같이 활동하고 벌기가 어려우니 있는 것을 절약하고 아껴 쓸 수밖에 없다.

한 푼이라도 더 모아서 하루라도 더 오래 살려고 저축심이 대단하고 사치를 모르고 실리만을 따지는 구두쇠다. 안정된 직업과 고정된 수입을 원한다.

병, 사, 묘는 자식궁에 있으므로 甲일 생은 木생火하니 巳午未 남방화궁이 丙戊일생은 申酉戌 서방金궁이 庚金은 亥子丑 북방수궁이 壬水는 寅卯辰 동방木궁이 각각 자식궁에 해당한다. 丙火는 土가 자식이나 土궁이 없으므로 火궁 다음에 金궁을 자녀집으로 삼은 것이다.

이를 아래 도표로 살펴보자.

(10) 절絶

사람은 묻히면 허무로 돌아간다. 이미 죽어 묻힌 몸이 되살아날 수는 없다. 예수는 무덤에서 부활했다지만 음양오행학으로서는 전혀 생각조차 할 수 없다.

육신은 세포활동이 중지되면 썩고 썩은 시체는 물과 한 줌의 흙으로 돌아갈뿐 되살아날 수는 없기 때문이다. 그러나 땅에 묻히고 썩는 것은 음에 속하는 육신일 뿐 양에 속하는 기는 아니다. 만물은 기와 체의 결합으로서 생명이 발하고 존재하는데 기와 체가 분리되면 생명과 존재는 몰락한다.

육신이 땅에 묻히면 기는 하늘로 승천하니 그 육신과 영혼(기)이 서로 분리되고 단절된 상황을 절이라고 한다. 절은 기가 있을 뿐 육신이 없으므로 가장 허약하고 불안한 상태이며 새로운 육신을 찾아서 대기 속에 떠돌고 있는 과정이니 마음이 동하고 새로운 변화를 찾는 변동기를 의미한다.

어차피 죽은 몸과는 살 수 없으니 새로운 몸을 찾을 수밖에 없다. 그것은 甲은 甲이되 죽은 A甲이 아니고 전혀 새로운 B甲을 찾고 있는 것이다. A甲에서 몸을 옮기듯 절은 거구영신去舊迎新하는 새 출발의 별이다.

이미 끊어진 육신에게 새 육신을 구하고 만나는 것을 절처봉생絶處逢生이라고 한다. 절은 언제나 새로움과 변화를 즐기고 무엇이든 시종일관을 하지 못하며 마음이 단순하고 결백해 속는 일이 많다. 몸이 없는 영혼뿐이라서 아무리 붙잡으려해도 잡을 수가 없듯이 사랑할 때는 뜨거워도 헤어질 때는 걷잡을 수가 없다.

(11) 태胎

육신을 찾아 헤매던 영혼이 새로운 육신을 찾아서 생명으로 재생 잉태한 것이 태다. 비록 잉태는 했으나 아직 아들 딸의 성별이 분별되지 못하고 또 만삭이 되지 않았으니 장차 어떻게 될 것인지 불안하고 초조하기 그지없다. 뱃속에서 놀고 있기 때문에 마냥 즐기고 놀기를 좋아하며 순진하고 여성적인 반면에 변화를 즐긴다.

낙태를 가장 두려워하듯이 폭력을 가장 싫어하고 아들이다, 딸이다 하는 이성의 분별은 운명을 좌우하는 중대사로서 같은 동성 간에는 누구와도 교제하지만 이성교제에 대해서는 심각하고 굳은 표정이다. 뱃속에서 무엇이든 척척 청탁을 받듯이 남의 청탁을 너무 쉽게 받아들이고 실천하지 못해서 사서 고생하고 신용까지 잃기 쉽다.

(12) 양養

잉태한 태아가 완전히 성숙해 만삭이 된 것을 양이라고 한다.

아직 출생은 하지 않았지만 인간으로서의 형성이 완성됐기 때문에 불안과 근심이 없다. 여유 있고 안정된 상태에서 원만하고 자신이 있으며 노신사처럼 둥글둥글하고 팔방미인이다. 절, 태, 양은 생명의 형체(육신)가 바뀌고 새로운 생명이 형성되는 과정으로서 상극되고 가장 허약한 별이다.

그림으로 설명하면 더욱 쉽게 알 수 있다.

2. 음생양사陰生陽死와 양생음사陽生陰死

십이운성은 양과 음이 서로 다르다. 같은 火라 해도 丙은 寅에서 장생인데 丁은 酉에서 장생이며 丙의 장생지에서 丁은 사死가 되고 丁의 장생지酉에서 丙은 사死가 된다.

丙(양)이 생하는 곳에서 丁(음)은 사가 되고 丁이 생하는 곳에서 丙은 死가 되니 정반대다. 그와 같이 같은 木이면서 甲은 亥에서 생하며 庚辛은 같은 金이지만 庚은 巳에서 생하고 子에서 죽는 데 반해 辛은 子에서 생하고 巳에서 죽는다.

壬癸도 같은 水이지만 壬은 申에서 生하고 卯에서 죽는데 癸는 卯에서 생하고 申에서 죽는다. 戊己土는 丙丁火와 같을 뿐 아니라 근본적으로 생과 사가 없기 때문에 문제 밖이지만 같은 오행이면서 십이운성이 상반된 까닭은 무엇인가?

이는 기와 체의 본질이 다른 데서 오는 필연적 현상이다. 기는 물체를 생산하는 데 반해 형체는 기를 소모하고 있다.

甲은 생기요 乙은 생물로서 甲은 乙을 생산하고 육성하는 데 반해 乙은 甲을 먹어 없앤다. 가령 나무인 乙木은 午월에 가서 가지의 잎과 꽃이 만발해 전성기를 맞는 데 반해 甲은 모든 생기를 탕진하고 더 지탱할 수 없어서 지쳐 쓰러진다. 왜냐?

乙木의 형체인 가지와 기의 화상化象으로서 잎과 꽃이 만발한 것은 甲이 지니고 있는 생기가 외부로 만발해 완전히 탕진되고 탈기脫氣상태에 빠진 것이다. 반대로 乙木은 무르익은 생명체로서 제2의 생명을 생산한다. 밤나무에선 밤이 생기고 배나무에선 배가 열린다. 그 새로운 생명이 발생하는 것을 음의 장생이라고 한다. 음은 물질이기 때문에 같은 물질을 생산하는 것이 장생이 된다. 그래서 乙木은 甲이 죽는 午에서 장생이 된다.

亥월이 되면 서리가 내리고 나뭇잎이 우수수 떨어지며 가지만 앙상히 남아 있다. 누가 보아도 죽은 나무와 다를 바 없다.

그래서 乙木은 亥에서 죽는다. 甲의 기운을 먹고사는 잎과 꽃들이 떨어지니 甲은 비로소 생기가 저축되고 부풀어 간다. 그래서 甲은 亥에서 장생한다. 생기가 생산되고 회복된다는 뜻이다.

丙丁火의 경우도 똑같다.

丙은 태양이요 丁은 달이다.

태양은 아침 寅에서 뜨고 저녁 酉에서 지는 것이 정상인 데 반해 달은 저녁 酉에서 뜨고 아침 寅에서 지는 것이 상식이다. 달이 뜨면 해가 지고 해가 뜨면 달이 지듯 丙이 생기는 곳에선 丁이 사하고 丁이 생기는 곳에선 丙이 사한다. 이러한 음양의 상반성은 태양과 지구의 공전公轉에도 연유한다.

하늘을 대표하는 태양은 좌회전하는 데 반해 음을 대표하는 지구는 우회전한다. 그래서 양간의 십이운성은 좌로 순행順行하고 음간의 십이운성은 우로 역행逆行한다.

한 가지 더 예를 들어보기로 하자. 양은 남자요, 음은 여자다. 남자는 양기로 살고 여자는 정력으로 산다. 남자는 어머니 뱃속에서 출생할 뿐 자식을 낳지 못하는 데 반해 여자는 자식을 낳는다. 그래서 양기는 낳아주는 어머니 궁에서 장생하는 데 반해 음은 자식을 낳는 자식궁에서 장생한다. 따라서 양기는 대기에서 숨을 통해서 흡수하므로 항상 들이마시는 공기의 모체가 장생인 데 반해 정력은 물질로서 휘발유와 같다.

휘발유가 소모하는 데서 열이 발생하고 기운이 발동하듯이 음은 언제나 힘을 설기하는 자식궁에서 장생하는 것이다. 같은 십이운성의 장생이면서 기운을 흡수하는 양의 장생이 기운을 소모하는 음의 장생에 비해 생산적이고 건전하며 유력할 것임은 자명한 사실이다.

음양의 십이운성을 그림으로 살펴보기로 하자.

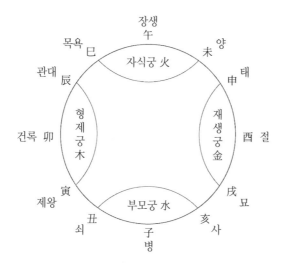

〈음간의 십이운성표〉

양 태 절	묘 사 병	쇠 제 건 왕 록	관 목 장 대 욕 생	십이운성 十干
戌酉申	未午巳	辰卯寅	丑子亥	甲
未申酉	戌亥子	丑寅卯	辰巳午	乙
丑子亥	戌酉申	未午巳	辰卯寅	丙戊
戌亥子	丑寅卯	辰巳午	未申酉	丁己
辰卯寅	丑子亥	戌酉申	未午巳	庚
丑寅卯	辰巳午	未申酉	戌亥子	辛
未午巳	辰卯寅	丑子亥	戌酉申	壬
辰巳午	未申酉	戌亥子	丑寅卯	癸

3. 삼합三合

십이운성을 세 가지로 크게 나누면 장생과 제왕 그리고 묘로 나눌 수 있다. 장생은 처음 출생한 어린이로서 순박하고 착하며 부모와 어른의 뜻에 따르고 제왕은 가장 왕성하고 수완, 역량이 비범한 최고의 인생으로서 능히 나라를 세우고 다스릴 수 있으며 묘는 늙어서 살림과 경제에만 치중함으로써 가정과 나라 살림을 꾸려 나가는 알뜰한 주부인 동시에 인간이 먹고사는 식재료를 생산하는 유일한 토지로서 모든 경제는 여기서 생산되고 공급되고 유지되는 황금의 창고다.

이를 오행상으로 나누어 보면 다음과 같다.

〈장생〉	甲木(亥)	丙火(寅)	庚金(巳)	壬水(申)
〈제왕〉	甲(卯)	丙(午)	庚(酉)	壬(子)
〈 묘 〉	甲(未)	丙(戌)	庚(丑)	壬(辰)

寅申巳亥는 金水木火의 장생이 되고 子午卯酉는 제왕이 되며 辰戌丑未는 묘에 해당한다. 장생은 어리고 약한 반면에 생기가 발랄하고 윗사람이 시키는대로 순종하므로 일하는 종으로 쓰기에는 가장 적합하고 제왕은 씩씩하고 억세며 수완이 비범하고 통솔력이 강대하므로 최고 책임자로 선발하기에 적합하며 묘는 늙은 주부이자 땅이므로 생활과 경제의 기반으로 삼는 것이 타당하다.

이 세 가지를 묶어서 형성한 것이 가정이요 사회요 단체요 나라다. 장생은 가정을 꾸미는 부부이자 단체를 구성하는 회원이요, 사회를 형성하는 사회인이자 나라를 구성하는 순박한 백성이다. 제왕은 가정을 꾸려가는 가장이요 사회를 관장하는 지도자이며, 단체를 통솔하는 책임자요 나라를 다스리는 왕자이다. 묘는 가정의 재산이요 사회의 경제이며, 단체의 재정이요 나라의 영토와 재정이다.

백성과 군주와 영토의 세 가지로 구성된 것을 나라 국國이라 하듯이 장생, 제왕, 묘의 연합을 삼합국三合局이라 한다.

가령 甲木인 경우 亥는 水요 北이자 木의 백성에 해당하고 卯는 木이요 東이자 木의 군주에 해당하며 未는 土요 곤坤이자 木의 영토와 재산에 해당한다.

亥와 卯와 未는 木의 백성과 군주와 영토로서 木의 나라를 형성하되이는 동방木과 북방水와 중앙土가 합해서 한 나라를 세운 것이니 삼합木국이라는 것이다. 여기서 삼합이란 동서남북 여러 사람이 하나로 뭉친 것을 뜻하고 국局이란 '나라 국'을 의미한다. 비록 성이 다르고 고향은 다르지만 동서남북의 여러 백성 모두가 하나로 뭉쳐서 나라를 세웠으니 그 힘과 조직력이 막강한 것은 불문가지다. 세상은 자고로 나라를 위주로 생활하고 활동하고 운영되듯이 인간 만사는 바로 이 삼합을 위주로 결정 되고 처리된다.

첫째, 생활 형태부터가 그러하다. 이 지구상엔 수십억의 인류가 살고 있지만 그들은 저마다 독립되고 흩어져 있는 것이 아니고 나라 단위로 조직화되고 집단화됐으며 잘 살고 못 사는 것은 자기능력보다도 일차적 으로 나라에 달려 있다. 미국같이 자유롭고 부자인 나라에 태어났으면 자유롭고 여유있는 생활을 할 수 있고 아랍의 후진국처럼 가난하고 무지 한 나라에 태어난 백성은 배고프고 불우하며 사람을 짐승처럼 가둬 놓고 고삐로 묶는 공산국에 태어나면 평생 자유와 평화를 모르고 고삐에 묶인 소처럼 채찍과 감시하에 얽매여 살아야 한다.

음양오행은 이를 네 가지로 크게 나누었으니 이는 곧 우주천하를 네 가지로 등분해서 그 어느 한 나라에 속하도록 만든 것이다.

이를 金水木火와 십이운성의 장생, 제왕, 묘의 별로 소개하면 다음과 같다.

오행	장생	제왕	묘	국
甲	亥	卯	未	木
丙	寅	午	戌	火
庚	巳	酉	丑	金
壬	申	子	辰	水

이를 간단히 설명하면 木나라는 亥의 백성과 卯의 국왕과 未의 영토로 세워지고, 火나라는 백성된 寅과 군주된 午와 영토인 戌로 세워지며, 金나라는 유순한 백성의 巳와 씩씩한 군주의 酉와 넓은 땅의 丑으로 세워지고, 水나라는 양 같은 申과, 향유 같은 子와 기름진 辰土로 세워진다.

십이지지는 저마다 나라를 세우고 나라별로 소속되고 단결되고 행동하며 장생은 백성으로서 종노릇을 하고 제왕은 군주로서 통치권을 행사하며 묘는 영토로서 경제를 공급한다.

寅申巳亥는 나라의 백성이자 가정의 자손이며 조직의 구성원으로서 남을 위해서 윗사람을 섬기는 벼슬아치와 봉직생활에 적합하고 자손과 인연이 있다. 본시 백성은 벼슬이 소원이고 출세이므로 벼슬하는 봉직생활이 적성이고 많이 진출하며 말단직에서부터 최고 관직에까지 오른다.

백성보다 자손이 많고 또 빨리 번창하는 증식은 없다. 그래서 풍수에서는 寅申巳亥방위를 자손궁이라 한다. 방위로 따지면 寅申巳亥는 동서남북의 성문城門으로서 벼슬아치는 바로 나라의 성문을 지키고 백성을 보호하는 나라지기와 같다.

동서남북의 성문을 통솔하고 호령하는 것은 일인지하 만인지상인 재상이다. 사주에 寅申巳亥가 모두 있으면 이는 동서남북의 네 문을 모두 가지고 있고 또 다스리는 것이니 재상임을 의미한다. 그래서 사주에 寅申巳亥가 전부 있으면 재상이라고 하는데 이는 寅申巳亥의 뜻을 말할 뿐 반드시 그러한 것은 아니다. 사주에 높은 벼슬과 권력을 잡을 수 있는 힘이 갖춰져 있어야만 비로소 큰 벼슬을 할 수 있는 것이다.

子午卯酉는 한 나라의 왕자로서 권력을 잡는 왕업王業을 천직으로 하는 영웅이다. 그러나 나라는 하나요 영웅은 천이요 만이니 한 사람을 제외하고는 모두가 실업자요 나라 없는 망명객으로서 나그네처럼 떠돌이를 할 수밖에 없다. 그래서 이 세상에서 가장 안절부절하고 정처없이 떠도는 것이 子午卯酉의 王별이다.

그들은 어떻게든 실권을 잡기 위해서 심혈을 기울인다. 나라를 잃고도 자립하는 길은 자본을 형성하는 것이다. 그래서 子午卯酉는 경제와 기업 계에서 두각을 나타내고 나라를 상대로 하는 장사, 사업가, 무역을 해서 경제적인 왕자로 군림한다.

子午가 있으면 무역에 종사한다는 뜻은 이를 두고 한 말이다.

그러나 왕권도 경제권도 잡지 못한 사람은 나그네 생활이 불가피해 이 나라 저 나라를 두루 다닌다. 그래서 卯酉子午가 있으면 외국에 나가기 쉽고 보따리를 싸 가지고 동서남북을 유랑한다. 총을 가지고 무력을 관장하고 정치에 참여해 실권을 잡는 것도 왕권을 잡는 빠른 길이므로 무관과 정계에 진출해 성공하는 경향도 많다. 풍수에서는 子午卯酉를 귀貴로 보고 했는데 이는 왕권을 의미하는 것이다.

辰戌丑未는 경제의 보금자리로서 부지런하고 검소하고 저축하고 치부하는데 천부적인 소질을 가지고 있는 반면에 벼슬과 자손의 인연이 박하다. 만사는 돈이 위주라는 배금사상과 경제지상주위를 고집함으로써 돈을 모으고 절약하며 치부하는 데만 열중하고 실리實利가 없는 명예나 자손에는 관심이 적다.

구두쇠처럼 돈을 모으는 데만 흥미를 가지고 노다지판을 찾기에 일생을 바친다.

풍수에서 辰戌丑未를 부富라고 하는 이유는 여기에 있다.

이는 십이운성의 중요한 근본으로서 명심해야 할 신비로운 비결이다. 동서남북의 여러 군중이 동일한 목적 아래 거대한 조직으로 형성한 정치적 또는 사회적 집단인 삼합국은 국가 구성과 같이 백성과 주권과 영토의 세 가지가 구비돼야만 성립되는 것이 원칙이지만 나라의 주체는 주권으로서 주권만 있으면 영토 또는 백성만으로서도 나라의 체통을 형성할 수 있다. 그러나 왕권과 주권이 없는 나라는 있을 수 없듯이 제왕을 떠나선 삼합이 성립될 수 없다. 가령 亥卯未 삼합의 경우 주권은 제왕인 卯에 있으므로서 세 가지가 모두 구비되지 않더라도 卯만 있으면 亥나 未의 하나만 있어도 합이 이뤄질 수 있지만 卯가 없이는 전혀 성립될 수 없다.

卯와 亥는 비록 영토는 없어도 군주와 백성은 단합이 됐으니 반토막이나마 망명정부를 세울 수 있고 卯와 未는 비록 백성이 전란이나 질병에서 모두 사망했다고 해도 주권과 영토는 있으므로 반 토막이지만 나라는 성립되고 존재하는 것이다.

이를 반합半合이라고 한다. 반합은 삼합에 비해 그 비중이 극히 적지만 합으로서의 기능은 가지고 있다. 卯가 없이 亥와 未만이 있다면 주권이 없는 백성과 영토만이 존재하므로 나라와 삼합은 성립될 수 없다. 주권없는 나라와 조직은 아무런 권리도 능력도 기능도 없으므로 합이 이뤄질 수 없다.

그것은 이미 항복하거나 합병된 나라의 영토와 백성에 지나지 않으며 멀지 않아서 새로운 주권자에게 흡수될 전리품이자 포로와 같다.

4. 방국方局

亥子丑은 북방 水에 속하고 寅卯辰은 동방 木에 속하며 巳午未는 남방 火에 속하고 申酉戌은 서방 金에 속한다. 이 방위에 속하는 세 가지의 지지가 모두 있으면 방국을 형성한다.

방국은 순수한 동족끼리의 결합으로서 단일 민족국가와 같다.

삼합처럼 서로의 이해관계와 목적을 위해서 결합된 정치적 집단과는 달리 순수한 혈족에 의해서 뭉쳐진 씨족집단으로서 삼합국과는 성질과 비중을 달리한다.

첫째, 방국은 이해득실과 정치적 목적을 떠나서 동일성의 오행이 순수하게 뭉쳐진 집단이요 나라로서 혈통을 근본으로 하고,

둘째, 삼합이 장생과 제왕과 묘의 연합체인 데 반해 방국은 건록과 제왕 그리고 쇠의 공동체로서 삼합보다 월등한 최고의 힘을 가지고 있다. 삼합처럼 어린 백성과 강대한 제왕 그리고 노쇠한 노병으로 구성된 권력체제가 아니고 같은 혈족간의 나이 차이에 따라서 직분을 분담하고 있는 명실상부한 단일공동체로서 왕과 백성이 구분되고 계급적 차별이 있거나 정치적 권력이 있는 것도 아니다.

서로 같은 혈통이 모이다 보니 강대한 나라를 자연적으로 형성한 것이다. 때문에 방국은 세 가지를 모두 갖춰야만 형성되고 한 가지라도 없으면 방국은 성립되지 못한다. 정치적 집단인 삼합은 권력자만 있으면 둘이서도 반토막이나마 성립이 되지만 방국은 같은 씨족이 한 방위를 점령하다시피 번창하고 발전해 자동적으로 하나의 국가를 형성하게 된 자연발생적 씨족국가로서 어느 한 구석만 비어 있어도 국가로서의 방국은 성립될 수 없다.

방국이 성립되면 넘치는 막강한 세력으로서 어떠한 힘도 대항할 수 없으며 충沖이나 합이 와도 탱크처럼 끄떡도 하지 않는다. 충과 합이 성립되지 않는 것은 삼합의 경우도 마찬가지다. 거대한 국가체제는 누구도 파괴할 수 없기 때문이다.

5. 충沖

앞서 충에 대해서 설명한 바와 같이 충의 근본은 개인적인 충돌이 아니고 집단적인 대결에서 연유한다. 충은 그 대표적인 집단적 대결이다. 오행상 대결은 상극을 의미하고 상극은 金과 木, 木과 土, 土와 水, 水와 火, 火와 金에서 발생한다. 집단적 상극은 삼합의 상극으로서 寅午戌火국 대 申子辰水국, 巳酉丑金국 대 亥卯未木국의 상극을 말한다.

이를 정리하면 申子辰水국, 巳酉丑金국

寅午戌火국, 亥卯未木三冬 의 대결이 된다.

水극 火이니 申은 寅을 극하고 子는 午를 극하며 辰은 戌을 극하고, 金극 木하니 巳는 亥를 지배하고 酉는 卯를 누르며 丑은 未를 다스린다.

같은 충이라 해도 寅申巳亥는 어린 소년 소녀의 대결이요 子午卯酉는 천하대권을 잡는 장정의 대결이며 辰戌丑未는 노쇠한 남녀의 대결이니 그 성질과 내막이 전혀 다르다.

〈寅申〉

공주와 황태자가 맞부딪힌 것이니 비록 나라는 싸우는 상극지간이지만 음양이 합치고 정이 통하니 그대로 있을 수 없다.

서로 끌고 서로 잡아 당기며 서로 좇고 포옹하니 뜨거운 열기를 걷잡을 수 없고 몸을 가다듬을 수 없다.

그렇다고 상극된 나라인지라 결혼은 할 수 없으니 일생을 두고 상사하고 몸부림친다. 그와 같이 사주에 寅申이 있으면 특히 일월이나 일시에 애정이 일찍부터 싹트고 평생에 애정관계가 뜨거우며 자칫하면 애정으로 인한 풍파를 겪기 쉽다.

인귀상침人鬼相侵이라 해서 이성문제로 가정에 파탄이 일기 쉽고 그러한 애정은 평생 가시지를 않는다.

〈子午〉

남왕과 여왕이 맞부딪친 것이니 나라의 주권투쟁이 초점이다.

서로 나라를 먹겠다는 사생결단이 발생하니 권력의 변동과 인명의 살상이 불가피하다. 그러나 국제무역을 통한 경제 전쟁도 있으니 반드시 전쟁만으로 단정할 수는 없다. 사주가 경제적으로 구성됐으면 국제단위의 경제거래인 무역과 상거래로서 막강한 경제권을 장악함을 암시한다.

〈辰戌〉

늙은 할아버지와 할머니의 다툼이니 사랑싸움도 아니요 주권다툼도 아니다. 늙으면 돈이 제일이라고 오직 '경제의 주권을 누가 갖느냐?' 하는 다툼뿐이다. 서로 아랫목 차지하고 금고를 독점하려 하니 정이 없고 무기력하다. 경제관념이 강하고 자립하며 검소하고 부지런하며 부부의 애정보다 살림살이에 더욱 치중한다. 그래서 여자가 辰戌이 있으면 홀로 베개 베고 눈물흘리는 독수공방이 많고 고독해 과부 팔자라고 하는 동시에 궁합상 크게 꺼리는 경향이 있지만 이는 시대착오다.

옛날엔 과부거나 고독한 독신이 아니면 여자가 경제를 관장하는 법이 없지만 오늘과 같이 여성직업 시대에 있어선 결혼하고도 부부가 다 같이 직업전선에 나서는 것이 보통이다.

서로 벌고 잘 사는 것이 어찌 박복한 과부팔자라 하겠는가? 여자가 너무 살림에만 치중하고 애정을 소홀히 하면 신혼시절의 남편으로선 불만이 있고 혹 애인의 아기자기한 사랑에 빠져서 외박을 하는 통에 아내가 가끔 공방을 지키는 경우가 있을지는 모르나 그것이 부부생활에 파탄이 생기고 해로하지 못해 과부가 되는 조건이 될 수는 없다.

특히 고전 명리파에서는 아직도 시대착오를 해서 여자 사주에 辰戌이 있으면 관대호봉冠帶互逢이라 해서 무조건 과부팔자라고 혼담을 깨는 경향이 있는데 이야말로 멀쩡한 사람 병신 만들고 다정한 천생연분을 깨는 크나큰 과오로서 대오각성해야 한다.

다만 辰戌을 가진 여성에겐 경제위주에서 애정위주로 남편에게 보다 많은 관심과 정열을 쏟도록 권유하는 것이 올바른 음양학적 생활지도라 하겠다.

〈巳亥〉

金木은 음양의 보좌이니 남종과 여종의 신분이다. 巳亥는 장생이니 어린 남녀의 종과 같다. 공주와 왕자는 순수한 애정을 구하지만 종은 애정과 더불어 배경을 따진다. 경찰서의 사환이 경찰관 행세를 하듯이 장관집 식모는 세도가 당당하다.

종과 종은 서로 주인의 세도를 믿고 호가호위하기를 즐긴다. 하찮은 쓰레기를 가지고도 서로 치우라고 다툰다. 어린이 싸움이 어른싸움 된다고 종싸움이 주인싸움으로 번지니 작은 일이 크게 벌어진다. 그와 같이 巳亥충은 세도를 좋아하고 하찮은 일이나 감정이 크게 확대돼 재난을 초래한다.

철부지 종은 아무리 나무라도 똑같은 일을 되풀이하듯이 巳亥는 평생에 걸쳐 작고 같은 일로 재난을 거듭하게 되니 무슨 일이든지 처음에 깨끗이 매듭지어야 한다. 특히 어린 종은 교양부족이고 감정본위로서 경거망동하기 쉬우니 무엇이든지 자중하고 다시 한번 생각한 다음에 행동해야 한다.

〈卯酉〉

장년의 남녀종이자 종의 두목이니 애정이나 기분보다는 권리와 이해관계가 초점이자, 좋은 왕권을 가질 수 없기 때문에 권력은 바랄 수 없고 단지 벼슬과 돈이 소망이다. 감투에 대한 애착과 집념이 강하고 돈에 대한 탐욕 또한 대단하다. 실리를 위해선 신의도 저버리고 주도권을 잡기 위해선 수단과 방법을 가리지 않는다.

그러나 장년 남녀의 주도권 쟁탈전인즉 생사를 좌우하리만큼 치열한 다툼이 발생하고 자칫하면 몸을 상하고 불구가 될 수도 있다. 그렇다고 주도권이 흔한 것은 아니다. 그래서 卯酉는 여간해선 안정된 직장이나 사업 또는 가정을 갖기가 어렵고 멀리 떠도는 나그네처럼 이동이 심하다.

한편 십이운성으로는 子午卯酉가 金水木火의 목욕에 해당하므로 도화로 보는 경향이 많다. 사실 목욕인 경우 철부지 같은 애정관계로 풍파가 많다. 그래서 卯酉가 있으면 자식을 두고도 달밤에 정부와 도망친다는 설이 있기도 하다.

卯酉는 종의 신분으로서 경거망동하기 쉽다. 그러나 子午卯酉는 목욕만이 아니고 장생도 되고, 제왕도 되므로 일간의 목욕인 경우에 한해서만 애정 위주로 관철하는 것이 옳다.

〈丑未〉

늙은 남녀의 종이요 살림하는 주부이니 서로가 돈과 이해관계를 위주로 하고 인정과 신의는 외면하는 경향이 있다. 그래서 동기간이나 친구 사이에 냉정하고 타산적이며 아집과 탐욕이 강한 경향이 있다. 그래서 동기간이나 친구와의 인연이 박하고 고독하며 도량이 적고 인색한 편이다. 이와 같이 충은 삼합의 조화로서 십이운성에 따라서 성격이 서로 다

116

르다.

장생은 부드럽고 제왕은 강대하며 묘는 실리적이다. 그러나 충의 근본은 서로 얽히고설켜서 작용을 못하는 것이니 새로운 수족과 뿌리를 찾지 않을 수 없다. 이와 같이 충이 있으면 한 가지를 시종일관할 수 없이 도중하차하고 바꿔타기를 자주하게 되며 그만큼 성패와 기복이 무상하다.

사주에 충이 있으면 평생 그러한 변천을 되풀이하고 대운에서 충을 보면 10년간 활동이 부진하거나 변동이 심하며 세운에서 충을 보면 1년간 풍파와 변동이 오락가락한다. 충은 힘과 힘의 대결이라 강자와 약자 사이에서만 성립되는 것이 원칙이지만 강약의 차이가 너무 심하면 약자가 피하고 충을 하지 않는다.

가령 7월 申금이 둘이고 寅이 하나면 본시 申이 강한 데다 둘이 있으니 寅은 무조건 항복할 뿐 충돌은 하지 않는다. 그래서 2대1은 충이 성립되지 않는다고 한다. 그러나 7월 申금이 하나이고 寅이 둘이면 힘이 비슷하므로 도리어 2寅이 申과 대결코자 달려드니, 2대1이란 힘의 비중을 말한 것이요 결코 개수個數의 비중과는 무관하다.

6. 형刑

형에는 寅巳申, 丑戌未, 삼형三刑이 있고 子卯이형二刑이 있으며 辰辰 午午 酉酉 亥亥의 자형自刑이 있다. 삼형은 다시 寅巳 巳申 申寅 丑戌 未 丑 戌未형으로 나누어 육형六刑이 된다. 흔히 형이 있으면 형사 사건의 관재가 발생한다고 해서 무척 두려워하고 중요시하는 경향이 있다.

형에 대한 설명은 구구하다. 고전 명리에 의하면 寅巳申 삼형은 지세지형持勢之刑이요 丑戌未삼형은 망은지형忘恩之刑이며 子卯 상형相刑은 무례지형無禮之刑이라고 한다. 그래서 사주에 형이 있으면 덮어 놓고 배은 망덕하느니 세도를 즐기느니 버릇이 없느니 의심이 많니 좋지 않게 관찰한다. 그러나 형이 있다고 해서 반드시 그러한 결점이 있는 것은 아니다. 수양과 지성에 따라서는 형이 있어도 군자의 품위를 내뿜고 있음을 얼마든지 발견할 수 있다.

어째서인가? 형의 진상을 발견하려면 먼저 형이 성립되는 근본부터 규명해야 한다. 이 세상의 만사는 삼합의 조화라고 말했듯이 형은 삼합의 작당에서 형성된다. 어떻게 작당했는가? 그 전모부터 밝혀보자.

亥	子	丑,	寅	午	戌,	巳	酉	丑,	申	子	辰
亥	卯	未,	巳	午	未,	申	酉	戌,	寅	卯	辰
|	|	|	|	|	|	|	|	|	|	|	|
자	상	삼	삼	자	삼	삼	자	삼	삼	상	자
형	형	형	형	형	형	형	형	형	형	형	형

〈亥子丑/亥卯未〉亥卯未 木국局은 강대한 국가체제로서 어떠한 침해도 물리칠 수 있다. 여기에 亥子丑 北方水국局이 산더미 같은 식량과 무기를 가지고 와서 합세하니 木국이 하루아침에 힘이 넘치고 걷잡을 수가 없다. 이에 水국은 木국을 선동해 한바탕 싸워서 영토를 확장할 것을 종용한다. 이미 두 나라가 합치고 국력이 도를 넘쳤으니 木국은 어깨가 으쓱하고 무엇이든 부딪치면 한바탕 하고 싶어 어쩔 줄을 모른다. 이는 술이 거나하게 취한 천하장사와 같다. 공연히 시비를 걸고 싸우고만 싶어진다. 그러한 경우에 무엇이 부딪치면 기다렸다는 듯이 시비가 폭발한다. 그와 같이 마음이 차분하고 온화하지 못하고 무엇인가 부딪치고 싸우고 싶은 심술과 호전성과 모나는 심정을 형이라고 한다.

형은 시비하는 별이다. 시비가 커지면 싸움이 되고 싸움이 커지면 문제가 생긴다. 관재와 손재 그리고 온갖 풍파가 연발한다. 남을 해치려는 호전성이 가슴에 가득 차 있으니 웃음과 원만을 모른다. 언제나 차가운 냉기가 돌고 말이 없으며 화기를 찾아볼 수 없다. 그러니 부모형제와도 다정하지 못하고 친구와도 멀다. 고독하고 냉정한 기질속에서 평생을 웃음없이 살아야 한다. 만일 亥子丑이 없었다면 어찌 됐을까? 亥卯未 木국은 옛 그대로 안정되고 차분하며 평화로운 자유천지를 누렸을 것이다. 亥子丑이라는 무리와 작당하면서부터 문제는 발생한 것이다.

그와 같이 형은 배경과 무리를 즐기고 그때문에 시비하는 기질이 폭발한다. 평소엔 무기력하고 얌전한 사람이 어떤 배경을 가지면 공연히 우쭐대는 버릇이 있듯이 그 배경에서 발생하는 우쭐함이 바로 형인 것이다. 이러한 형은 亥子丑이 주동이고 亥卯未가 피동이니 亥子丑이 주형主刑이 되고 亥卯未가 피형被刑이 된다. 그러니까 亥형亥 子형卯 丑형未가 되는 것이다.

〈寅午戌 / 巳午未〉巳午未 남방 火국이 천지를 주름잡고 있는 터에 寅午戌 3합火국이 와서 합세하고 선동하니 방국方局이 안하무인격으로 오만불손하게 됐다. 불길이 하늘을 찌르듯 치솟으니 어찌 가만히 있겠는가? 亥子丑의 합세로 亥卯未木국이 기고만장해 시비와 싸움을 일삼는 것과 똑같다. 寅午戌이 주형主刑이고 巳午未가 피형被刑이니 寅형巳 午형午 戌형未가 된다.

만일 寅午戌 火국이 이제라도 후퇴한다면 어찌 되겠는가? 巳午未 남방 火국은 원형대로 안정과 평화를 찾고 질서있는 정상으로 돌아갈 수 있다. 그와 같이 남의 힘을 업거나 믿고서 남을 침해하려는 모나고 냉혹한 시비 기질도 자연 소멸된다.

〈巳酉丑 / 申酉戌〉申酉戌, 서방西方金국이 위세당당한데 巳酉丑합合, 金국이 상륙해 합세하니 金氣가 하늘을 찌르고 땅을 덮는다.

살기가 서릿발같이 등등한데 巳酉丑金국이 선동하니 어찌 그대로 있겠는가? 무엇이든 쳐들어가고 싶고 부딪치고 싶어서 몸이 근질거린다. 그와 같이 마음도 항상 충돌과 시비와 싸움과 냉혹을 즐기고 가시가 돋아 있다.

巳酉丑이 주형이니 巳형申 酉형酉 丑형戌이 된다.

〈申子辰 / 寅卯辰〉寅卯辰 동방東方木국이 늠름하게 군림하고 있는데 申子辰 水국이 살찌고 기운나는 산삼녹용과 식량을 산더미처럼 싣고 상륙하니 木국이 술에 취한 사람 모양으로 기운에 취해 넘치는 힘을 걷잡을 수 없다. 여기에 水국이 침략과 전쟁을 선동하니 木국은 술 취한 장사처럼 안하무인이요 횡포하기 그지없다. 닥치는 대로 주먹을 휘두르고 부수고 짓밟고 두들기고 야단이다. 모든 것은 水국이 바람을 넣고 정신을 들게 만든 것이니 水국이 주형이다. 申형寅 子형卯 辰형辰이 된다.

이와 같이 형刑은 제삼의 힘이 합세하고 선동해 기세가 충천하고 정상을 잃음으로서 공연히 남을 업신여기고 시비와 다툼을 즐기며 평온이 없는 가시밭길을 걷게 된다. 남을 업고 위세를 부리며 배경을 앞세워 호가호위狐假虎威하는 버릇이 있다.

때문에 형刑이 있는 사람은 언제나 권위와 독선 그리고 지배를 좋아한다. 성미가 급하고 자제력이 약하며 도량과 아량과 이해성이 적고 주관적이며 작은 일을 시비와 고집으로 크게 확대시킨다. 남에게 머리 수그리기를 싫어하고 타협을 기피하고 한번 다투면 마음속에 언제나 보복의 칼을 가는 경향이 있다. 뱀처럼 차고 냉혹한 면이 있다. 그래서 같은 부모 형제간에도 정이 없고 고독하며 친구 간에도 다정하지 못하다. 모든

사람과 시비와 싸움을 즐기니 언젠가는 형사문제에까지 번져 관재를 초
래하기 쉽다 해서 형刑은 형刑으로 통하기도 한다.

그렇다고 형刑이 있으면 반드시 오만불손하고 냉정하며 싸움을 즐기는
것은 아니다. 비록 형刑이 있다 해도 사주에 덕망의 별인 인수(印星)와 인
격의 병인 정관正官이 있거나 의식주의 별인 식신이 있으면 자제하고 중
화해 원만하고 다정하게 처세한다.

신살神殺을 위주로 하는 고전 명리파에서는 형을 무척 중요시하고 두려
워하지만 신사주에서는 단지 성격상으로 참고할 뿐 실제 응용면에서는
거의 도외시한다. 운명을 좌우하는 것은 천하 운세運勢이지 신살이나 형
이 아니기 때문이다.

陽破前十位　陰破前四位

四惑十惡殺

巳　午
辰
卯
未
申
寅
丑
酉
戌
子　亥

7. 파破

파는 십이지의 음지에서 네 번째의 양지와 양지에서 10번째의 음지에서 발생함으로 이를 사혹십악四惑十惡이라고 한다.

네 살과 열 살 차이는 서로 유혹하고 파괴하는 악한으로서 궁합상 가장 나쁘다는 것이다. 어째서 酉는 子에서 파가 되고 亥는 寅에서 파가 되며 巳는 申에서 파가 되는 것인가? 酉와 子는 金生水요 寅과 亥는 水生木이 아닌가?

인간만사는 삼합의 조화라고 했듯이 파의 근본도 삼합에 있다. 먼저 파의 구성부터 알아보기로 하자.

〈子酉〉　〈寅亥〉　〈丑辰〉　〈卯午〉　〈巳申〉　〈未戌〉

$$\begin{pmatrix} 亥卯未 \\ 寅午戌 \end{pmatrix} \begin{matrix} 木局 \\ 火局 \end{matrix} \qquad \begin{pmatrix} 巳酉丑 \\ 申子辰 \end{pmatrix} \begin{matrix} 金局 \\ 水局 \end{matrix}$$

亥卯未 木국局이 제대로 형성되고 건전한데 寅午戌火국局이 찾아와서 木기氣를 모조리 설기하니 木국局은 파괴되고 빈껍질만 남는다.

木은 火의 부모요 火는 木의 아들 딸들이다. 자식이 부모 집에 와서 파먹으니 거절할 수는 없다. 이는 시집간 딸이 시집식구를 모두 끌고 와서 친정살림을 점령하고 몽땅 송두리째 파먹음으로서 친정이 파산되는 형국이다. 그러니 어찌 부모인들 좋아하고 정이 가겠는가? 비록 부모와 자식 사이지만 자식 때문에 망했다는 사연으로 부자지간의 정이 멀어지고 비정상화된다.

그와 같이 巳酉丑金국에 申子辰 水국이 상륙해서 모든 것을 뿌리채 빼앗아가니 金국은 파산하고 水국은 부자가 된다.

申酉戌 西方大合국에 巳酉丑 金국이 합세해 천하를 호령하고 경멸하는 형刑과는 전혀 정반대로, 파는 뜯어 먹는 돼지떼가 와서 애써 지은 농사를 송두리째 망치는 것이니 인정에 얽매여 눈뜨고 도둑맞고 망하는 것이다. 허니 어찌 또 인정을 쓰고 인정을 원망하지 않겠는가? 부자지간이 원수요 인정이 냉정으로 변질할 수밖에 없다.

寅午戌이 亥卯未를 파하고 申子辰이 巳酉丑을 파한 것이다.

그래서 〈寅파亥〉〈午파卯〉〈戌파未〉〈申파巳〉〈子파酉〉〈辰파丑〉이라고 한다. 가령 년지年支에 子가 있고 일지日支에 酉가 있으면 년지가 일지日支를 파괴한 것이다.

년지는 아버지요 일지는 나와 처이니 아버지가 자식의 재산을 파괴하는 것이요 반대로 년지에 酉가 있고 일지에 子가 있으면 자식이 부모의 재산을 몰래 훔쳐내고 파산시키는 것이다.

일지에 寅이 있고 시지에 亥가 있으면 내가 자식을 파산시키는 것이고 일지에 亥가 있고 시지時支에 寅이 있으면 거꾸로 자식이 내 재산을 파산시키는 것이다. 생명과 다름없는 재산을 없애고 망쳤으니 정이 끊어지고 애정이 없음은 필연적이다. 그래서 파가 있으면 인연이 박해지고 외면하게 된다.

파는 정상적인 나라를 송두리째 무능력하게 하는 것이니 그 작용은 정상을 깨는 비정상의 별이다. 모든 것을 비정상적으로 만드는 것이다. 그 비정상화는 육신에까지 미친다. 사람은 사지오체를 가지고 있는 것이 육체상 정상상태이다. 그러나 파가 있으면 그 정상이 파괴되듯 육신상 불구가 되기 쉽다. 소아마비나 교통사고로 팔다리 불구가 되는 경향이 많다.

제5장

사주의 구성 構成

"인생은 왕복표를 발행하지 않기 때문에 한번 출발하면
다시는 돌아올 수 없다."는 로맹 롤랑의 말이 생각난다.
인간의 사주팔자가 운명의 결정체가 돼 운명대로
웃고 울어야 하는 오묘한 결과를 만든다.
자기의 사주팔자를 아는 자는 지혜의 왕이 될 것이며
자기의 운명도 개척할 수 있는 능력이 생길 것이다.
최고의 운엔 최고의 기쁨과 복을 누리고,
나쁜 운엔 나쁜 일을 최소화할 수 있는 지혜로운 사람이
될 수 있기 때문이다.

사주는 년주와 월주 그리고 일주와 시주의 네 기둥으로서 구성된다. 년주는 세군歲君을 위주로 하고 월주는 절후를 기준으로 하며 일주는 子 시를 기본으로 하고 시주는 시각을 위주로 한다.

1. 년주年柱

1년은 정월 1일부터 시작해 12월 말일로 끝나는 것이 상식이지만 사주에서는 세군이 군림하는 입춘立春에서 시작해 다음 입춘에서 끝이 난다. 세군은 1년간의 세월을 통치하는 만유의 군주로서 절대권을 가지고 있다. 누구도 세군에 거역하거나 불복하는 자는 죽음과 형벌이 내려진다. 일 년 신수란 바로 세군과의 관계를 말하는 것이다.

음양오행상 그 해 세군과 상생 또는 중화되면 벼슬과 돈과 상이 내려지고 반대로 세군과 상극 또는 불화하면 형벌과 손재와 질병이 속출한다. 세군은 자신의 정체를 10간 12지와 음양 오행으로서 뚜렷이 밝혀 준다. 가령 甲寅년 하면 甲寅은 세군의 이름이요 얼굴로서 음양상으론 양에 속하고 오행상으로는 木에 속하며 십이운성으로는 건록에 해당하는 왕성한 군주다. 甲寅이란 세군을 정면으로 극하는 것은 庚申이고 합하고 친해지려는 것은 己亥이며 대결하는 것은 같은 甲寅이다.

庚申은 甲寅을 상하上下로 충하니 반역이요 己亥는 상하로 합이라는 구실로 묶으려 하니 오만불손이며 甲寅은 세군과 똑같은 얼굴과 이름을 가지고 세군과 견주려 하니 방약무도하다.

그래서 세군은 庚申과 甲寅 그리고 己亥에서 냉혹한 제재를 가하고 만사에 간섭하고 방해하고 박해한다. 세군은 지구상의 만유를 통치하기 위해서 열두 장관을 임명한다.

한 달 동안을 관장하는 절기가 바로 그것이다. 장관은 30인의 일직 사령관을 임명해서 하루씩 관장케 한다.

이러한 통치체계는 세월의 대헌장으로서 만고불변이며 만유의 흥망성쇠는 바로 상생상극의 원리에 따라서 결정된다. 세군이 제일 먼저 임명하는 정월장관의 이름이 입춘이다. 입춘은 새해의 새 내각에 속하는 신정장관으로서 새로운 세군에게서 임명을 받고 또 취임한다. 때문에 입춘이란 정월장관이 임명되려면 먼저 새로운 세군이 군왕으로서 취임해야 한다.

그래서 세군은 입춘과 더불어 취임하고 군림하며 통치한다. 입춘은 음력 12월 중순에 들기도 하고 정월 중순에 들기도 한다.

빠르면 12월 15일에 입절入節하는가 하면 늦을 경우 1월 15일경 입절하기도 한다. 때문에 빠른 경우엔 12월 15일부터 세군이 바뀌고 동시에 장관이 갈리며 늦을 땐 1월 15일까지 구 임금이 다스리고 12월 장관이 관장한다.

12월 입춘 뒤에 출생한 사람은 그해 12월 태생이면서 새해 정월 태생으로 한 살이 감해지니 반갑지만 1월 중순 입춘 전에 출생한 사람은 엄연히 새해의 정월 태생이면서 지난해 12월 태생으로 한 살 더 먹으니 억울하기 짝이 없다.

고전 명리파 중에는 환신불환군換臣不換君이라 해서 입춘이 12월에 들면 비록 신하인 월장관은 정월장관으로 바꾸되 세군은 그대로 둔다고 주장한다.

정권의 두령인 군주가 바뀌지 않고 어떻게 정권이 교체될 수 있는가? 식자가 우환이란 바로 이를 두고 한 말인지 모른다.

논리가 통하지 않는 학설이야말로 우물 안의 개구리 타령이 아닌가 생각한다.

입춘이 무엇인지를 정확히 인식한다면 이러한 이율배반적인 이론은 나오지 않을 것이다.

2. 월주月柱

월주의 간지를 월건月健이라고 한다. 월건은 절기를 기준으로 해서 입춘에서 시작된다. 달과 절기는 동일하게 통용되는데 그 내용은 다음과 같다.

12	11	10	9	8	7	6	5	4	3	2	正	月別
丑	子	亥	戌	酉	申	未	午	巳	辰	卯	寅	月支
소한	대설	입동	한로	백로	입추	소서	망종	입하	청명	경칩	입춘	절기

정월은 입춘부터 시작되는데 십이지는 寅으로 표시되고 2월은 경칩으로서 卯로 통용한다. 예나 지금이나 寅은 정월 卯는 2월 辰은 3월 巳는

4월 午는 5월 未는 6월 申은 7월 酉는 8월 戌은 9월 亥는 10월 子는 11월 丑은 12월로 통용된다.

십이지의 월지는 언제나 고정되고 불변이지만 10간의 월간은 해마다 바뀐다. 1년이 12개월이고 간지는 60갑자니 5년만큼 월간은 동일하게 반복된다. 가령 甲년 정월의 월건이 丙寅이면 甲乙丙丁戊의 5년 동안에 60간지가 모두 동원되고 6년째의 己년에는 다시 丙寅부터 시작된다. 甲과 己는 합이니 간합이면 월건도 동일하다는 사실을 알 수 있다. 즉 甲과 己년, 乙과 庚년, 丙과 辛년, 丁과 壬년, 戊와 癸년은 월건이 동일하게 회전한다.

이제 그해와 월건의 진행 상황부터 살펴보기로 하자.

丑	子	亥	戌	酉	申	未	午	巳	辰	卯	寅	건월／세군
丁	丙	乙	甲	癸	壬	辛	庚	己	戊	丁	丙	甲己년
己	戊	丁	丙	乙	甲	癸	壬	辛	庚	己	戊	乙庚년
辛	庚	己	戊	丁	丙	乙	甲	癸	壬	辛	庚	丙辛년
癸	壬	辛	庚	己	戊	丁	丙	乙	甲	癸	壬	丁壬년
乙	甲	癸	壬	辛	庚	己	戊	丁	丙	乙	甲	戊癸년

같은 정월寅이지만 甲己년엔 丙寅이 되고 乙庚년엔 戊寅이 되며 丙辛년엔 庚寅이 되고 丁壬년엔 壬寅이 되며 戊癸년엔 甲寅이 된다. 간합의 화신化神을 생해 주는 인수가 언제나 머리에 붙는다. 가령 甲己합의 화신은 土이니 甲己년의 寅월엔 그를 생해 주는 火가 첫머리에 붙는다.

火는 丙과 丁이 있지만 寅은 양목이니 양화인 丙火가 寅의 천간에 붙는다. 그와 같이 乙庚은 金이니 金을 생해 주는 戊土가 머리에 붙고 丙辛

은 水이니 水를 생해 주는 庚金이 머리에 붙으며 丁壬은 木이니 木을 생해 주는 壬水가 머리에 붙고 戊癸는 火이니 火를 생해 주는 甲木이 첫머리에 붙게 된다. 어째서 월건은 인성印星에서 시작하는가? 월지는 어머니의 별이요 어머니는 육신상 인수에 해당하기 때문이다.

월건은 절기가 교체되는 시작부터 바뀐다. 가령 입춘이 1월 15일 하오 5시 13분에 입절入節하면, 비록 정월이라 해도 1월 15일 하오 5시 12분 이전에 출생한 사람은 12월 절기인 丑월 생이요, 5시 13분 이후에 출생한 사람만이 정월의 월건을 쓴다. 윤달이 드는 달은 어찌할 것인가? 절기는 윤달이라 해도 30일이 되면 자동적으로 교체하므로 윤달이라고 해서 절기에 차이나 이상은 없으니 윤달을 가릴 필요는 없다.

3. 일주日柱

일주는 출생한 일진의 간지로 세운다. 일진은 子의 시각에서부터 시작해 亥의 시각에서 끝난다.

子는 23시부터 시작되니 밤 11시가 되면 일진은 자동적으로 다음날로 변경된다. 가령, 甲子일 하오 11시면 甲子일은 물러가고 乙丑일이 시작된다. 때문에 22시 59분 59초 이전에 출생한 자는 일주가 甲子이지만 23시 이후에 출생한 자는 乙丑으로 일주를 삼는다.

일주는 사주의 주체인 군주로서 가장 중요한 작용을 한다. 인간만사를 저울질하는 핵심적인 척도가 되니, 일주에 추호라도 착오가 있으면 사주는 이미 빗나간 남의 사주로서 전혀 무의미하고 무가치한 것이다.

4. 시주時柱

사주는 子시부터 시작해 丑寅卯辰巳午未申酉戌亥시에서 끝나고 시의 천간은 5일 만큼 반복된다. 가령 甲일 甲子시면 5일 지난 巳일 子시엔 똑같은 甲子시가 반복된다.

월건은 년간의 간합신을 생해 주는 인수에서 시작하는 데 반해 사주의 천간은 일주의 간합신을 극하는 관살에서 시작한다. 가령 甲己는 土요 土를 극하는 土의 관살은 甲乙木이니 子시는 甲에서부터 시작한다. 어째서 극하는 관살이 子시의 머리에 붙고 子시 천간엔 양간이 붙는가? 시주는 사주상 자녀별이 되고 자녀는 육신상 관살이 된다. 그래서 시의 첫머리인 子시의 천간엔 일주 간합을 극하는 관살이 붙으며 子는 양지이기 때문에 子의 천간엔 양간이 붙는 것이다.

이를 구체적으로 살펴보면 다음과 같다.

亥戌	酉申	未午	巳辰	卯寅	丑子	시지 간시 간일
乙甲	癸壬	辛癸	己戊	丁丙	乙甲	甲己일
丁丙	乙甲	癸壬	辛庚	己戊	丁丙	乙庚일
己戊	丁丙	乙甲	癸壬	辛庚	己戊	丙辛일
辛庚	己戊	丁丙	乙甲	癸壬	辛庚	丁壬일
癸壬	辛庚	己戊	丁丙	乙甲	癸壬	戊癸일

시는 시각이 생명인데 고전 명서에서는 애매한 표시로 혼돈과 착각을 가져오기 쉽다. 가령 23시부터 1시는 子시요 1시부터 3시는 丑시며 3시

부터 5시는 寅시라 해서 1시는 子시인지 丑시인지 어리둥절하듯이 3시
는 丑시인지 寅시인지 분간하기 어려워서 혹자는 1시를 子시로 잡는가
하면 丑시로 잡는 등 애매한 경우가 많은데 이는 23시부터 1시 전, 1시
부터 3시 전, 3시부터 5시 전인 것을 잘못 표시한 것이다. 그러니까 子시
는 23시부터 1시 전이니 0시 59분 59초까지는 子시이고 1시부터는 丑시
이며 1시부터 3시 전인 2시 59분 59초는 丑시이고 3시부터는 寅시에 속
한다.

시간은 생명이라고 하듯이 사주와 마무리를 짓는 최종 결산으로서 가
장 큰 비중을 가지고 있다. 특히 자녀와 직업 그리고 말년의 운세를 관장
하는 별이니만큼 시의 착오는 자녀와 직업과 말년의 관찰에 완전히 빗나
가는 오판을 가져온다.

흔히 고전 사주에서는 시를 부선망 모선망을 판단하는 기준으로 삼고
亥寅辰巳午申戌의 양시이면 부선망이라고 판단하는데 이는 피상적이고
그릇된 오판이다.

사주는 사주 구조상 외각(울타리 너머의 울 밖)에 해당하는 직업전선
으로서 직업으로 판단하는 것이 원리다. 특히 우리나라처럼 출생시각이
애매하고 모르는 경우가 허다한 사회에서 시각을 잡는 것은 중요한 과제
이므로 이에 대해서는 다음에 별도로 구체적으로 설명하고자 한다.

5. 공망空亡

60갑자六十甲子는 서로 흩어져 있는 개별적 간지干支가 아니고 甲이라는
순旬에서 싹이 트고 꽃이 피며 열매를 맺는 여섯 그루의 나무와 그 열매
들이다. 가령 甲子 乙丑 丙寅 丁卯 하면 甲子는 나무의 순이요 乙丑은 순

이 자라난 줄기이며 丙寅丁卯는 甲子의 나무에서 열린 열매다.

甲子 甲申 甲午 甲辰 甲寅은 모두가 나무요 丙丁 戊己 庚辛 壬癸는 열매다. 천간天干은 열매요 지지地支는 가지다.

천간天干은 십간十干인데 지지地支는 12지十二支니 나뭇가지는 열두 가지인데 열매는 열 개다. 나무마다 두 가지는 열매가 열리지 않는다. 그 열리지 않는 나뭇가지의 지지를 그 나무의 공망이라고 한다.

가지는 있으되 열매가 없듯이 자리는 있으나〔有位〕 록이 없으며〔無祿〕 씨는 뿌려도 싹이 트지 않고 꽃은 피었으나 열매가 없는 것이다. 애는 쓰지만 공이 없다거나 감투는 있어도 월급이 없다거나 자리는 있어도 몫이 없는 것을 흔히 공망의 탓이라고 한다.

공망의 지지는 반드시 양지와 음지가 있다. 가령 甲子 순旬의 공망은 戌亥인데 戌은 양지요 亥는 음지다. 양은 대기로서 아무것도 없으면 공간이 되니 공이라 하고 음은 물질로서 아무것도 없으면 멸망이니 망이라고 한다. 공망은 열매 아닌 허공을 말하니 그것은 열매가 아닌 나무의 순이요 줄기인 甲乙의 자리에 있는 지지를 말한다.

60갑자六十甲子를 甲子로부터 읽어 나가면 반드시 壬癸 다음엔 甲乙이 나온다. 그 甲乙은 열매가 아닌 나무둥치로서 그 甲乙 밑에 자리잡은 지지는 열매 아닌 나무둥치만 가지고 있으니 평생 열매 보기는 틀린 것이다. 그 열매 아닌 나무둥치를 가지고 있는 甲乙의 지지가 바로 억울한 공망의 지지다.

공망은 일주를 기준으로 한다. 일주의 간지에서 다음에 나타나는 甲乙의 지지가 공망이니 일주만 알면 바로 자기의 공망을 알 수가 있다. 가령 일주가 癸未이면 다음 순서가 甲申 乙酉이다. 甲乙을 가지고 있는 지지가 공망이니 癸未 일생의 공망은 申酉임을 당장 알 수 있다.

이를 그림으로 살펴보면 더욱 쉽게 알 수 있다.

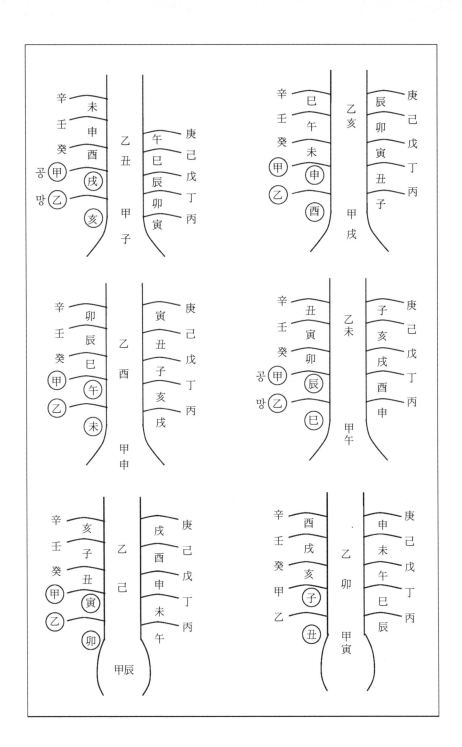

그림에서 볼 수 있듯 60갑자六十甲子는 여섯 그루로 이뤄진 여섯 종류의 나무와 가지와 열매다. 이를 과수로 따지면 여섯 가지 과수의 나무다. 가령 甲子는 복숭아요 甲戌은 밤나무요 甲申은 배나무요 甲午는 사과나무요 甲辰은 살구나무요 甲寅은 호두나무라 하면 乙丑은 복숭아나무 줄기요 丙寅 丁卯 戊辰 己巳 庚午 辛未 壬申 癸酉는 복숭아나무에서 열린 여덟 개의 복숭아 이름이다.

맨 먼저 열린 것이 丙寅이요 두 번째 열린 복숭아가 丁卯다.

복숭아 싹인 甲子와 그 줄기인 乙丑을 비롯해서 그 열매인 丙寅 丁卯 戊辰 己巳 庚午 辛未 壬申 癸酉는 복숭아 가족으로서 한 핏줄 한 뱃속의 한 동기이니 이름만 다를 뿐 조상이 같고 혈통이 같으며 부모가 같고 성姓이 같으며 뜻이 같고 언어가 같고 풍속이 같고 취미도 같다. 그래서 이를 동순同旬이라 하고 동일체라 한다. 가령 六甲을 사람의 성씨로 비유해 甲子는 이李씨요 甲午는 박朴씨며 甲申은 김金씨요 甲戌은 최崔씨며 甲辰은 남南씨요 甲寅은 신申씨라 하면 甲子순에 있는 乙丑 등은 모두가 이李씨의 자손이요 형제요 가족으로서 서로 다정하듯이 甲申순에 있는 乙酉丙戌 등은 김金씨의 자손이요 가족으로서 서로 뜻이 같고 아끼고 사랑한다.

비록 60갑자로는 같은 간지이지만 甲子순의 乙丑 丙寅과 甲申순의 乙酉 丙戌은 이李씨와 김金씨로서 혈통이 다르고 성씨가 다르듯이 뜻과 성격이 전혀 다르다. 가령 甲子년 丙寅월 己巳일 丁卯시 생의 사주라면 모두가 甲子순의 가족으로서 순수한 복숭아와 이씨의 자손으로 구성된 복숭아 가족이요 이씨 가족이니 부모 형제 처자가 우연히도 한 핏줄기의 동기간으로 구성된 것이다. 서로 화목하고 아끼고 즐거워할 것은 당연한 이치다.

만일 甲子일생이 丙寅일생과 결혼한다면 그 역시 한국인이 한국인과 결혼하고 복숭아가 복숭아와 결혼한 것이니 천생배필이요 멋진 궁합이다. 그래서 동순同旬끼리 뭉치면 다정하고 화목한 데 반해 이순異旬끼리 만나면 서로 씨족이 다르고 성격이 다르듯 뜻이 다르고 화목하기 어렵다. 혼합체로서 성이 다르듯 기질 또한 다르기에 화목하기가 어렵다.

양일생으로서 양지가 공망하거나 공망된 지지가 실령失令한 허약한 지지거나 음일생으로서 음지가 공망하거나 공망된 지지가 실령됐으면 진공眞空이라 해서 공망의 효력이 강대하고 양일생으로서 음지가 공망이거나 공망된 지지가 득령得令해 왕생하거나 음일생으로서 양지가 공망이거나 공망된 지지가 득령해서 왕성하면 반공半空이라 해서 공망의 효능이 감회한다.

진공은 70% 내지 80%의 작용을 하고 반공은 30% 내지 40%의 작용을 한다. 가령 씨를 100개를 심었다면 진공을 70 내지 80개가 싹이 트지 않고 실패하며 반공은 30 내지 40개가 실패한다.

공망은 충이고 합이 되면 해소돼 해공解空이 되고 세월에서 같은 공망을 만나면 공망이 충당돼서 해소된다. 공망이 해소되면 공망은 없는 것과 같으니 아무런 작용이 없다.

공망의 응용

공망은 글자 그대로 공치고 망하는 것이니 사주상 가장 문제시하는 별이다. 가령 길신吉神이 공망이면 길성은 없어지고 흉신이 공망이면 흉凶성이 없어진다. 길성을 잃는 것은 손해지만 흉성이 없어지는 것은 전화위복이다. 그래서 공망은 반드시 나쁘다고만 할 수는 없다. 그러나 길보다는 흉이 더 많으니 공망은 무척 두려워한다.

년지가 공망이면 부모가 공친 것이니 부모와의 인연이 박하고 소년시절이 불우했으며 월지가 공망이면 어머니와 형제가 무력하고 중년에 풍파가 많으며 시지가 공망이면 자식이 무력하고 만년이 불우하다는 암시다.

그와 같이 관성官星이 공망이면 남자는 벼슬과 명성운이 약하고 여자는 남편 덕이 없으며 재성財星이 공망이면 남자는 직업과 재물복과 처덕이 무력하고 박하며 여자는 가정과 재물복이 박하다. 인성印星이 공망이면 남녀 간에 부모 덕이 없고 학교를 중단하며 집을 자주 옮기고 식신이나 상관이 공망이면 남자는 활동이 막히고 실업이 빈번하며 재능을 발휘하기 어렵고 여자는 자식 덕이 박하다. 비견과 겁재가 공망이면 형제와 친구가 무력하고 인연이 박하다.

공망은 방위方位와 일진日辰을 중요시한다. 가령 戌亥가 공망이면 건방〔乾方=西北間〕에서는 무엇이든 공치고 망하니 그 방향으로 이사하거나 사업 또는 거래하면 헛수고할 뿐 소득이나 성사는 불가능하며 戌일이나 亥일에는 무엇이든 애만 쓰지 공이 없다. 재판을 할 때 상대방이 공망일 때 공판을 붙이면 상대방은 공치니 실패하고 공망일 때 무엇을 약속하거나 출행하면 십중팔구는 공치게 되니 공망일은 만사를 피하는 것이 좋다.

공망 일람표(日主本位)

甲	乙	丙	丁	戊	己	庚	辛	壬	癸	
子	丑	寅	卯	辰	巳	午	未	辛	酉	戌亥
甲	乙	丙	丁	戊	己	庚	辛	壬	癸	
戌	亥	子	丑	寅	卯	辰	巳	午	未	辛酉
甲	乙	丙	丁	戊	己	庚	辛	壬	癸	
辛	酉	戌	亥	子	丑	寅	卯	辰	巳	午未
甲	乙	丙	丁	戊	己	庚	辛	壬	癸	
午	未	辛	酉	戌	亥	子	丑	寅	卯	辰巳
甲	乙	丙	丁	戊	己	庚	辛	壬	癸	
辰	巳	午	未	辛	酉	戌	亥	子	丑	寅卯
甲	乙	丙	丁	戊	己	庚	辛	壬	癸	
寅	卯	辰	巳	午	未	辛	酉	戌	亥	子丑

6. 지장간支藏干

십이지지 속에 숨겨져 있는 십간을 지장간이라고 한다.

지지는 만물을 생산하는 어머니로서 이미 탄생한 만물에게 영양을 공급하고 보급창고의 역할을 하는 한편 연일 만물을 창조하고 생성生成하기에 바쁘다. 혼자서 그 많은 만물을 부화孵化할 수 없기 때문에 여럿이

교대로 관장한다. 한 달에 둘 내지 셋이서 교대로 규칙적으로 관장한다. 그 생산과 보급을 주관하는 대지의 어머니가 곧 지장간이다.

지장간은 계절과 달에 따라서 바뀐다. 관장하는 날짜도 서로 다르다. 노인과 어린이는 짧고 장정된 어른은 길다.

가령 봄에는 木이 왕성하니 木이 감당하는 날은 길고 여름은 火가 극성하니 火가 담당하는 날이 가장 길다. 맨 먼저 담당하는 어머니(지장간)를 초기初氣라고 한다.

초기는 늙었기 때문에 대개 7일서부터 10일까지를 담당한다.

그 다음의 당번은 중간 담당자로서 중기中氣라고 하고 맨 마지막 당번을 말기末氣라 한다. 말기는 가장 왕성한 그 달의 정기精氣로서 정기正氣라 하고 가장 많은 시간을 담당하는 동시에 그래도 지치지 않아서 다음 달 초기까지를 계속 담당한다.

초기는 곧 그 달의 왕성한 정기가 넘치는 힘을 감당치 못하고 계속 달을 넘어서까지 담당하는 월반越班으로서 지난 달 정기의 나머지 기운이니 여기餘氣라고 한다. 여기는 이미 한 고비를 넘긴 노년기로서 노모와 같다.

중기는 두 가지가 있다. 寅申巳亥는 장생으로서 중기 또한 어린이의 생기와 같고 辰戌丑未는 묘로서 중기 또한 묘중의 쇠기衰氣와 같다. 생기는 발랄하기 때문에 일주일을 감당하는 데 반해 쇠기는 허약하므로서 겨우 3일을 지탱한다.

같은 여기라 해도 寅申巳亥는 산모이므로 길지도 짧지도 않은 7일간을 담당하는 데 반해 子午卯酉는 왕성기로서 10일간을 담당하고 辰戌卯未는 왕자의 월기越氣로서 9일간을 담당한다.

이를 정리하면 다음과 같다.

丑	子	亥	戌	酉	申	未	午	巳	辰	卯	寅	十二支
9	10	7	9	10	7	9	10	7	9	10	7	
癸	壬	戊	辛	庚	戊	丁	丙	戊	乙	甲	戊	餘氣
3		7	3		7	3	9	7	3		7	
辛		甲	丁		壬	乙	己	庚	癸		丙	中氣
18	20	16	18	20	16	18	11	16	18	20	16	
己	癸	壬	戊	辛	庚	己	丁	丙	戊	乙	甲	正氣

寅월엔 여기로서 戊土가 중기로서 丙火가 정기로서 甲木이 관장한다. 이는 무엇을 의미하는가? 앞서 말한 대로 지장간은 만물을 생산하는 어머니로서 각자의 힘에 따라서 날짜를 정하게 된다. 寅월의 경우 맨 먼저 만물의 어머니로서 등장한 지장간은 戊土다.

戊土는 12월의 정기인 己土가 이월移越한 여기로서 이미 노년기에 접어들었다. 그러나 아직 생산능력이 있으므로서 첫 번째 산모 역할을 하게 된 것이다. 여기는 입춘일로부터 7일간이나 戊土가 맡은 바 7일 동안에 출생한 만물은 戊土의 아들딸임은 말할 나위도 없다. 모든 것은 戊土의 뱃속에서 태어난 戊의 핏줄이기 때문에 그의 성은 戊가 된다.

그러나 사주상의 성명은 육신이기 때문에 사주의 성명은 일간과 戊土와의 육신 관계를 따라서 명령한다. 가령 甲일생이면 戊土가 편재에 해당하니 편재라는 성명을 붙이게 되고 丙일생이면 식신이란 성명을 붙인다.

이를 사주상 격국格局이라고 한다. 격국이라면 사주의 대들보처럼 중요하지만 이는 한갖 사주의 이름에 지나지 않는다.

사람마다 각기 다른 성명이 있듯이 사람의 사주가 성명을 가질 것은 당연하다. 성姓은 모계母系 중심으로서 사주의 성씨 또한 자기를 낳은 어머니의 이름을 따르는 것은 당연하다.

이 격국 문제는 고전 명리에서 무척 비중이 크기에 뒤에서 충분히 검토하기로 하고 다시 본론의 지장간으로 돌아가야겠다. 여기의 戊土는 7일간 1초도 쉴 수 없이 지구상의 만물을 생산하고 임기가 끝나면 지쳐 쓰러진다. 다음 당번의 어머니는 중기가 된다.

중기는 삼합의 국신局神으로서 寅월은 寅午戌 삼합 火국의 火가 국신이 된다. 火는 丙丁의 음양이 있는데 寅은 양월이므로 寅월의 중기는 양火인 丙火에 해당한다. 그것은 寅申巳亥월에 공통적이다.

寅월의 중기엔 寅午戌火국의 양火丙이 나타나듯이 申月의 중기엔 巳酉丑金국의 양금 庚이 나타나며 亥일엔 亥卯未 3합 본국의 양 木甲이 나타난다. 중기는 비록 장생의 어린 싹이지만 생기는 왕성하므로 여기 못지않게 7일간을 감당한다. 여기가 후퇴하는 시각에서부터 만 7일간 寅월 중기의 丙火는 만물을 생산하니 중기에 출생한 만물은 모두가 丙火의 아들딸로서 육신으로 따져서 丙火를 성씨로 삼는다. 중기가 힘이 다해 쓰러지면 정기가 나타난다. 정기는 寅月의 장사이니 寅에 건록이 되는 甲木이다.

甲木은 寅의 정기요 꽃이요 대들보로서 강대한 힘을 가지고 있다. 그래서 정기는 여기와 중기를 합치는 것보다도 많은 16일 동안을 감당하며 그래도 힘이 넘쳐서 다음 달 卯월의 여기로서 10일간을 더 감당한다. 이와 같이 여기는 지난달 정기의 이월로서 그 힘은 이미 노쇠한 노년기다.

정기가 나타나려면 아직도 며칠이 더 있어야 하는데 그때까지 계속할 수 없으니까 중간에 중계 역할을 할 수 있는 중기를 설정한 것이다. 그 중기는 아직 나이 어린 寅申巳亥의 장생과 이미 노쇠한 辰戌丑未에 한해서 필요하고 또 존재한다.

천하장사인 子午卯酉는 여기 다음에 정기로서 충분히 감당할 수 있으므로 중기가 필요치 않다. 중기는 모두가 삼합의 오행으로서 이루어지는데 寅申巳亥는 생기가 발생하는 양기의 장생지로서 삼합의 양기를 택하고 辰戌丑未는 생기가 시들고 육체가 무덤에 묻히는 음체의 고장으로서 삼합의 음간陰干을 택하게 된다. 그래서 辰월엔 申子辰水의 음간인 癸로서 중기를 삼고 未월에는 亥卯未木의 음간인 乙로서 중기를 택하며 戌월엔 寅午戌火의 음간인 丁을 중기로 삼고 丑월엔 巳酉丑 3합金의 음간인 辛을 중기로 삼는다.

이는 寅申巳亥의 중기가 모두 삼합의 양기를 택한 것과는 정반대이지만 그 이치는 똑같다. 여기서 의문점은 여기가 정기의 이월이라면 어째서 丑월의 정기는 己土인데 寅월의 여기는 戊土이며 未월의 정기 또한 己土인데 申월의 여기가 戊土인 까닭은 무엇인가? 이는 달의 음양에 따르는 자연적 변화다. 寅과 申은 양기의 발생지인 양지陽支로서 음에 속하는 己土가 존재할 수가 없다. 그래서 음이 양으로 탈바꿈한 것이다. 또 하나 子午卯酉에는 중기가 없는데 어째서 유독 午에는 己土의 중기가 있는가? 이는 午에는 두 가지 정기가 있기 때문이다.

정기는 건록(本氣)으로서 午는 丁火 건록이자 己土의 건록이다. 때문에 午월의 정기엔 丁火와 己土가 같이 존재하는 것이다. 丁과 己를 같은 정기로 쓰기가 어색하니까 己土를 중기에 돌린 것인데 이는 부당하기보다 모순된 착각이다. 왜냐하면 子午卯酉는 일기당천─騎當千의 제왕으로서 중간에 힘에 겨워서 쉬어가는 중기가 존재하지 않기 때문이다. 그렇다고 丁과 己가 똑같이 정기로 작용하는 것은 아니다.

子午卯酉는 순수한 오행으로서 土의 잡기가 존재하지 않는다.

그와 같이 午월엔 순수한 丙丁火가 존재할 뿐 己土는 존재하지 않는다. 다만 정기의 원칙에 의해서 己土를 가상적 중기로 택할 따름이다.

지장간은 그 생리와 기능을 뚜렷이 밝히지 못함으로써 단지 기억하고 응용하는 까다로운 사주의 공식으로만 알려지고 있어 흥미를 느끼지 못하는 것이 사실이다. 그러나 지장간은 만물을 생산하는 1년 열두 달의 산모분포로서 만유는 지장간에 의해서 창조되고 생성되는 그의 아들딸이라는 사실과 허약한 여기와 아직 미숙하거나 노쇠한 중기는 생산기간이 여기까지 이월하는 장기성을 발견할 때엔 지장간의 참뜻을 쉽고 정확히 인식하는 동시에 흥미와 관심을 끌게끔 된다.

모든 격국은 모격母格인 지장간 중 간을 위주로 하니 지장간을 모르고서는 결코 격국을 올바로 잡을 수가 없다. 지장간은 일정한 율법에 의해서 순서와 기간이 정해져 있고 그것은 영구불변의 법칙이다. 가령 寅月엔 戊土의 여기가 선두이고 7일간 관장한다. 그 여기에 나타나고 작용하고 관장하는 10간을 투간透干이라고 한다.

흔히 투간이라 하면 천간에 나타나는 것을 의미하는데 천간이든 지지든 나타난 10간은 똑같이 투간이라고 한다. 때문에 앞으로는 투간을 중심으로 지장간과 격국을 논해야 이해가 빠르다. 가령 寅月생의 庚日주라면 여기엔 戊土가 지장간이니 편관격이요 정기엔 甲木이 지장간이니 편재격이라고 설명하는 것이 순서인데 이를 투간으로 고치면 보다 실감이 가고 알기 쉬우며 한마디로 생략할 수도 있다. 모든 격국은 월지 투간을 위주로 해서 성립된다고 하면 간단명료하고도 명백한 정의定義가 아닌가 한다.

7. 사주는 군신君臣 체제이다

사람은 누구나 사주를 타고난다. 사주는 1간을 군주로 하고 나머지 3간4지를 신하로 둔 군주국가 체제라 군주는 사주의 주인공이니 인간은 누구나 한 나라의 임금으로서 출생하는 자유 평등 독립의 최고권자인 셈이다. 조물주는 만인에게 왕관을 쓴 군주로 군림시키는 동시에 군주는 반드시 신하 7명을 거느리게 했다. 신하는 그가 태어나면서 죽을 때까지 보살피는 부모형제 처자로부터 일가친척, 친지, 사회인에 이르기까지 다양하다.

윤리상으로는 부모가 상위이지만 사주상으로는 어려서의 보육과 교육 등 성장하기까지 모든 심부름을 맡은 신하에 속한다. 신하의 체통은 질서정연하다. 자고로 군주는 신하에 의지하고 생활하므로 군주의 팔자는 신하의 성분과 능력에 달려 있다. 일곱 신하가 모두 충신이면 평생을 걱정없이 부귀영화를 누리고 반대로 일곱 신하가 모두 군주에 거역하는 역신逆臣이면 군주는 평생 사면초가 속에 천신만고를 겪어야 한다. 현실적으로 사주는 충신과 역신이 서로 혼돈돼 있으므로 문제는 그 비중에 있다. 충신이 역신보다 강하면 다행이고 그 반대의 경우는 불행하다.

사주는 그 일곱 신하의 성분과 성능을 분석하는 데서 시작한다. 충신은 군주를 기쁘게 하고 이롭게 하니 희신 또는 길신吉神이라고 하고 역신은 군주를 괴롭히고 해치니 기신忌神 또는 흉신凶神이라고 한다. 어느 것이 희신이고 기신인가를 살피고 가리는 것이 사주의 첫 과제다. 희신과 기신의 어느 편이 더 강하고 우세한 것을 따지는 것이 두 번째 과제다. 언제 희신이 왕성하고 쇠퇴하며 무엇이 희신을 억누르고 보살피는가를 세밀히 분석하는 것이 세 번째 과제다. 희신과 기신의 동태와 변화를 연대별로 관찰하고 월별로 판단하는 것이 네 번째 과제다.

건강과 수명 그리고 질병과 신상관리를 철저히 분석하고 부모 형제 처자의 동태와 인연을 세밀히 관찰해 직업과 사업 대인관계의 동향과 사회적인 관계를 살피는 것도 사주의 중요한 과제다. 사주는 인간이 타고난 운명의 각본으로서 그가 언제 어떻게 된다는 것을 사전에 충분히 예측할 수 있다. 그러나 가장 중요한 것은 신하의 구조다. 충신이 없거나 병들어 움직이지 못하면 군주 스스로 농사짓고 의식주를 마련해야 하듯이 몸소 활동하고 생산하며 자급자족해야 한다.

반대로 충신이 왕성하고 역신이 억눌린 사주는 충신이 의식주를 풍부히 공급하고 사회적 부와 귀를 보장함으로써 평생을 놀고도 행복하게 살 수 있으며 불로취득不勞取得하듯이 불로장수不老長壽할 수 있다. 문제는 신하가 충신이냐 역신이냐의 분별에 있고 충신과 역신의 위치와 작용의 우열을 조종하는 것은 사주 그 자체가 아니고 사주가 진행하는 항로인 대운大運에 달려 있다. 대운은 사주라는 선천적인 육신 또는 선차船車가 운행하는 항로요 대로로서 사주의 기능을 어떻게 발휘하고 또 사주가 어떻게 돌아가는지를 결정하고 관장하는 운명의 코스요 광장이며 조화다.

사주는 타고난 선천적 그릇이요 육신으로서 숙명 또는 천명이라고 하는 데 반해 대운은 숙명 또는 천명을 운전해 가는 팔자의 운행으로서 운명이라고 한다. 일반사회에서는 운명과 천명 또는 숙명을 전혀 혼돈하고 있는데 사주는 운명의 주체일 뿐 운명은 아니며 대운이 곧 운명의 광장이다.

사주가 불여不如대운이라고 사주는 대운만 못한 것이니 사주만 가지고 왈가왈부하는 것은 언어도단이다. 아무리 배가 튼튼하고 훌륭하다 해도 항로에서 격랑과 풍파를 만나면 하루아침에 부서지고 망하는 데 반해 비록 배는 보잘것없다 해도 항로가 평탄하고 순풍순우면 순풍에 돛단배처럼 평생을 풍파없이 즐겁고 행복하게 살아갈 수 있는 것이다. 그러기에 대운 자랑은 해도 사주 자랑은 하지 않는 법이다. 대체 대운이란 무엇인가?

이제부터 그 전모를 살펴보기로 하자.

8. 대운大運

호박을 심으면 싹이 트고 순이 돋아서 넝쿨이 뻗어 간다. 넝쿨은 호박의 항로이자 운로運路로서 대운이라고 한다. 호박은 싹이 첫째이지만 넝쿨은 호박의 미래와 운명을 좌우한다. 넝쿨이 안전하고 평탄하게 뻗어나가면 호박은 많이 열리고 모두 성숙하는 데 반해 넝쿨이 벼랑이나 물속으로 뻗어 가면 호박이 열리기 어렵듯이 성숙하기가 어렵다.

그와 같이 사주는 타고난 육신이요 그릇이며 대운은 항로요 무게다. 아무리 훌륭한 배우라 해도 무대가 없으면 쓸모가 없듯이 사주가 좋다 해도 대운이 나쁘면 무용지물이다. 비록 자동차는 중고품이라 해도 대운인 신작로나 고속도로처럼 넓고 평탄하면 최대의 속도로 오래도록 달릴 수 있는 데 반해 아무리 고급 자동차라 해도 대운인 길이 산간벽지이고 험한 길이면 속도는 고사하고 얼마 가지 않아서 뒤집히고 부서지고 망가진다. 그래서 사주불여대운四柱不如大運이라고 한다. 사주는 선천운인 데 반해 대운은 후천운이며 사주와 대운의 비중은 3 : 7이다.

사주는 세상에 태어난 육신으로서 강하고 약하고 잘나고 못난 차이가 있을 뿐이다. 같은 돌이라 해도 다듬기에 따라서 쓸모가 달라지고 값의 차이가 있듯이 사람은 가르치기에 따라서 쓸모가 달라지고 인물의 차이가 생긴다. 아무것도 가르치지 않고 농사일만 시키면 비록 얼굴이 뛰어나게 잘 생겼다 해도 무식한 농사꾼이 될 수밖에 없듯이, 비록 얼굴은 변변치 못해도 올바로 가르치고 수양을 쌓게 하면 천하의 군자요 인재로서 뛰어난 인품과 명성을 떨치게 된다. 자식 낳기를 자랑 말고 기르고 가르치기를 자랑하라는 속담은 운명의 진언이기도 하다.

대운은 10년 만에 한번씩 바뀐다. 길이 달라지면 운명도 달라진다. 그래서 불쾌한 함지에 빠진 차는 새로운 코스를 맞아 힘차게 행운의 길을 달리게 되고 여태껏 고속도로를 달려왔던 차는 산간 좁은 길로 행선이 바뀌어서 파란만장한 고난이 시작되는 것이다. 사람팔자 알 수 없다는 것은 바로 이 대운의 변화를 두고 하는 말이다. 대운은 사주를 10년간 운전하고 관리하는 운전사이자 관리자이다. 그 운전사가 사주를 운전해 가는 것을 운명이라 한다.

사주는 하나의 차체요 대운은 운전사이니 그 차를 안전하게 운행하느냐 뒤집어 엎느냐는 것은 전적으로 운전사인 대운에 달려 있음은 자명한 사실이듯이, 인생은 타고난 사주보다도 운로이자 운전사인 대운에 의해서 울기도 하고 웃기도 한다. 운전사가 술에 취해서 갈팡질팡하면 가슴을 조이면서 울어야 하고 운전사가 성실하게 알뜰히 운전하면 기쁘고 즐거워서 웃고 노래한다. 그 대운이 좋으냐 나쁘냐는 사주의 구조와 대운의 성질에 따라서 결정된다. 가령 사주가 엄동설한에 출생한 한랭한 사주로서 木火를 기뻐하고 金水를 싫어한다면 庚子나 辛亥 대운을 만나면 가장 싫어하고 두려워하는 운전사를 만났으니 그가 운전하고 관리하는 10년 동안은 호랑이 굴에 뛰어든 토끼처럼 천신만고와 구사일생의 풍파를 겪어야 한다. 그리고 丙寅이나 甲午대운을 만난다면 가장 기뻐하고 다정한 운전사를 만남으로써 그가 운전하는 10년 동안은 어디든지 가고 싶은 대로 갈 수 있듯이 만사가 뜻대로 이루어지고 부귀영화를 마음껏 누릴 수 있다.

대운은 사주라는 뿌리에서 뻗어 나온 넝쿨로서 그 출발점은 사주의 못

자리판이자 싹인 월지이다. 월지는 어머니의 자궁이자 처음 태어난 인생의 항구요 요람지다. 그 항구에서 사주라는 배[船]는 이미 낳을 때부터 정해진 방향과 코스를 따라서 출항해야 한다. 그 방향은 앞으로 가는 전진과 뒤로 가는 후퇴의 두 가지가 있다. 앞으로의 전진은 순조로운 운행으로서 순운順運이라 하고 뒤로의 후퇴는 거꾸로 하는 운행으로서 역운逆運이라고 한다.

순順과 역逆은 어떻게 정해지는가? 출생한 세군과 남녀의 성性으로서 결정된다. 세군이 甲戊庚壬의 양간인 경우엔 세군이 남성으로서 남자의 해다. 남자의 해에 남자로 태어난 인생은 그해의 주인공으로서 합격자요 여자로 태어난 인생은 남자 목욕탕에 여자가 뛰어든 것처럼 번지수가 맞지 않으니 불합격자로 뒤로 돌려 보낼 수밖에 없다. 그와 같이 여성의 해인 乙丁己辛癸년에 출생한 여성은 합격자로서 순행한다. 양년생의 남성과 음년생의 여성은 제격에 맞는 출생으로서 순행하고, 양년생 여성이나 음년생 남성은 격에 맞지 않으므로 역행해야 하는 것이다.

(1) 대운계산법

대운은 출생한 월지에서 출발해 10년을 관장한다. 출생한 월지는 한달 동안의 월령月令으로서 날짜로 따져서 30일이다. 30일이 10년으로 둔갑한 것이니 3일이 1년이요 하루가 4개월이며 1시간이 5일이요, 1분이 2시간에 해당한다. 대운의 단수端數는 바로 이러한 계산법에 의해서 산출된다. 대운은 출생일에서 절기까지의 일수를 따져서 3으로 나누는데 그 3이란 3일을 1년으로 환산하는 원리에 의해서 나온 것이다. 3일이 1년이니 3으로 나눈 숫자는 바로 대운의 끝수端數가 몇 년이라는 것이 똑바로 나타난다. 가령 출생일과 절기 사이의 날짜가 16일이면 3으로 나누어서 5가 되고 1이 남는다. 이는 대운의 머릿수가 5라는 것이니 5, 15, 25, 35 식으로 다섯 살부터 대운이 진행해 5의 숫자에서 언제나 항로가 바뀌게 된다.

3으로 나누고 남은 숫자에 대해서는 흔히 일사이입—捨二入이라 해서 1은 없애고 2는 1년을 더 가산하고 있는데 이는 큰 잘못이다. 1은 4개월이니 1이 남으면 4개월을 가산해야 하고 2가 남으면 8개월을 가산하는 것이 원칙이다. 가령 일수가 16이면 3으로 나누어 5의 단수와 1의 여분이 생기고 17일간이면 5의 단수와 2의 여분이 남는데 이런 경우엔 똑같이 대운은 5로 하고 1이 남으면 5년 4개월로 하고 2가 남으면 5년 8개월로 하는 것이 올바르다.

그러니까 5년 4개월은 5가 드는 해의 5월부터 대운이 바뀌고 5년 8개월은 9월로부터 대운이 바뀌게 된다. 대운의 일수를 보면, 순운은 전진하는 것이니 출생일부터 다음 절기의 입절일까지의 일수를 따지고, 역운은 뒤로 후퇴하는 것이니 출생일부터 지나온 절기(그달 절기)의 입절일까지의 일수를 계산해 3으로 나누게 된다. 가령 2월 15일생의 사주로서 경칩이 2월 1일이고 청명이 3월 1일이며 2월이 크다면 순운은 2월 15일부터 다음 청명의 3월 1일까지의 일수 16일을 3으로 나누고 역운은 2월 1일부터 15일까지의 일수만 가지고 따지는데 이는 큰 잘못이다.

출생일에 시간이 있듯이 절기도 반드시 시간이 있다. 가령 2월 15일 未시 정3각5분 태생으로서 경칩이 2월 1일 子시 정2각10분이고 청명이 3월 1일 酉시 초초初初각10분이라면 그 계산은 다음과 같다.

〈순운〉 2월 15일 14시 50분에서 3월 1일 17시 10분까지의 일수는 16일 2시간 20분인즉 이를 3으로 나누면 5일의 단수와 1일 2시간 20분이 남는다.

1일은 4개월이요, 2시간은 10일이며 20분은 40시간이니 대운은 5의 숫자가 드는 해의 5월 입절일로부터 11일 16시가 지난 시각부터 바뀐다.

〈역운〉 2월1일 0시 40분부터 2월 15일 4시 50분까지 일수는 14일 14시 10분인즉 이를 3으로 나누면 4의 단수와 2일 14시 10분이 남는다. 이를 날짜로 환산하면 2일은 8개월이요 14시간은 70일이며 10분은 20시간이니 대운은 4의 숫자가 드는 해의 11월 입절후 10일 20시부터 바뀌게 된다.

이와 같이 대운은 어느 해부터가 아니고 어느 해 어느 달 어느 시각부터 바뀌게 되는 구체적인 이정표로서 시각까지 계산하는 것이 원칙이다. 물론 감정하는 데 있어서 이런 식으로 따지기란 여간 어려운 것이 아니며 일수만 따지는 것이 그 상례임을 모르는 바는 아니다. 가급적이면 원리 원칙으로 하는 것이 바람직하다.

(2) 왕쇠강약旺衰强弱

사주는 육신이요 차체車體다. 차가 튼튼해야 짐을 싣고 재물을 생산할 수 있다. 그러나 차만 튼튼하고 화물이 없으면 쓸모가 없고 일거리가 없으니 가난하다. 그래서 사주는 차체(日主)의 강약과 화물(財星)의 많고 적음으로써 운명의 길흉을 저울질한다. 차가 튼튼하고 화물이 많으면 평생 돈을 벌고 부자가 될 수 있지만 차가 튼튼하고 짐이 없거나 화물은 태산 같은데 차가 약하거나 고장이 생겼으면 돈벌이가 힘들 듯 가난을 벗어날 수 없다.

왕쇠강약은 비단 일주뿐이 아니고 재물과 관성官星, 식신, 상관, 인성印星, 비견, 겁재 등 육신 전체의 중량과 능력을 저울질하는 기본적 심사다. 그 심사원칙은 일간이나 육신 모두가 동일하므로 여기서는 왕쇠강약의 원칙을 주로 다루기로 한다.

1) 왕旺

왕은 글자 그대로 왕자다. 이 세상에서 가장 위대하고 강한 것이 왕이듯 힘의 비중에서 가장 큰 강자를 왕이라고 한다. 왕은 십이운성 중 가장 성숙하고 강대한 별인 건록建祿과 제왕帝旺을 말한다.

甲乙일생의 寅卯와 丙丁일생의 巳午, 庚辛일생의 申酉와 壬癸일생의 亥子가 바로 건록 제왕으로서 왕에 해당한다. 이는 모두가 절기를 기준으로 때를 만난 것을 말한다. 그래서 戊己土는 辰戌丑未월의 정기를 왕으로 삼는다. 왕은 자기 철을 만난 전성기로서 힘이 넘치고 절정에 이른 무적의 왕자요, 천하장사다. 누구도 왕관 앞에 대항할 수 없듯이 왕기旺氣를 이길 힘은 없다.

왕관은 권력을 잡고 있듯이 왕자는 천하대권을 잡고 있다. 그래서 보통 십이운성의 몇 배의 강대한 힘을 지니고 있다. 이와 같이 월지에서 건록 제왕을 얻은 것을 득령得令이라 하고 득시得時 득절得節 득권得權이라고 한다.

득령은 왕기를 타고난 것으로서 일주主身가 득령하면 신왕身旺이라 하고 식신상관이 득령하면 식신왕 상관왕이라 하며 인수가 득령하면 인왕印旺하고 비견, 겁재가 득령하면 비겁왕比劫旺이라고 한다. 왕기를 타고난 육신은 사주상 가장 큰 힘을 타고난 왕초로서 가장 큰 비중을 가지고 있다. 가령 신왕이면 군주가 천하장사요 재왕하면 재물의 비중이 가장 크며 관왕하면 관성의 기운이 가장 왕성하다.

사주는 힘의 건축으로서 힘이 강한 자가 주도권을 잡고 관이 왕하면 관성이 주도권을 잡는다.

2) 쇠衰

쇠는 기운이 쇠퇴해 무력해진 것으로서 십이운성의 절絶과 태胎에 해당한다. 寅卯월생의 庚辛金을 비롯해 巳午월생의 壬癸水 申酉월 생의 甲乙木 亥子월 생의 丙丁火와 戊己土가 바로 절태라는 가장 허약한 기운을 타고난 쇠자다.

쇠는 절기를 잃은 실령失令자로서 아무런 능력도 없으며 자립할 수 없어 남에게 의지한다. '긴 병에 효자 없다'고 늙고 병든 사람을 오래 돌봐줄 사람은 없다. 그래서 실령한 쇠자는 무엇이든지 오래가거나 시종일관 하기가 어렵고 변화가 무쌍하다.

인생으로는 실격한 낙제이니 어디가나 주도권을 잡거나 자립할 수가 없다. 쇠는 무능력한 상태로서 일주가 쇠하면 군주가 무능력하고 재가 쇠하면 재력이 무기력하며 관성이 쇠하면 관이 무기력하고 식신상관이 쇠하면 식신상관이 무기력하다.

왕성한 왕기는 넘치는 힘을 쓸 수 있는 식신상관 재성 관성을 찾고 또 기뻐하는 데 반해 무기력한 쇠자는 무능력한 자신을 생부生扶하고 돌봐줄 수 있는 인성印星과 비견겁재를 찾고 또 기뻐한다.

3) 강强

허약한 사람이 보약을 먹으면 원기를 회복하고 왕성해지듯이 고독한 사람이 형제와 친구의 도움으로 무리를 만들면 거대한 세력으로 바뀐다. 작은 나무가 크면 아름드리 거목이 되고 작은 가지도 여러 개로 묶으면 꺾지 못하듯이 노쇠하고 허약한 쇠가 보약인 인수와 동기간이자 친구인 비견겁재를 많이 보면 강자로 변한다.

이와 같이 쇠가 인수와 비견겁재를 많이 보고 그 지원을 얻어 크게 성장하고 발전한 것을 강이라고 한다. 왕은 그 스스로가 왕성해 왕자로 군림하는 데 반해, 강은 그 자체론 허약하나 남의 지원을 얻어 강자로 둔갑한 것이니 평생을 남에 의지해서 살고 출세하고 발전한다. 때문에 독자적으로 자립하거나 독선으로 자립하거나 독선이나 독단적인 행동을 하면 하루아침에 거세돼 무기력한 쇠자로 환원하니 자기 주장이나 고집은 금물이다.

4) 약弱

쇠가 지원을 받아서 강으로 변하듯이 왕자가 짐이 너무 무거워서 감당하지 못해 허약해진 것을 약이라고 한다. 천하장사도 적이 너무 많으면 중과부적이라고 비록 왕기를 타고난 군주도 식신상관의 설기가 심하고 재관의 부담이 크면 감당할 수 없으므로 굽어지고 지쳐 쓰러진다. 이와같이 설기가 극히 지나쳐서 지쳐 쓰러진 상태를 약이라고 한다. 과로 때문에 병들어 늙게 된 것이니 보약의 인수와 지원하는 비견겁재가 아쉽다.

인수와 비견겁재를 보면 다시 원기를 회복해 왕으로 군림하지만 재관이나 식신상관을 만나서 짐을 더욱 증가시키면 재기 불능으로 패망한다. 이러한 약자는 무엇이든 욕심을 버리고 분수를 지키는 것이 운명을 개척하고 성공하는 열쇠이며 지나친 욕망을 부리면 평생 함정에서 몸부림치고 허덕일 뿐이다.

이상의 왕쇠강약을 실례로 살펴보기로 하자.

제6장

육신六神론

하늘과 부모를 원망하지 말자! 태어난 인생에 감사하자!

모든 것은 내가 맘먹고, 행동하기에 달렸다.

자기의 사주에는 부모, 처자와 남편, 스승, 형제, 친구,

상관과 부하의 모든 인간관계가 예시돼 있다.

참으로 놀라운 인간관계의 비밀이 예시돼 있다.

뿐만 아니라, 큰 부자가 되고, 출세하는 정도도 알 수 있으며,

오장육부의 건강까지도 알 수 있으니 정말 오묘하고

신비로운 비밀 학문이 사주명리학이다.

문제는 자신이다. 어떻게 관계를 맺고 잘 적응하고,

미리 대응하느냐가 자기의 운명을 결정짓는 것이다.

사주는 일주를 가장家長이자 주군主君으로 삼고 나머지 삼간사지三干四支
는 주인에 딸린 신하로 삼는다. 그 신하 중에는 출생과 양육을 담당한 부
모를 비롯해서 같은 혈육인 형제자매 그리고 가정을 담당한 배우자와 육
친관계가 있다. 이러한 인간관계를 육신六神이라고 한다. 육신은 비단 인
간관계뿐 아니라 사회적인 지위와 명예를 비롯해서 생활하는 의식주와
재산 그리고 지식과 기술과 권리와 의무 등 다채로운 대외관계를 간직하
고 있다.

　부모 덕이 있느냐 처자의 인연이 두터우냐 하는 육친관계를 모두가 육
신으로서 판단하듯이 재물財物이 얼마나 있고 벼슬길이 어느 정도이며
봉직자인가? 장사꾼인가? 기업인인가? 기술자인가? 대재벌인가? 대학자
인가? 대정치가인가? 착한 사람인가? 거짓말하는 협잡꾼인가? 등도 육
신으로 감별한다. 그와 같이 육신은 운명을 세분화하고 구체화하는 명분
이자 칭호로서 실제 감정은 모두가 육신에 의해서 결정되고 요리된다.

　이제 그 내막을 구체적으로 살펴보기로 하자.

육친계보 六親系譜　　其 一

(男命)

주체 (남자) ── 甲日生

天干	十神	六親
庚	偏官(七殺)	아들, 外祖父, 妻祖母, 孫女婿
壬	偏印	庶母, 祖父, 증손자
甲	比肩	親兄弟
丙	食神	丈母, 사위, 孫子
戊	偏財	丈父, 小妾, 증조부
辛	正官	딸, 증조모, 孫子婦
癸	正印(인수)	生母, 丈人, 증손녀
乙	劫財	異腹兄弟, 子婦
丁	傷官	祖母, 孫女, 外祖父
己	正財	正妻

육친계보 六親系譜　　其 二

(女命)

庚　정부 情夫(연인)　서모 庶母

壬　편관 偏官(七殺)　婿(사위)　편인 偏印

대상
(여자)

甲日生

甲　친형제 親兄弟　비견 比肩　아들　식신 食神

丙

戊　시모 媼母(시어머니)　편재 偏財　父

辛　정관 正官　정부 正夫　자부 子婦

癸　正印(인수)　生母

乙　겁재 劫財　시부 媼父(시아버지)

丁　상관 傷官　딸

己　正財

육친관계는 여성본위로 하기 때문에 부父는 모母를 위주로 하고 자녀子女는 처妻를 위주로 한다. 가령 甲일생은 癸가 정인正印이요 생모生母이며 모母의 모母의 정관正官이 부父로서 癸의 정관인 戊가 부성父星이 된다.

戊는 甲의 편재偏材로서 처妻에 해당하니 부父와 처妻를 동격同格으로 하는 모순을 자아내고 있다. 자녀 또한 처의 몸에서 출생했다고 해서 정재正財에서 발생한 정관正官과 편관偏官을 자성子星으로 삼는다. 가령 甲일생은 己土가 정재이고 처이면 己土에서 출생한 庚辛金을 아들 딸로 삼는데 己土의 입장에선 식신상관食神傷官이 되지만 부군夫君인 甲일주主로선 정관과 편관에 해당한다.

관官은 최고의 조부격祖父格인데 자녀와 조부를 동격으로 한 것은 부와 처를 동격시함과 똑같은 윤리적 큰 모순이라 하겠다. 이에 대해서 중국 향항香港의 명리가 장천리章千里씨는 부는 모와 같이 인성印星으로 삼고 자녀는 처와 같이 식신상관으로 삼을 것을 주장하고 있지만 사실은 통용되기가 어렵다. 통변상 오차가 많기 때문이다. 신사주에서는 부성父星을 관官으로 통용하고 있는 동시에 자녀 또한 관성官星으로 삼고 있다.

관官은 보호자인데 부는 어려서의 보호자요 자녀는 늙어서의 봉양자인 것이다. 이에 대한 구체적인 실증은 뒤에서 자세히 논하겠다. 이와 같이 육친계보는 순전히 여성을 위주로 했기 때문에 조부는 조모를, 조부는 증조모를, 장인은 장모를 위주로 따진다. 가령 甲일생이면 부가 戊土이니 조모는 戊의 인수인 丁火에 해당하고 조부는 丁火의 관성인 壬水에 해당하듯이 장모는 정재正財己土의 인印수인 丙火(식신食神)에 해당하고 장인은 丙火의 정관인 癸水(印수)에 해당한다. 외조모는 모성인 癸水의 인성印星庚金(편관)에 해당하고 외조부는 庚의 정관인 丁火(상관)에 해당한다.

정正과 편偏

육신은 음양의 배합으로써 정正과 편偏을 분별한다.

일주日主와 육신이 음양이 되면 음양의 배합이 바르다 해서 정正이라 하고 반대로 음과 음이거나 양과 양이 되면 음양이 한 쪽으로 편중偏重됐다 해서 편偏이라 한다. 가령 甲일생이면 양일주이니 癸나 辛 또는 己와는 양이 음과 배합됨으로써 정인正印 정관正官 정재正財가 되고 壬이나 庚 또는 戊는 양이 양을 보니 편중됨으로써 편인偏印 편관偏官 편재偏財라고 한다. 정은 음양이 중화中和되니 유정有情하고 성실하며 편은 음양이 실화失和되니 무정無情하고 실의失意한다.

비견比肩

일간日干과 똑같은 육신을 비견比肩이라고 한다.

甲이 甲을 乙이 乙을 丙이 丙을 丁이 丁을 戊가 戊를 己가 己를 庚이 庚을 辛이 辛을 壬이 壬을 癸가 癸를 보면 비견이라고 한다. 같은 혈육인 형제의 별이라고 한다.

겁재劫財

일간日干과 오행은 같으나 성性이 다르다.

甲이 乙을 乙이 甲을 丙이 丁을 丁이 丙을 戊가 己를 己가 戊를 庚이 辛을 辛이 庚을 壬이 癸를 癸가 壬을 보는 것을 겁재라고 한다. 혈육이지만 성이 다르니 자매와 이복형제의 별이다.

식신食神

일간日干에서 생하는 별인데 일주日主와 동성인 육신으로서 甲이 丙을
乙이 丁을 丙이 戊를 丁이 己를 戊가 庚을 己가 辛을 庚이 壬을 辛이 癸
를 壬이 甲을 癸가 乙을 보면 식신이라고 한다.

상관傷官

일주에서 생하되 일주日主의 이성異性인 육신으로서 甲이 丁을 乙이 丙
을 丙이 己를 丁이 戊를 戊가 辛을 己가 庚을 庚이 癸를 辛이 壬을 壬이
乙을 癸가 甲을 보면 상관이라고 한다.

정재正財

일주가 극하되 음양이 배합되는 육신으로서 甲이 己를 乙이 戊를 丙이
辛을 丁이 庚을 戊가 癸를 己가 壬을 庚이 乙을 辛이 甲을 壬이 丁을 癸
가 丙을 보면 정재라고 한다.

편재偏財

일간日干이 극하는 음양이 편중偏重되는 육신으로서 甲이 戊를 乙이 己
를 丙이 庚을 丁이 辛을 戊가 壬을 己가 癸를 庚이 甲을 辛이 乙을 壬이
丙을 癸가 丁을 보면 편재라고 한다.

정관正官

일간日干이 극하되 음양이 배합된 유정有情한 육신으로서 甲이 辛을 乙
이 庚을 丙이 癸를 丁이 壬을 戊가 乙을 己가 甲을 庚이 丁을 辛이 丙을
壬이 己를 癸가 戊를 보면 정관이라고 한다.

편관偏官

일간日干이 극하되 음양이 편중돼 무정한 육신으로서 甲이 庚을 乙이 辛을 丙이 壬을 丁이 癸를 戊가 甲을 己가 乙을 庚이 丙을 辛이 丁을 壬이 戊를 癸가 己를 보면 편관이라 한다.

정인正印(인수)

일간日干을 생해 주되 음양이 배합된 다정한 육신으로서 甲이 癸를 乙이 壬을 丙이 乙을 丁이 甲을 戊가 丁을 己가 丙을 庚이 己를 辛이 戊를 壬이 辛을 癸가 庚을 보면 인수印綬라고 한다.

편인偏印

일간日干을 생하되 음양이 편중된 무정한 육신으로서 甲이 壬을 乙이 癸를 丙이 甲을 丁이 乙을 戊가 丙을 己가 丁을 庚이 戊를 辛이 己를 壬이 庚을 癸가 辛을 보면 편인이라고 한다.

나를 생해 주는 육신을 인수 편인이라고 하고 내가 생하는 아생자我生者를 식신상관이라고 하며 내가 지배하고 다스리는 아극자我剋者를 재라고 하고 나를 지배하고 통치하는 극아자剋我者를 정관 편관이라고 하며 똑같은 비아자比我者(比和者)를 비견겁재比肩劫財라고 한다.

나를 생해 주는 자와 극하는 자는 나의 부모요 통치자이니 섬기는 윗사람이요 나를 생해 주는 자와 극하는 자는 내가 낳고 기르며 다스리는 자이니 나를 공경하는 아랫사람들이다.

어느 것이 좋고 나쁜가는 배합과 경우에 따라서 다르거니와 이제 육신의 성정性情과 변화하는 통변의 이치를 구체적이고 철저히 살펴보기로 하자.

1. 비견론比肩論

사주상 일간日干은 주군이자 주군의 성명姓名이다. 甲이 甲을 보는 것을 비견이라고 하는데 이는 주군이 주군을 보는 것과 같다. 한 집에 주인이 여럿이면 권리다툼이 생기고 형제가 싸우니 집안이 시끄럽다.

주군은 주권을 독점하고 권리행사를 독단적으로 행하기 위해서 머리를 짜내지만 비견은 하나에서 열에 이르기까지 사사건건 간섭하고 참여하니 참고 견딜 수가 없다. 차라리 집을 내주고 자기 혼자서 독립하려는 의욕이 강하게 작용하지만 사주에 타고난 비견은 어디를 가도 따라오기 마련이니 독립하기는 어렵다.

신경질이 생기고 독선과 독단성이 늘다 보니 대인관계는 점차 멀어져 간다. 세상 사람이 모두가 귀찮고 괴로우며 해를 주어 야속해질 따름이다. 그래서 형제와 친구 사이에도 정이 붙기가 힘들고 어렵다.

신약자는 비견이 희신喜神이다. 그렇다고 비견이 전혀 불리하고 손해 보고 흉신작용을 하는 것은 아니다. 신왕자는 능히 자립할 수 있는 왕성한 기운과 능력이 있으므로 가장의 노릇을 충분히 할 수 있고 또 하나의 주인이 있을 필요가 없는 데 반해 신약자는 혼자서 가정을 운영하고 관리할 능력이 없으므로 자기를 대신해서 자기와 같이 가정을 이끌어 줄 대리가장이 필요하다. 그 대리가장은 어느 모로 보나 진짜 가장과 똑같아야 하니 그것이 이름도 얼굴도 똑같은 비견이다.

이러한 신약자가 비견을 만나면 그 비견의 힘과 지원으로써 허물어져 가는 가정을 바로잡고 건전하게 운영될 수 있다. 어찌 그 비견을 싫어하고 배격하고 권리다툼을 하겠는가?

신왕자는 비견이 쓸모없는 식객이요 눈의 가시같은 거머리로서 사람을 싫어하고 독선적이기 때문에 주위 사람들 또한 자기를 싫어하는 데 반해 신약자는 원래가 사람을 신임하고 기뻐하며 반기는 호인인지라 누구나가 자기를 좋아하고 어딜 가나 사람이 따른다.

호인이기 때문에 친구가 많고 친구들이 힘써 도우며 어려운 일이 있으면 뭇 사람이 합심협력해서 무난히 해결해 준다. 그래서 신약자는 일생을 사람의 덕으로 살고 출세한다. 신왕자는 인인패사因人敗事하는 데 반해 신약자는 인인성사因人成事한다. 물론 이는 재財가 많거나 관官이 많아서 비견이 필요한 경우의 이야기로서 동업을 하거나 주식을 투자하면 크나큰 성공을 하고 거부巨富가 될 수 있다.

이와 같이 비견은 두 가지의 길흉작용을 한다. 이를 신왕·신약자로 나누어 해설하면, 다음과 같다.

甲. 신왕자(비견이 흉신임)

- 년상年上에 비견이 있으면 아버지의 덕이 약하고 일찍이 생리 사별하며 아버지 대신 가장 노릇을 한다.
- 월상月上에 비견이 있으면 형제 덕이 없고 형제 때문에 고생이 많다.
- 일지日支에 비견이 있으면 배우자가 덕이 없고 배우자 때문에 고생이 많거나 생리 사별한다.
- 시간時干에 비견이 있으면 자녀 덕이 없고 자녀 때문에 고생이 많다. 외부에서 나를 해치는 경쟁자가 많고 간섭하고 중상모략하는 자가 나타난다.
- 여자는 월月에 비견이 있으면 집안에서 남편을 반분半分하는 여인이 나타나고 시時에 있으면 울 밖에서 남편을 반분하는 여인이 생긴다. 여자로서 남편을 독점할 수 없으니 가장 큰 불행이다.

乙. 신약자(비견이 길신임)

* 년상에 비견이 있으면 아버지의 덕이 크고 월상에 있으면 형제의 덕이 크며 일지에 있으면 배우자의 덕이 크고 시時에 있으면 자식 덕이 크다.

〈예 1〉

丁卯(乙)	乙木이 득령해 신왕한테 년年 월지月支에 비견
癸卯(乙)	이 있으니 부모형제와의 인연이 박하고 자수
乙巳	성가한다. 친구와 동기간 때문에 평생에 산재
癸未	散財가 많았다.

〈예 2〉

甲戌	가을태생이니 신약身弱하다. 재가 월지月支에
甲戌	득령했으니 재왕財旺하고 신약하다. 농토는 동
甲子	서남북에 수만정보이고 신약한데 같은 비견이
戊辰	협력해서 경작하니 대성하다. 친구와 동기간
	의 힘으로 대부大富하고 대귀大貴하다.

2. 겁재론劫財論

비견이 일주와 동행동성同行同姓인 데 반해 겁재는 일주와 동행이성同行異性이다. 아버지는 같은데 어머니가 다르니 이복형제와 같다. 서로 정이 없고 비견처럼 재물을 반분半分하는 것이 아니고 송두리째 겁탈함으로써 겁재라 한 것이다.

돈을 벌면 써 보지도 못하고 그대로 빼앗기니 돈 벌 의욕이 없고 차라리 자기가 마음껏 쓰고 싶은 충동이 일어남으로써 자연히 저축심이나 절약성이 없어지고 있는 대로 써 버리는 낭비성과 자기도 남의 재물을 겁탈하는 투자성과 대담성이 싹튼다.

돈이 생기면 물쓰듯 쓰고 돈이 없으면 투기나 노름 등 일확천금을 노리며 밀수같은 위험한 돈벌이를 태연히 한다. 돈이 있으면 아내를 비롯해서 친구들에게 아낌없이 쓰고는 돈이 떨어지면 아내를 비롯해서 친구에게 돈을 강요하거나 난폭해진다.

육신상으로는 겁재는 정재를 충해서 못쓰게 만들고 겁탈한다.

가령 甲일생은 己土가 정재이고 乙木이 겁재이니 乙木은 己土의 칠살로서 己土를 극하고 겁탈하니 甲의 정재는 만신창이가 돼서 무용지물이 된다.

그와 같이 겁재가 있으면 재물이 흩어지고 아무리 몸부림쳐도 돈을 모을 수가 없는 동시에 처妻 덕이 없고 처가 약해지면 해로하기가 어렵다.

돈을 저축하려면 겁재를 다스리는 관살官殺에 의지해야 하는데 이는 자녀성으로서 여자 앞으로 성재成財하거나 주식으로 바꾸면 겁재가 작용하지 못하니 약탈을 면할 수가 있다.

그러나 비견의 경우와 같이 신약하고 관다官多하거나 재다자財多者는 도리어 겁재가 아쉽고 공이 크므로 겁재를 두려워하거나 싫어하지 않는다. 오히려 겁재로써 재와 관을 유지하고 관리할 수 있으니 친구와 동기간 때문에 성공하고 성재하며 투기와 개척사업으로 큰 돈을 벌 수 있다.

특히 시상에 겁재가 있으면 의외의 지원자가 나타나서 횡재를 하게 되고 이성의 총애로 지원을 받기도 한다. 겁재의 길흉별 감정은 비견과 대동소이하다.

다만 사교성이 넓고 만사에 결단성이 있으며 대담해서 의외의 성공을 할 수 있는 것이 특이한 점이다.

〈예 1〉

乙卯	하생夏生壬水가 실령失令을 해서 신약한데 년年과
癸未	시時에 상관傷官이 나타나서 설기하니 감당할 수
壬子	없는 터에 월상月上 겁재가 지원하니 도리어 생기
乙巳	를 내고 흉신인 상관이 희신으로 바뀌었다.

〈예 2〉

癸亥	동생冬生壬水가 신왕身旺해 시상時上 乙木으로 설
癸亥	기하는 터에 년월年月에 겁재가 나타나서 홍수를
壬申	이루고 부수浮水가 되니 파란만장하고 재난災亂이
乙巳	속출했다.

3. 식신론食神論

나무에서 꽃이 피듯 자기 재능을 외부로 나타내는 정화精華가 식신이다. 자동차가 움직이고 실업자가 취직하며 어부가 어장을 얻는 것은 모두가 자기재능을 발휘할 수 있는 기회요 소원을 이루는 호기다. 어장을 얻은 어부나 농장을 장만한 농부 그리고 취업한 봉직자는 재물을 생산해 의식주가 풍족하듯이, 식신은 재물을 기계적으로 생산함으로써 의식衣食

이 풍부하다.

甲일생日生은 己土가 정재正財이고 丙火가 식신인데 丙火는 己土의 정인正印에 해당한다. 정재正財를 다정하게 생산하고 보호하는 친어머니가 식신이니 재물이 젖꼭지에서 나오는 꿀처럼 쉴 새 없이 생산되고 늘어 갈 것은 자명한 일이다. 어려서는 젖이 흔하고 자라서는 의식과 직장이 보장되고 활동할 기회와 무대가 뜻과 같으니 평생 먹고사는 걱정이 없다.

살이 찌고 마음이 너그러우며 인정이 많고 원만하니 누구에게나 호인으로 통하고 낙천가로서 불평이나 불만을 모른다. 현실에 만족하니 보수적이고 개혁을 원하지 않으며 자기개성이 뚜렷하지 않고 투지력이 부족하다. 그렇다고 식신이 덮어 놓고 좋은 별은 아니다. 신왕자身旺者는 활동을 기뻐하는 데 반해 병든 신약자身弱者는 활동을 싫어한다. 움직여서는 안 될 환자가 움직이면 힘이 빠지게 되고 병이 더욱 악화되듯이 신약자는 식신을 기신忌神으로 삼는다. 무리한 활동이 의외의 부작용을 가져오듯이 신약자가 식신을 보면 무리한 출혈이 불가피하다. 투자하고 노력한 것이 모두가 허사가 되고 도리어 손실과 재난을 초래한다. 같은 식신이면서 길과 흉으로 바뀌는 역의 진리도 있으며 운명의 묘미도 있다.

식신은 재財를 만들어 내는 생산공장으로서 여러 개 있으면 실패를 암시한다. 샘을 파도 한 샘을 파라고 식신은 하나여야 한다. 샘이 여러 개 있는 것은 물이 나오지 않는 빈 샘이니 애만 쓰고 공이 없다는 암시다. 그와 같이 식신이 두 개 이상이면 부모 덕이 없고 형제 덕도 없으며 남편과 처자 덕도 없다.

부모 덕이 없으니 일찌기 자립활동하고 총명한 데 반해 만사가 뜻대로 되는 것이 없고 일찍 조숙한 만큼 일찍 조로하기 마련이다. 그것은 식신의 별이 변질한 것이니 육신상으로도 상관傷官으로 취급한다.

식신은 사람의 젖꼭지이니 계모인 편인偏印을 가장 두려워한다. 계모는 자식에게 냉정하고 학대하듯이 편인을 보면 식신은 만신창이가 되고 사르르 녹아 없어진다. 젖꼭지가 망가지고 밥그릇이 뒤엎어지는 것이다. 그래서 식신이 편인을 보면 도식倒食이라고 한다. 직장이 떨어지고 뜻밖의 사고가 나는 등 큰 불행을 겪는다.

만일 사주에 편인과 식신이 나란히 나타나 있으면 평생 의식이 부족하고 무엇을 하든 호사다마 격으로 문제가 생기며 하는 일이 끊어지고 실패와 변동이 심하고 고생이 많다. 그러니까 식신을 가진 사람은 10년에 한 번씩 편인을 만나니 10년마다 불행이 찾아든다. 편인이 있는 사람도 10년에 한 번씩 식신을 만나니 똑같은 결과를 겪는다.

식신이 년상年上에 있으면 부모로부터 상속을 받고 월상月上에 식신이 있으면 형제간의 도움이 크며 시상時上에 있으면 자식의 효도가 크다. 그러나 신약자의 경우는 그와 정반대로 아무런 도움을 받을 수 없다. 가령 년상年上에 있으면 아버지 덕이 없고 월상月上에 있으면 형제 덕이 없으며 시상時上에 있으면 자녀 덕이 없음을 암시한다. 여자는 식신이 자식의 별이라서, 식신이 있으면 자녀가 있고 그 덕이 많음을 암시한다.

〈예 1〉

乙未　　　신강자身强者로서 년상年上에 식신이 있으니
丁卯(乙)　부모는 잘 살고 상속을 받으나 월상月上에 비견
丁卯(乙)　이 있으니 반분하고 月支에 편인이 있으니 중년
辛丑　　　에 도식倒食으로 파산했다.

170

〈예 2〉

癸丑　　신왕身旺하고 인수와 겁재가 있으니 대왕大旺한
乙卯　　터에 식신이 있으니 꽃이 만발하듯 재능을 아낌
甲子　　없이 발휘하고 부귀가 함께했다.
丙寅

4. 상관론傷官論

상관은 정재正財의 편인偏印이 된다. 가령 甲일생은 己土가 정재正財인데 상관傷官인 丁火는 己土의 편인 계모에 해당한다. 편인을 보면 식신食神이 만신창이가 되고 밥그릇이 깨지는 도식倒食이 되니 재산이 생산될 수 없다. 노력을 해도 공이 없으니 머리를 쓰고 보다 더 공을 들이지만 결과는 역시 도식이다. 머리를 너무 쓰다 보니 두뇌는 최고로 개발돼서 총명하고 신경과민이며 날카롭기가 칼날 같다.

그러나 식신은 재산을 샘물처럼 생산하는 데 반해 상관은 아무리 발버둥쳐도 물이 나오지 않고 의식衣食이 부족하니 불평과 불만이 가득 차고 누구와도 따지고 시비를 가리고자 한다. 같은 운전기사라 해도 식신이 있는 사람은 고객이 요금을 두말없이 지불하는 데 반해 상관이 있는 운전기사는 고객이 지갑을 잃었으니 옷을 잘못 바꿔 입고 왔느니 무엇인가 이유를 붙여서 요금을 주지 않으니 어찌 경우를 따지지 않을 수 있는가? 그러나 상대방은 너무 야박하다고 상관자傷官者를 싫어하고 멀리하려 든다 해도 여러 번 번번이 실패하고 일한 대가를 받지 못함에 따라서 상관자는 이 세상을 비판하기에 여념이 없다.

반항과 반발심 그리고 욕구 불만에 가득 찬 날카로운 머리를 가지고 무엇이든 사사건건 개입해서 시시비비를 따지고 가리려 한다. 남의 일에 뛰어들어서 간섭하고 비판하기를 서슴지 않는 반면에 남이 자기를 간섭하고 비판하면 단호히 대항하고 반격하며 용납지 않는다. 관용성이나 이해성이 없고 자기본위로 우월함이 대단하며 거만하고 냉정하다. 아무리 윗사람이라 해도 옳지 않은 것은 따지고 비판하기 때문에 어디 가나 성격상 불화가 생기고 미움을 사며 고독하다. 자기고집이 대단하고 자립적이며 자유롭고 자활自活하는 철저한 개인주의자로서 일절의 간섭과 지배를 거부하고 독자적인 행동을 취한다.

그러나 무엇을 하든 머리는 좋고 활동력이 왕성하나 소득과 결실이 부족함으로써 불평과 불만이 가슴속에 연기처럼 가득 차 있다. 예술계나 발명계 그리고 기술계나 의술, 역술 또는 문학과 학술계에서 크게 재능을 발휘할 수 있고 시비와 흑백을 가리는 경찰, 헌병, 특무대, 검사, 판사, 형사, 신문기자 등으로도 명성을 날릴 수 있다.

윗사람을 극하니 부모 덕이 없고 형제와도 인연이 박하며 냉정한 성격인지라 자녀와도 정이 박하다. 상관은 재산이 부실한 데서 불행하고 반항하는 것이니 재산이 있으면 전혀 다른 사람이 된다. 가령 상관과 재산이 있으면 재산을 얼마든지 생산할 수 있으므로 상관무재傷官無財처럼 불평하고 비판하고 반항할 이유가 전혀 없다. 오로지 돈 버는 데만 정신을 기울이고 열심히 활동함으로써 거대한 부를 생산한다. 머리가 비범한지라 뛰어난 기술로써 큰 돈을 마련하고 안전하게 발전시킬 수 있다.

돈을 자유로이 벌고 치부를 했는데 불만이 있고 다툼을 즐길 리는 없다. 가난하기 때문에 싸움이 생기고 불만이 있는 것이다.

그와 같이 상관의 특색은 상관만 있고 재산이 없는 상관무재의 사주에서 두드러지게 나타난다. 상관은 정신의 별로서 총명이 자본이니 독자적으로 출세하는 길은 지능을 최고도로 승화시키는 기술 분야에서 진면목을 나타낼 수 있다. 그러나 어떠한 기술이든 소득과 결실은 야박하고 부족하다. 그래서 상관자는 한 가지 기술로는 만족하지 않고 여러 가지 기술을 배운다. 열두 가지 재간을 가지고도 가난하다는 것은 바로 상관의 별을 두고 하는 말이다.

상관은 뛰어난 재능을 가지고 있으나 버릇이 없고 거만하며 남을 비판하고 남의 일에 참견하는 것이 크나큰 결점인데 수양에 힘쓰고 자중자숙하면 큰 인물이 될 수 있다. 아량과 관용과 침묵과 원만성을 기르는 것이 출세와 성공의 비결이다.

신왕자神旺者가 상관이 있으면 성장한 나뭇가지에서 꽃이 피니 멋진 재능을 발휘하지만 신약자神弱者가 상관을 보면 병든 환자가 뜀박질을 하는 것처럼 감당하지 못할 일을 무리하게 고집하고 추진하다가 크게 실패하기 마련이다.

머리가 날카롭고 신경질이 대단하며 오기나 고집이 지나쳐서 모가 나고 사람을 해치는 일이 심하다. 신왕자는 상관을 기뻐하고 도리어 크게 발전하는 데 반해 신약자는 상관을 싫어하니 평지풍파를 일으킨다.

이를 길흉 두 가지로 나누어 살펴보기로 하자.

상관傷官이 길신吉神인 경우

- 년年에 있으면 아버지 덕이 있고 일찍 성숙한다.
- 월月에 있으면 형제 덕이 있고 총명하고 유능한 인재로서 출세한다.
- 일지日支에 있으면 배우자의 덕이 있고 만사에 능하다.
- 시時에 있으면 사회적인 활동력이 크고 자녀가 재능이 있고 총명하다.

상관이 흉신인 경우

- 년年에 있으면 아버지와 인연이 박하고 어려서 아버지를 여의거나 일찍 부모를 떠나야 하며 하극상한다.
- 월月에 있으면 형제가 무력하고 인연 또한 박하며 하극상 한다.
- 일지日支에 있으면 배우자의 덕이 없고 부지하며 해로하기 어렵다.
- 시時에 있으면 외부의 인기人氣가 없고 자녀가 무력하며 인연 또한 박하다.

여자의 경우

- 정관과 상관이 같이 있으면 초혼에 실패하고 부부 해로하기가 어렵다.
- 상관이 어렷이면 호색好色하고 극부剋夫함이 심하며 재혼해도 결합과 해로가 어렵다.
- 상관은 자녀의 별이니 상관이 있고 재산이 있으면 자식을 나면서부터 극부剋夫하고 멀어지며 결국엔 자녀에 의지해야 한다.
- 상관이 있고 재산이 있으면 부자父子가 모두 창영昌榮하니 도리어 부귀를 누린다. 단, 신약자는 도리어 불행하다.
- 상관이 공망이면 자녀가 무력한 반면에 극부함이 상실되니 해로할 수 있다.

남자의 경우

- 상관은 자식子息의 별인 관살官殺을 극함으로써 상관이 있으면 자녀

가 무력하다. 특히 時에 상관이 있으면 극자剋子하니 자녀의 인연이
박하다.

• 상관의 해나 대운에선 자녀 때문에 문제가 생기거나 근심과 손재損
財가 있다.

• 상관이 있는데 다시 상관을 보면 평지풍파가 발생한다. 특히 상관은
상해의 별이기도 하니 몸을 다칠 우려가 많다.

〈예 1〉

戊午	여자의 사주로서 상관이 월상月上에 나타나고 일
壬戌	지日支에 또 있다 년상年上 인성印星이 제상관制傷
辛亥	官하나 일시2辛金이 생상관生傷官하니 상관의 힘
辛卯	이 크고 극부剋夫함이 심해 두 번 결혼했으나 두
	번 다 이혼했다.

〈예 2〉

丙申	재산이 득령하고 왕성한데 몸은 약하니 재다財多
戊戌	신약身弱하다 상관이 생재生財하고 일주日主를 설
乙丑	기하니 병은 날개를 얻은 듯이 무거워지고 약이
乙卯	없다. 일찍이 조실부하고 파란만장의 신고辛苦를
	겪었다.

5. 정재론正財論

재財는 일주日主가 지배하는 물질과 인력 그리고 권리의 모든 것을 말한다. 재산을 비롯해서 처와 부하관리 등의 모든 것을 포함한다. 정재는 유정有情한 재財요 정당한 재財다. 정이 가는 재는 자기소유의 재이고, 정당한 재는 합법적으로 취득하고 등기登記한 소유물을 뜻한다. 자기 것이기 때문에 정이 가고 아끼고 가다듬는다. 성실하고 다정하며 너그럽고 유복하다. 재는 처의 별이기도 하다.

정재는 합법적으로 결혼한 정당한 자기 처로서 애지중지하고 유정하다. 돈이 넉넉하면서도 아끼고 절약하며 검소하고 힘써 근면한다. 기분이나 감정을 떠나서 현실적이고 실리적이며 경제적인 생활을 한다. 재는 굴러떨어지는 것이 아니고 땀 흘려서 인력으로 생산하는 노동의 결실이니 신왕자에겐 더없이 기쁜 별이지만 병든 신약자에 무거운 짐과 부담이 되며 채무가 된다. 그래서 신왕자는 재를 길신으로 삼고 신약자는 재를 흉신으로 삼는다.

재를 생산하는 것은 직업과 기업이다. 재가 하나면 한 가지 직업이나 기업에서 재를 생산하므로 일정한 직업 또는 기업에 종사하는 데 반해 재가 여러 개면 여러 가지 직업과 기업에서 생산하듯 직업과 기업이 여러 번 바뀐다. 따라서 재는 처를 의미함으로써 재가 천간天干에 여러 개 나타났으면 처가 하나 아닌 여러 번 바뀔 수 있음을 암시한다. 그래서 재財가 많은 것을 싫어한다. 정재는 성실하지만 수완이 부족함으로써 정당한 절차를 통한 직장생활이 적성이고 투기나 상업엔 부적당하다. 그러나 자기 재산이 있고 저축심이 대단함으로써 중년부터는 자기기업을 마련하고 생산업에 종사한다.

신왕자는 재를 능히 감당할 수 있으므로써 빨리 자립하는 데 반해 신약자는 남에게 의지할 뿐 자립이 어려우므로 평생 봉직이 적합하며 자립하면 많이 속고 실패하며 파산하고 빚에 얽매이게 된다.

정재의 길흉을 살펴보면 다음과 같다.

- 신왕하고 정재가 하나이며 식신이 있으면 대부大富가 된다. 식신은 생산공장이고 정재는 시장이니 자기공장에서 상품을 생산해 시장을 주름잡기 때문이다. 식신은 돈을 만들어 내는 생활수역이나 생산공장이라 하고 재는 이익금이므로 상품을 교역하고 소득하는 시장 또는 직장에 해당한다.

- 정재를 극헨하는 것은 비견比肩과 겁재劫財이니 정재와 겁재가 같이 있으면 평생 돈벌기가 어렵고 처와 재물이 여러 번 다친다.

- 정재는 정처의 별로서 정재가 두 세개 있으면 정처가 여럿이라는 표시이니 여러 번 결혼하거나 처가 여럿임을 암시한다. 따라서 정재는 돈을 만드는 시장 또는 직장에 해당하니 정재가 여러 개 있으면 직장이나 사업이 여러 번 바뀌거나 여러 개라는 암시다. 처나 직장이 여러 번 바뀐다는 것은 처와 직장이 신통치 않다는 실증이다. 만족한 처와 직장은 버리거나 바꾸는 법이 없기 때문이다.

- 신약하고 정재가 왕旺하면 인수와 비견겁재운에 보약과 남의 지원을 받아서 신강해지고 재를 감당하니 크게 치부한다.

- 신약하고 재財가 많으면 농토는 많은데 인력이 부족하니 집은 크고 속은 가난하듯이 부익빈 인격으로서 모든 것이 규모는 크나 능력부족으로 실패하고 유혹과 사기에 잘 걸려서 손재損財하고 파산한다. 여러 번 사기를 당하다 보니 자기도 모르게 사기성이 싹트고 욕심 때문에 도리어 실패하고 만사불성이다.

- 재는 어머니 별인 인성印星을 극하므로 재가 많거나 왕하면 모연母緣

이 박하고 일찍 어머니를 잃어버린다.

- 정재는 자기소유의 재산으로서 재산이 있고 자기자본으로 중년에 기업을 경영한다. 근면하고 성실하며 검소하나 융통성과 수완이 부족해서 금융업엔 적합치 못하다.
- 정재가 둘 이상이면 편재로 바뀌니 편재의 성정으로 관철한다. 기분과 감정이 풍부하고 융통성과 수완이 능란하다.

〈예 1〉

辛未　신약재왕身弱財旺한데 시時에 편재가 나타났으니
癸巳　병자가 무거운 짐을 지고 허덕이는 형국이다. 시
壬辰　상時上 편재가 공망이니 재복이 크게 쇠퇴하며 신
丙午　왕운엔 발복發福하나 평소엔 재물 관계로 고통이
　　　많았다.

〈예 2〉

甲寅　재는 왕旺하고 신身은 약한데 관官이 나타나서 감
丁卯　당하기 어렵다. 재물상 고통이 많고 재물을 벌면
庚午　몸이 더욱 허약해서 병이 드니 재물로 인한 화가
乙酉　적지 않고 재운財運엔 좌불안석이다.

6. 편재론偏財論

정正은 유정하지만 편偏은 무정하다. 무정한 재와 처란 무엇인가? 자기 소유는 정이 가고 아끼지만 남의 것은 정이 가지 않는다. 그와 같이 편재는 자기소유가 아닌 남의 것이다. 시장의 돈과 여인을 이익금을 분배하는 조건으로서 융통하고 이용하는 것이다. 은행돈이나 사채를 빌려서 사업을 하고 마음에 맞는 여인과 동거생활 또는 아내로 맞이하는 것이다.

남의 돈을 빌려 쓰는 데는 수완이 있어야 하고 이자를 잘 지불해야 한다. 그래서 편재가 있으면 사교성이 능하고 수완이 비범해 신용을 잘 지킨다. 비록 빌린 돈이지만 일단 빌린 것은 자기소유요 자기재산이다. 그러나 물주는 채권자요 완전한 자기 것이 아니므로 정은 가지 않는다. 일이 잘 돼서 큰돈을 벌면 원금과 이자도 신용 있게 청산하지만 실패하면 갚을 길이 없으니 신용을 지킬 수가 없다.

신용은 하나의 금융수단이지 본심은 아니다. 망해 봤자 손해 보는 것은 물주이니 자기자본처럼 보전하려고 발버둥치지는 않는다. 모든 것은 이해타산적이고 돈 버는 수단과 방법으로 통용된다. 공돈으로 번 것은 공돈으로 치부하고 생활하기 때문에 돈이 있을 때 기분이 나는대로 쓰고 인심도 후하지만 돈이 없을 때는 인색하기 짝이 없고 구걸과 아첨을 식은 밥 먹듯 한다.

그러나 원래가 사교와 수완과 유통이 비범한지라 아무리 실패하고 궁지에 빠져도 쉽게 회전하고 만회할 수 있다. 신왕자는 편재가 있으면 평생 돈을 주무르고 치부한다. 투기와 도박 그리고 금융과 기업으로서 대부가 될 수 있다. 그러나 신약하면 무능하고 무력함으로써 편재가 도리어 부담이 되고 채무가 되면 성사되기가 어렵다. 수양하고 소상인이나 경리직으로 직장생활하는 것이 적합하다.

편재의 길흉을 살펴보기로 하자.

- 편재와 식신이 있고 신왕하면 생산 무역 금융업으로서 거부가 된다.
- 편재가 정재와 같이 있거나 편재가 여럿이면 수완이 비범하고 여러 번 직업변동을 하며 부부관계가 순탄하지 않은 동시에 언행에 진실성이 적고 거짓이 많다. 만사를 요령과 수단과 재치로써 적당히 넘기려는 비상한 수완을 가지고 있으며 신용을 저버리기 쉽다. 편재가 신용을 잃으면 고기가 물을 잃는 격이다.
- 편재는 식신을 극하는 편인을 억누름으로써 도식이 될 수 없듯이 평생 의식주가 궁지에 빠지는 경우는 드물다. 궁지에 이르면 무엇인가 머리를 써서 다시 회복하고 돌아간다.
- 여성이 편재가 있으면 시어머니와 불화하고 그 때문에 애로가 많으니 가급적 시어머니와 떨어져 사는 것이 좋다. 특히 편재운엔 시어머니와의 접근을 피해야 한다.

〈예 1〉

壬戌(戊)　년年과 일지日支에 편재가 있고 시지時支에 정
壬子　　　재가 있으니 이성 문제가 많고 직업변동이 많
甲戌(戊)　으며 일지日支에 편재가 있으므로 본처와는 이
辛未(己)　혼치 않고 다른 여자와 동거중이고 직업은 서
　　　　　너 번 변동했다.

〈예 2〉

戊辰	신약하고 신자진수국의 상관이 성국하여, 더욱
甲子	허약해짐으로써 년상인성年上印星에 의지하려는
庚寅	데 월시月時 편재가 극인剋印하니 의지할 지지가
甲申	없고 이성과 재물관계로 재난이 계속 발생하고
	화가 끊이지 않는다.

7. 정관론正官論

관官은 보호자요 관리자다. 정관正官은 유정한 보호자다. 다정하고 진심으로 아끼며 빈틈없이 보호하는 고마운 보호자이니 그것은 엄하면서도 자비하신 생부다. 어머니는 의식을 전담하는 데 반해 아버지는 수신과 훈육을 전담한다. 바르게 가르치고 길들이며 사회적으로 유능한 인재로서 품성을 닦게 하니 군자의 자질과 품위를 갖춘다.

도와 법을 존중하고 예와 분수를 지킨다. 그래서 정관이 청순(刑沖破害가 없음)하면 아버지의 덕이 높고 남자는 인격이 청고하니 유능하며 여자는 남편 덕이 두텁고 정숙하며 아버지 덕이 있다. 부모와 부夫는 하나일 뿐 둘이 있을 수 없다. 때문에 정관이 둘이 있거나 편관과 혼잡되면 부父와 부夫가 둘이 있는 형국이니 혼탁하고 무력하고 무덕함을 암시하는 동시에 중간에 바뀌고 헤어진다.

아버지가 둘이면 어머니가 두 번 결혼한 것이다. 생부가 훌륭하다면 어찌 개가를 하겠는가? 일찍 아버지를 여의거나 아버지가 무능하기 때문에 어쩔수 없이 개가한 것이다. 그와 같이 첫 남편이 훌륭하다면 어찌 재혼하겠는가? 부족하고 무능하고 부적당하기 때문에 부득이 재혼하게 된 것이다. 그러므로 정관이 대운이나 세운歲運에서 또 정관을 만나거나 편관을 만나면 크게 흉하고 불리하다. 어려서는 아버지가 보호자지만 자라서는 가르치는 선생이 관官이 되고 사회에서는 상사가 보호자인 관官이 된다. 그래서 관官이 유력(刑沖破害가 없음)하면 어려서는 아버지 덕이 있고 자라나서는 배움의 덕이 있으며 사회에서는 상사의 덕이 있고 여자는 아버지의 덕이 크다.

정관은 재財를 먹고 성장하니 재財가 있고 관官이 있으면 크게 출세하고 재財가 없고 관만 있으면 비료없는 오곡처럼 벼슬이 왕성하지 못하다. 정관을 극하는 것은 상관이니 상관이 있으면 관운은 없고 아버지 덕과 남편 덕도 없으며 상관과 정관이 나란히 있으면 일찍이 아버지를 여의고 상부喪夫한다. 벼슬을 하려면 지식이 풍부하고 체력이 건전해야 하듯이 정관은 신왕身旺해야 길하고 신약자엔 도리어 부자유한 구속이 된다.

병은 여인이 결혼하면 도리어 불안하고 병이 더해지며 무거운 부담을 갖게 되고 근심과 걱정이 태산인 동시에 남편이 외면하고 무정해지듯이 신약자는 관을 감당하기 어려울 뿐더러 고생을 더하게 되니 흉신이 된다.

정관의 길흉을 좀 더 살펴보면 다음과 같다.

- 신왕하고 정관과 정인正印 그리고 정재正財가 있으면 대부대귀大富大貴한다.
- 정관과 상관이 같이 있으면 만사가 허사로서 남자는 일찍 아버지를 여의고 여자는 일찍 남편을 잃으며 재운財運에 발복發福한다.
- 정관과 칠살(偏官)이 있으면 여인이 지아비와 애인을 거느리는 형국

이니 돈을 벌 수가 없고 만사가 유시무종有始無終이며 다예다능多藝多能하나 성사가 어렵다.

- 신약身弱한데 정관正官이 여럿이거나 칠살七殺이 혼잡하면 질병으로 고생하고 산재散財한다.
- 정관이 희신喜神이면 관官을 상대로 하는 업業이 좋고 재판으로 재산의 손해를 본다.
- 정관이 있고 재財가 없거나 인성印星이 없으면 상관운傷官運에 재난이 발생하고 유재有財하면 상관운에 도리어 발신發身한다.
- 관官이 관官을 보거나 칠살七殺을 보면 손재損財하고 불명예스러운 일이 있다.

〈예 1〉

壬申　　관살이 혼잡하나 인印이 상생해 일주日主를 도우
癸丑　　니 귀격이다. 인印수가 있으면 관살이 혼잡해도
丁未　　무관하다.
甲辰

〈예 2〉

癸丑　　재왕財旺 신약한데 관이 나타나서 공신(日主를 剋함)
辛酉　　하니 마치 무거운 짐을 지고 절벽을 오르듯 누란
丙子　　지위국이다. 재財 때문에 고생하고 몸이 허약해
丙申　　진다.

8. 편관론偏官論

무정無情한 보호자를 칠살七殺이라고 한다. 칠살은 일주日主를 극하는 별이니 호랑이처럼 무섭고 괴롭힌다. 정이 없는 무서운 보호자! 그것은 의부요 인격이 없는 야성적 미개인이요 냉혹한 지배자다. 미개인도 강제로 훈련시키면 병사로 기용할 수 있고 교육을 통해서 개화시키면 보좌관으로서 등용할 수 있다. 상사의 명령에 복종하는 유능한 역군에겐 주군을 섬기는 중임을 맡길 순 없지만 국토를 지키고 미개인을 계발하는 병사와 교사로는 기용할 수 있다. 이를 편관偏官이라고 한다.

칠살을 제압하는 별은 식신食神이고 칠살을 교화시키는 별은 인印수이니 칠살이 있고 식신이나 인印수가 있으면 편관이 되고 칠살을 누르고 가르치는 식신이나 인印수가 없으면 칠살이라고 한다. 식신으로 칠살을 누르고 식신제살食神制殺이라고 한다.

인성印星으로서 칠살을 교화시키는 것을 살인상생殺人相生이라고 한다. 칠살은 용맹하나 교양과 버릇이 없으니 사회적으로 쓸모가 없다. 예절과 참을성이 없고 본능적이고 야성적이어서 성정이 난폭하고 잔인하며 무법적이고 오만불손하다. 두려움이 없는 안하무인의 맹호는 살생을 서슴지 않는 위험한 인물이지만 엄격한 훈련〔食神制殺〕을 통해서 통제하고 개성을 인격화시키거나 자비로운 교육으로서 덕성을 계발〔殺人相生〕시키면 사회에 유능한 인재가 되고 간성干城이 될 수 있다.

그러나 타고난 천성이 정관正官과는 달리 괴팍하고 사나우며 호전적이므로 군자가 될 수는 없고 나라를 지키는 무관이나 자기처럼 미개한 자를 가르치는 교육자로서 적당하다. 자유롭고 용맹을 떨치는 것이 호군의 욕망이듯이 편관을 가진 사람은 천하를 휘두르는 영웅적 직업을 선택한다.

무관의 제왕으로 자부하는 신문기자를 비롯해서 천하를 호령하는 권력가, 정치가, 헌병, 특수기관, 검사, 형사 등 남을 지배하고 다스리는 직업을 기뻐하는 반면에 남이 지배하거나 간섭은 절대로 받으려 하지 않는다. 무엇을 하든 윗사람 노릇을 하려 들고 큰소리를 쳐야만 직성이 풀린다. 이러한 사나운 별을 가진 주인공은 야성적 호군虎君을 가르치고 훈련시켜 교화시키는 일과를 되풀이 하는 동안에 마침내 천하의 능변가가 된다.

그래서 칠살을 가진 사람은 어떤 무법자도 설득시킬 수 있는 능변과 호기와 박력을 가지고 있다.

자고로 영웅은 호주好酒 호색好色하고 호탕하고 칠살을 가진 사람은 주색을 즐기고 돈보다는 이름을 떨치려 들며 장부의 큰 뜻을 품는 것이 특징이다. 돈이 있으면 천하장부답게 멋지게 쓰고 자신을 나타내려고 노력한다.

그래서 칠살이 있으면 돈을 모으기가 어렵다. 칠살은 일주日主를 공격하는 맹호로써 몸을 해치는 병성病星으로 따진다.

일주가 왕성하면 범을 두려워하지 않고 도리어 범을 타고 날음으로써 천하에 이름을 떨치는 데 반해 칠살이 일주日主보다 강하면 일주日主를 위협하고 공격함으로써 몸이 더욱 약해지고 기를 펴지 못하니 무능무력하며 항상 범과 싸우다 보니 마음에 독기가 서려서 한번 노하면 물불을 가리지 않으며 참고 견딜 수가 없다. 여기에 재財가 와서 칠살을 생해 주면 가뜩이나 사나운 호랑이에게 고기를 먹인 것이니 더욱 횡포에 지쳐 쓰러진다.

그와 같이 신약하고 칠살이 있는데 재를 만나면 대운이나 세운에서 병들거나 큰 손재를 본다.

범에 물리지 않으려면 고기를 많이 사 줘야 하니 많은 돈을 써야 하기 때문에 큰 손해를 보는 것이다. '범은 새끼가 귀하다'고, 영웅호걸인 칠살을 가진 사람은 자식이 귀하다. 자식 한 명으로서 거의 끝낸다. 그러나 호랑이는 호랑이를 낳는다고 귀한 자식을 낳는다.

하지만 워낙 신약하고 살왕殺旺하면 무기력해서 무자無子인 경우도 많다.

반대로 칠살이 있고 이를 누르는 식신이 있으면 다자多子하며 칠살보다 식신의 기질을 나타낸다. 신왕하고 칠살이 약한 자는 천하장사가 작은 범을 상대하니 웃음거리가 될 뿐 이름을 떨칠 수 없다. 재가 와서 살을 기르면 대호大虎가 되니 그제서야 용명을 떨치듯 크게 출세할 수 있다.

신약자에겐 칠살이나 편관이 범처럼 크나큰 부담이 되고 돈을 써야 하는 사나운 침략자이니 식신이나 인수를 통해서 통제하고 변화시키는 것이 급하며 평생 기를 펴고 살기가 힘든 데 반해 신왕한 자는 칠살이 도리어 자기능력을 발휘할 수 있는 호기로서 정관과 다름없이 귀한 관으로 쓰고 오히려 빨리 출세할 뿐 아니라 일약 대권을 잡는 영웅적 대발大發을 하기도 한다.

정관은 법대로 행동하고 순서있게 승진하기 때문에 실패나 풍파가 없이 단계적으로 출세하는 데 반해 편관은 법을 넘어서 맹호처럼 뛰고 또 날려고 하며 기회만 있으면 국회의원이나 장관으로 출세하는 것이 특색이다.

편관의 길흉을 살펴보면 다음과 같다.

- 신왕하고 편관이 있으면 재운에서 대발大發하고 식상인印수나 비견겁재운에서 쇠퇴한다.
- 신약하고 상관이 있으면 재나 관운에서 크게 나쁘고 인印수 비견겁재운에서 발신發身한다.
- 칠살이 있고 식신이 있으면 군인, 사법관, 정치, 권력, 헌병, 경찰, 특수기관에 적합하고 식신 대신 인印수가 있으면 병을 고쳐서 몸을

건강하게 하고 미개인을 교화시켜 문화인으로 동화시키듯이 병을 고치는 의사, 약사 그리고 교사, 언론인, 목사, 변호사, 문학가, 종교, 철학에 적합하다.

- 편관은 하나여야 하고 둘 이상이거나 정관과 혼잡되면 겉도 속도 아니듯이 크게 흉하다. 군자와 영웅이 다투고 있으니 군자도 아니요 영웅도 아닌 뒤범벅이요 아무것도 성사하기 어렵다.

- 여자로선 지아비와 정부情夫를 같이 데리고 있는 격이니 하루인들 편안할 수 없고 무엇보다도 돈을 벌거나 모을 수가 없으니 몸도 약하다.

- 칠살을 인수로 교화시키는데 식신이 와서 또 총으로 훈련시키거나 식신으로 훈련시키는데 인수가 와서 또 기운을 뺏고 설기하면 너무너무 지쳐서 호랑이가 무력해지듯이 권세가 크게 떨어지고 도리어 재난이 생기며 손재損財하고 손명損名한다.

〈예 1〉

己未	신왕하고 土다多한데 칠살이 있고 木극尅土하니
戊辰	대호가 천하에 호령하듯 대귀하다. 이럴 땐 칠살
戊辰	을 그대로 귀권貴權으로 쓰고 식신이나 인印수를
甲寅	싫어한다.

〈예 2〉

己巳	신약하고 관왕한데 칠살이 혼잡하니 성급하고
戊辰	가난하며 일생을 불우하게 살아야 했으며 다재
癸未	다능하나 의욕과 용기가 부족해서 재능을 발휘
壬戌	치 못했다.

9. 인수론印綬論

정이 있는 한 생아자生我者가 인수(正印)이다. 나를 낳고 먹이고 기르는 생모를 뜻한다. 굶주림을 면하는 것과 살을 찌게 하는 빵! 그것은 생활하는 원기요 능력이다. 삶에 필요한 생기와 성장하고 독립하며 발전하는 데 필요한 의식주와 지식과 기술과 경험이 인印수다.

그 모든 것을 다정하게 누리고 흡수할 수 있는 여건을 갖춘 것이 인수다. 때문에 인수가 있고 유력하면 어려서는 부모 덕으로 좋은 집에서 잘 먹고 잘 살며 자라나서는 좋은 학교에서 훌륭한 선생을 만나서 다정하게 공부하고 풍부한 지식과 기술을 습득하며 사회에 나가서는 어진 상사와 건전한 직장을 만나서 의식주를 풍족하게 자급자족한다.

옛날에는 인수라면 어머니의 대명사처럼 생모로 국한하고 있으나 이는 모든 의식주의 공급원을 뜻한다. 생활력이 건전하고 의식주가 풍부하려면 어머니의 힘만 가지고는 어렵다. 배우고 익히고 무엇이든 할 수 있는 만능의 지식과 기술과 체력과 능력이 있어야 하며 그 모든 것을 가꿔주는 생활력과 보급장관이 인수다. 때문에 인수가 있으면 잘 먹고 살찌고 체력과 소화기능과 두뇌가 건전하며 음식만 잘 소화시키는 것이 아니고 지식도 뛰어나게 흡수하고 섭취한다.

그것도 다정하게 공급하는 것이니 어머니와 교사와 상사와 직업의 인연이 남달리 두텁다는 것을 알 수 있다. 눈치를 모르고 다정한 어머니의 품에서 자라나고 공부하고 성숙했기 때문에 정직하고 성실하며 원만하고 탁월한 인격과 인간성을 지니고 있다. 그래서 어디서나 환영받고 신임받고 출세하며 특히 덕성이 풍부하니 교육계와 종교학계에서 명성을 떨친다.

사람이 자비한 어머니의 품과 어진 선생님의 품에서 자라나고 공부하면 자비와 덕을 갖춘다. 그래서 인성을 자비한 덕성이라 하고 교양과 인격이 뛰어난 지도자의 별이라고 한다. 사람이 위대하고 윗사람이 되면 그 자신이 남을 가르치고 기르며 경영을 관장하는 어머니와 선생의 역할을 하게 된다. 사무와 결재를 도맡아 하고 주택과 의식도 관장하고 보급해야 한다. 그와 같이 인수는 결재하는 도장이요, 만인에게 일터를 주는 사령장, 문서요 만인이 먹고사는 보금자리인 주택이요 의식衣食에 해당한다.

그래서 인성印星이 유력하면 주택이 훌륭하고 높은 벼슬을 하며 기쁜 인성을 만나면 사령장을 받거나 승진하고 영전한다.

그러나 인수가 흉신이면 그와 반대다.

부모 덕이 없고 선생과 상사의 덕이 없고 의식주가 부족하며 문서와 도장관계로 일생 동안 고생이 많다. 운에서 기인忌印을 보면 직장을 물러서거나 좌천하게 되며 주택을 보다 작고 부실하게 줄이거나 이사해야 한다.

인수는 생모의 별이니 하나일 뿐 둘이어서는 안 된다. 인수가 2, 3개 있다면 아버지가 어머니를 두셋이나 두었다는 암시다. 어머니가 훌륭하거나 건전하다면 그럴 리가 없으니 이는 생모가 무력하거나 덕이 없다는 암시다. 그와 같이 인성이 여럿이거나 편인偏印과 혼잡되면 어머니와 선생 그리고 상사의 덕이 없고 의식주가 부족하며 갈피를 잡지 못한다.

인성을 극하는 것은 재財다. 결혼을 하면 어머니와 이별하고 아내와 살아야 한다. 그래서 재財를 보면 인印수가 외면하고 어머니의 덕을 잃게 된다. 어려서는 어머니의 젖을 먹고 의지해야 하지만 성숙하고 장성하면 젖이 필요 없듯 어머니의 곁은 떠나야 한다. 그와 같이 신약자는 인수를 기뻐하지만 신왕자는 인수를 싫어하고 멀리한다. 신약자가 인수를 보면 취직하고 출세하는 데 반해 신왕자는 인수운에 도리어 만사가 막히고 되는 것이 없으며 직장을 잃고 집을 잃는다.

인수의 길흉을 살펴보면 다음과 같다.

- 년年이나 월月에 인印수가 있고 재가 없으면 부모 덕이 크고 학업을 완수하며 덕과 인격이 높다.
- 인印수와 재가 있으면 재가 유력함으로써 덕보다는 경제 위주로 공부를 하고 머리를 쓴다.
- 인印수가 왕성하면 학문과 기획력이 뛰어나고 종교철학에도 이름을 떨치며 공업예술에도 능하다.
- 여자는 인印수가 자녀의 별인 식신과 상관을 극함으로써 인印수가 많으면 자녀의 인연이 박한 동시에 인수는 관성을 설기함으로써 인印이 많으면 관이 무력하니 남편 덕이 약하고 무력해 남편에 대한 욕구불만이 크다.
- 인印이 많으면 인印이 흉신이니 인印을 극하는 재를 기뻐하고 재운에 대발大發하며 결혼하면서부터 운이 열리고 출세한다.
- 인印이 약하면 관을 쓰고 관인官印이 상생하면 인印이 높고 강해지듯이 크게 출세하고 덕망이 높다.
- 신약하고 인印이 있으면 인印을 생해 주는 관살官殺을 기뻐하고 재운을 두려워한다. 단, 관살이 생인生印하면 재운에 도리어 발신發身한다.

〈예 1〉

己未	관왕신왕官旺身旺한데 관인이 상생하니 부모 덕이
丁卯	크고 총명하며 의식주가 풍족하다. 그러나 인성
戊辰	이 둘이니 어머니가 둘이 있고 생모와의 인연이
丁巳	박했으며 장인 없는 아내와 결혼했고 시時에 인印
	이 있으니 자식이 번창하고 효성이 지극했다.

〈예 2〉

壬申	겨울甲木이 추워서 떨고 있는데 亥子丑 北方水
癸丑	국국局을 이루고 壬癸인성이 다출多出하니 부목浮木
甲子	이 되고 동목凍木이 됐다. 부모 덕이 없고 처자의
乙亥	인연도 박했으며 부모 때문에 고생을 많이 했다.

10. 편인론偏印論

무정한 나를 낳아 주는 자로서 생활력의 보급이 냉정하고 부족함을 뜻한다. 어려서는 어머니의 젖이 귀하고 의식衣食이 부족하니 계모를 의미하고 자라나서는 선생 덕이 야박하니 독학을 암시하며 사회에선 직장과 상전이 무정하니 직업의 인연이 각박함을 뜻한다.

이 세상에 출생하면서부터 평생을 계모와 같이 무정하고 푸대접하는 환경에서 살아야 하니 평생소망은 따뜻하고 흐뭇한 애정이다. 계모의 손에서 자라난 아이는 눈치가 빠르고 애교와 아첨으로 구걸하며 남달리 머리를 쓰고 발버둥치다 보니 재치가 있고 인기가 있고 솜씨가 있고 임기

응변이 뛰어나다. 눈치와 재치로 의식주를 마련하고 출세를 해야 한다.

그러나 아무리 뛰어난 재질과 솜씨를 부려 봐도 계모가 후대를 하고 요직을 부여할 리는 없다. 그래서 편인이 있는 자는 뛰어난 재간을 가지고 남달리 노력하지만 공이 없고 출세하기가 어렵다. 마치 계모와 같다. 때문에 무엇을 하든 한 곳에 오래 머무를 수가 없고 유시무종이다.

열두 가지 재주를 가지고도 성공하기 어려운 것이 편인의 운명이다. 세상을 비판하고 편견을 가지게 되며 인생과 운명과 종교와 철학에 눈을 뜨고 유별나게 신기한 자기철학을 독자적으로 창안한다. 정상적인 교육을 받지 못하고 눈치코치로 얻어 배운 공부요 지식이니 수박 겉핥기의 학문과 지식이 되지 않을 수 없다.

그런대로 힘써 노력해도 실력과 능력으로 하지 않으니 어디 가나 인기는 있어도 대우가 부실해서 애착이 없다. 마침내 자유업으로 자립을 서두르고 발버둥치나 시원치가 않고 성사되기가 어렵다. 왜냐면 재능을 발휘하는 별은 식신인데 편인은 식신을 극하니 스스로 기회를 가로막는 형국이다. 호사다마로 무엇을 해도 장애가 있고 원만치 못하다. 때문에 편인을 가진 사람은 언제 어디서나 활용할 수 있는 특이한 재질과 기술을 길러야 한다. 의술이나 역술 등 자유업이면서 인기로 이름을 떨치는 실용적이고 독립적인 생활능력을 갖춰야 한다.

편인은 지능면에서는 뛰어나지만 경제적으로는 불우하고 특히 애정상 결핍이 많아서 언제나 참정을 그리워함으로써 애써 번 돈을 애정관계로 탕진하기 쉽다. 중년에 이성관계로 실패하고 파산하는 등 풍파가 심하니 아예 이성을 외면하고 불신해야 한다.

왜냐? 인덕이 없는 편인은 세상만인이 계모와 같고 사랑 또한 돈을 보고 사랑을 꾸미는 계모의 애교와 같이 겉과 속이 다르기 때문에 모두가 허무하고 속임수에 빠지는 것 뿐이다.

편인을 억제하는 것은 편재다. 편재는 애첩의 별이자 수완과 금융의 별이다. 사랑하는 애첩을 얻으면 사랑에 굶주린 편인의 성정은 스스로 풀리고 수완과 공돈을 벌면 애정의 만족을 풀 수 있다. 그래서 서자로서의 비관이나 편견은 잊어버리고 돈 버는 수완과 역량으로서 가난을 쫓고 의식주를 풍족히 마련한다.

편재가 있으면 편인은 눌리고 편재만 작용함으로써 편인의 기질이 편재의 성정으로 변질되기 때문에 식신을 침으로써 식신을 보면 기어이 밥그릇을 뒤엎는 도식으로 변해 일을 망친다. 직장을 잃거나 사업이 실패해서 의식주의 고통이 심하다.

사주에 편인과 식신이 같이 있으면 재능을 발휘할 기회를 스스로 파괴하고 봉쇄함으로써 일생을 통해서 의식주가 가난하고 천신만고의 시련을 겪으며 무엇 하나 성사되는 것이 없다.

너무나 고생하고 지치니 정신적인 구제의 길을 개척하려고 종교와 철학을 좋아하지만 좀체로 발휘할 기회를 얻기가 어렵다.

편인의 길흉을 살펴보면 다음과 같다.

- 편인이 왕성하거나 많으면 수재이나 편견이 심하며 남의 말을 잘 받아들이지 않고 자기주관 위주이며 소화기능이 약하며 신체 또한 건전하기 어렵다.
- 편인이 있고 편재가 있으면 수재와 수완을 겸비함으로써 능수능란하며 비록 가난은 하나 머리와 수완으로써 재치있게 생활을 한다. 편인을 생부(생해 주고 도와주는)하는 관살이나 인印수운엔 인印이 강하고 재가 약함으로써 정신적 이름을 떨치나 물질적 실리는 없고 반대로 재를 생부하는 상관이나 재운을 만나면 정신적 이름보다도 물질적 혜택이 강함으로써 의식주가 안정된다. 그러나 식신을 보면

편인이 기어이 작용함으로써 색정 등 의외의 파란으로 크게 손재하고 손명하게 된다.

- 편인이 많으면 남녀간에 자녀가 무력하고 편재가 있으면 유력하다.
- 편인은 식신(음식)을 극하니 소화가 잘 안 되는 동시에 식중독이나 약중독에 걸리기 쉽다.
- 여자가 편인이 많으면 평생 자식이 없고 식복食福이 박하며 식중독으로 고생하고 남편 덕이 박하다. 의식을 구걸하는 형국이니 장사를 하면 편재로서 극인하니 의식이 안정되고 운명을 개척할 수 있다.

〈예 1〉

丙申	편인이 둘이지만 사주에 식신이 득령하고, 여러
丙申	개가 있어, 설기가 심하고 신약하니 흉신이 됐
戊戌	다. 흉신인 편인이 보다 흉신인 식신을 극하고
庚申	허약한 일주日主를 생해 주니 도리어 길신이 됐
	다. 인기와 재치로써 전화위복해 크게 발전했다.

〈예 2〉

庚子	신身이 왕旺하고 년상年上식신으로 설기하는데 편
丙戌	인이 丙戌 극식剋食하고 도리어 土를 생해 주니
戊戌	호사다마로 만사가 불성이고 의식주의 고생이
戊午	심했으며 식중독으로 번번이 고통을 겪었다.

11. 육신조견표 六神早見表

癸壬	辛庚	己戊	丁丙	乙甲	干日 / 六神
癸壬	辛庚	己戊	丁丙	乙甲	비견
壬癸	庚申	戊己	丙丁	甲乙	겁재
乙甲	癸壬	辛庚	己戊	丁丙	식신
甲乙	壬癸	庚辛	戊己	丙丁	상관
丙丁	甲乙	壬癸	庚辛	戊己	정재
丁丙	乙甲	癸壬	辛庚	己戊	편재
戊己	丙丁	甲乙	壬癸	庚辛	정관
己戊	丁丙	乙甲	癸壬	辛庚	편관
庚辛	戊己	丙丁	甲乙	壬癸	인수
辛庚	己戊	丁丙	乙甲	癸壬	편인

제7장

십이운성 각론 十二運星 各論

사람이 아름답게 늙어서 아름답게 죽는다는 것은
여간 어려운 일이 아니다.
사람답게 살고, 사람답게 늙고, 사람답게 죽자!
사람에겐 나이가 들면서 질병, 고독감, 경제적 빈곤,
그리고 역할상실이라는 네 가지 고통이 따른다.
인간으로 살아가는 노정 속엔 십이단계의 십이운성이
인생 노정을 기다리고 있음을 알자.
그리고 아름다운 삶을 위해 사랑, 여유, 용서, 아량,
부드러움과 열정을 품어 보자.

육신六神이 외부로 나타난 사지오체四肢五體요 귀, 눈, 입, 코라면 십이운성은 내부에 간직된 오장육부라 하겠다. 타고난 성품을 비롯해서 부모와 형제, 처자의 육친관계와 직업 그리고 일생일대의 운세를 면밀하게 기록한 운명의 카드가 바로 십이운성이다. 때문에 십이운성의 성정을 올바로 파악하면 주인공의 성격을 비롯해 모든 운세를 화살처럼 살필 수 있다.

　십이운성은 인간이 출생하면서부터 성장하고 성숙하며 노쇠하고 무덤에 들어가서 다시 인도환생人道還生하기까지의 이정표로서 인간의 개성과 운명을 생물학적이고 과학적으로 분석하는 자연과학의 정수이다. 여기에 인생의 숙명과 미래가 숨어 있고 인간이 애써 구하는 사후의 인생진상도 뚜렷이 밝힐 수 있으니 이는 인생철학의 만화경이라 하겠다.

　마치 사람의 오장육부를 속속들이 들여다보듯 만인의 심상이요, 마음의 거울이기도 하다.

1. 장생론長生論

인생의 첫 출발로서 어머니의 태胎에서 탄생해 어머니의 젖꼭지를 물고 있는 동안을 장생長生이라고 한다. 부모의 덕으로 낳고 또 생활하듯이 남의 덕에 살고 또 성장한다. 티가 없고 원만하며 모가 없어 누구와도 융합하고 어디가나 후견인이 있어서 보살펴 준다.

인상이 깨끗하고 비대肥大하지 않으며 청순하고 우아하다.

산뜻하고 단정한 자세로서 모방과 유행을 즐기며 감수성이 예민하고 예술과 기능에 소질이 풍부하나 창작력은 부족하다.

신왕자는 성장하면 통솔력이 있고 자립할 수 있으나 신약자는 통솔력이 없고 책임 능력이 부족하므로 자영업을 하거나 사장 등 책임자 노릇을 하면 크게 실패한다.

어머니의 젖꼭지에 매달려서 의존하듯이 직장생활이 적합하고 예술이나 기능직이 적성이다. 장생이 년年에 있으면 아버지 덕이 있고 월지月支에 있으면 형제와 어머니 덕이 있으며 일日에 있으면 배우자의 덕이 있고 시時에 있으면 자녀의 덕이 있다.

육신상으로는 비견겁재比肩劫財가 장생이면 형제 덕이 있고 식신상관食神傷官이 장생이면 직장의 덕이 있으며 정재편재正財偏財가 장생이면 처와 재복이 있고 정관과 편관이 장생이면 벼슬과 자녀 덕이 있고 여자는 남편 덕이 있으면 인수와 편인이 장생이면 부모 덕이 있다. 장생은 의존과 후견의 별로서 독립하기에는 부족하고 부적당하며 장남이나 장자 노릇하기도 어렵다.

2. 목욕론沐浴論

어머니의 젖꼭지를 떠나서 스스로 걸어다니면서 성장하기까지의 미성 년기를 목욕沐浴이라고 한다. 정신적 육체적으로 미숙해 모든 것을 기분 과 감정에 의해서 천방지축으로 다루기 때문에 오판과 실패투성이다.

능력과 요령이 부족하니 유혹과 사기에 쉽사리 넘어가고 유흥과 색정 을 즐김으로써 파란이 많다.

철없이 행동하다가 번번히 실패를 하지만 반성하고 주의함이 부족해 서 똑같은 실패를 거듭한다. 만사에 뚜렷한 경험과 자신이 없이 덮어 놓 고 뛰어들기 때문에 하고 나면 후회가 되고 무엇에나 방황하고 갈팡질팡 한다.

남이 하는 것은 다 해보려 하고 다재다능하나 어느 것 하나 완성하는 장기는 없다. 모두가 유시무종有始無終으로 미완성이다. 특히 풍류와 가 무, 예능에는 소질이 있으나 깊이와 무게가 없다. 목욕이 년年에 있으면 부운父運에 성패가 무상함을 뜻하고 월月에 있으면 인생관이 무상하며 형 제가 무력하고 일日에 있으면 개성이 변덕스럽고 배우자의 변화를 암시 하며 시時에 있으면 자녀가 무력하고 만년이 고독함을 의미한다.

인印수가 목욕이면 어머니가 풍류인이고 편재가 목욕이면 아버지가 색 정으로 다난함을 암시한다. 정관이 목욕이면 조직상 분쟁이 있고 정재가 목욕이면 아내 인연이 박하고 재운에 기복이 많으며 여자가 식신이 목욕 이면(식신 밑에 목욕이 있으면) 본처로서는 인연이 박하고 기생이나 첩妾으로 갈 팔자이고 편관이 목욕이면 산고가 있으며 색정으로 많은 어려움을 겪 는다. 다만 乙巳일생은 덕망이 있으면 분수를 지키나 재복이 박하며 빈 곤하며 병신이 되기 쉽다.

여자가 일월日月에 목욕이 있으면 남편에 대한 불평불만이 많고 그 때문에 이혼하기 쉬우며 남자의 경우엔 제사를 받드는 일과 양자의 인연이 두텁다. 형제와 부모의 인연이 박한 때문이다. 생가生家와의 인연이 박함으로써 일찍 객지에 나가서 출세하나 가정의 인연은 박하고 고독하며 이성문제로 말썽이 많고 직업과 주거도 여러 번 변동해 만사가 용두사미격이다.

학문과 예술에 정진하면 성공할 수 있으나 철없는 아기처럼 변덕이 심해 일관성 있게 정진하기가 힘들다.

그러나 목욕이 희신이면 도리어 천하의 멋있는 인생이 된다.

본시 목욕은 멋의 별로서 멋으로 살다가 멋으로 죽는다. 같은 멋이라 해도 교양이 있고 품위가 있으면 백만인의 멋이니 대성하고 존경을 받으며 교양과 품위가 없으면 천박한 멋이니 대중의 웃음거리가 되고 멸시받는다. 평소에 교양과 덕망에 힘쓰고 품위를 높이면 만인의 존경의 대상으로서 명진천하名振天下하고 세상에 이름을 남길 수 있다.

3. 관대론冠帶論

성년이 돼서 결혼하고 분가하는 청년기이다. 육체적으로는 성년이 됐으나 정신상으로는 아직도 미숙하니 형체는 이뤘으나 아직 속이 텅 빈 벼 이삭과 용기는 충천하나 지모와 능력이 부족하니 덤비는 일마다 실패하기 쉽다. 어른 노릇을 하려고 큰소리치고 과감히 전진하나 실력부족으로 성사가 어렵다. 남의 지배와 간섭과 충고를 거부하고 안하무인으로 버릇이 없으며 남의 허물은 용서 없이 비판하고 아량과 도량과 관용과 인정이 없으니 적이 많고 그 때문에 대사를 그르치기 쉽다.

특히 임술과 癸丑일생은 그러한 성정이 두드러지고 자존심과 아집 때문에 호기를 잃기 쉽다. 모든 것은 자기 위주로 독선적인 행동을 취하고 목적을 위해선 수단과 방법을 가리지 않는다. 필요할 땐 머리를 숙이고 청탁을 하지만 목적을 달성하면 유아독존이요 부하를 쓰는 데도 쓸모가 있으면 후히 대접하지만 쓸모가 없으면 냉정하게 대한다.

과단성과 박력은 있으나 주도치밀한 분석과 기획성이 부족해 성사하기 어려우니 차분한 심사숙고와 정밀한 계획 그리고 관용과 아량으로써 인화人和를 도모하고 수양에 힘써서 아집과 독선을 피하면 크게 성공한다.

열 번 쓰러져도 힘차게 재기하고 아무리 괴로워도 자기약점을 말하지 않는 강인한 성품과 불굴의 투지로써 호전적이고 과단적이라서 개척사업에는 최적이고 수양과 체험을 겸하면 큰 인물이 될 수 있다. 사회적으로 중견 역할을 하고 중년부터 개운하니 서두르지 말고 착실하게 기초를 닦는 것이 성공의 비결이다. 평생에 직업과 주거의 변동이 많고 직장생활은 부적당하며 자유업이 적성이다.

여자는 남편에게 불복하고 자만심이 강하므로 남녀가 다 같이 일지日支에 관대를 가졌으면 불화로 해로하기 힘들다. 관대가 년年에 있으면 소년운은 왕旺하고 일월日月에 있으면 용모가 단정하고 두뇌가 좋으며 실력이 왕성하고 조숙하며 발달이 빠르나 부부 간에 호연好緣을 만들기가 힘들다.

시時에 있으면 자식 덕이 있고 만년운이 왕성하며 년年에 관대가 있고 일日에 쇠衰가 있으면 소년운은 왕旺하나 중년운은 쇠퇴하다. 남녀 간에, 관대가 있으면 쇠나 장생처럼 유순한 별과 배합하는 것이 길연吉緣이다.

4. 건록론建祿論

　관대의 정신적인 미숙이 성숙으로 바뀌어 심신이 완숙한 삼십대를 건록建祿이라고 한다. 고도의 지식과 왕성한 체력을 겸비한지라 기획과 신규 사업에 적성이다. 차분하고 신중하며 빈틈없이 정밀하고 철저해 자신과 경험이 없는 일은 손대지 않는다.

　자기능력을 과신한 나머지 호기를 잃기 쉽고 남의 지배와 간섭을 싫어하고 내성적이어서 정신적으로는 고독하다. 지모와 능력은 왕성하나 아직 경험과 수완이 미숙하고 사교성과 진취성이 부족하다. 인덕이 없고 자수성가하며 일찍 고향을 떠나서 자립한다. 고도의 지식과 기술을 요하는 기획과 관리면에서 재능을 발휘하나 기회를 얻기가 힘들고 중년 위주로 지나치게 세밀해서 신경질적인 면도 있으며 만사를 세 번 생각하고 행동에 옮기는 신중파인지라 실수는 좀체로 없으나 너무 과신하고 주저하고 검토하고 계산하는 것이 흠이다.

　건록이 년年에 있으면 아버지가 자수성가하고 월月에 있으면 형제와 자신이 자수성가하며 일日에 있으면 양자로 가거나 둘째라도 부모를 모시는 경향이 있다. 여자가 일日에 있으면 부덕夫德이 없고 자수성가하며 결혼 후에도 직업을 갖는 것이 도리어 길하다. 시時에 있으면 자녀들이 자수성가하고 만년운이 건전하다.

　건록은 자립自立의 별이니 건록운이나 세운엔 직장을 떠나서 자영自營하는 경향이 많다.

5. 제왕론帝旺論

지력과 체력이 왕성하고 오랜 경험과 실전을 통해서 산전수전을 겪고 수완과 역량이 풍부하고 만사에 능수능란한 최고의 전성기인지라 일생일대의 호기다.

빈틈이 없고 완벽한 두뇌에 과감한 용기와 불굴의 투지 그리고 비범한 수완을 겸비한 완전무결한 인격상人格像이다.

명색이 제왕이니 머리를 숙이거나 구걸할 수는 없다. 아집과 자존심이 강하고 일절의 간섭과 지배를 거부하며 자력으로 개척하되 수완과 사교성이 능해 덮어 놓고 고집을 부리지는 않는다.

포섭과 조직력이 비범하고 참고 견디는 인내심도 강하며 목적을 달성하는 데 비상한 저력을 발휘한다. 내성적이고 비위가 없으며 자존심이 강하고 왕자답게 호탕하고 호주호색好酒好色하며 남에게 신세지는 것을 가장 싫어한다.

술을 사도 자기가 사고 남의 신세를 지면 빨리 갚아야 한다.

인덕이 없고 백절불굴하며 왕권을 다투니 적이 많고 신하를 거느리고 남을 위해서 보살피는 일이 많다. 왕의 흥망은 신하의 손에 달려 있듯이 제왕의 성패는 부하가 좌우한다. 충신을 얻으면 대성하고 역신을 얻으면 대패한다. 인덕이 없는지라 사람으로 인한 실패가 많다. 되도록 자력으로 하는 것이 안전하고 남을 믿거나 의지하는 것은 금물이다.

제왕은 왕관을 스스로 쟁취하는 것이니 장남으로서는 부적합하고 차남 이하는 수완 역량이 비범하다.

남녀가 다 같이 부모를 떠나서 성공하고 운세가 강하며 만난을 극복한다. 특히 여자는 결혼 후에도 직업에 흥미를 가지고 사회생활을 통해서 성공을 하지만 가정적으로는 고독하다. 장남 출신이 드물고 장남이라도 생가를 일찍 떠나며 어머니와의 인연이 박하고 형제의 인연은 평범하다.

동기간에는 다정하지 못하나 처와 처 가족에 대해서는 관심이 깊고 다정하며 양자로서의 인연도 많다. 왕업은 장부의 대업이듯이 대규모의 직장이나 기업은 적합하다. 소규모는 부적당하다. 여자는 대군大君 위에 군림함으로써 주부로서는 성격상 평탄치가 못하고 부부의 인연도 해로하기 어렵다.

제왕이 년年에 있으면 소년 시절이 왕성했고 월月에 있으면 형제가 왕성하며 일지日支에 있으면 부부가 해로하기 어렵고 배우자의 건강이 나쁘며 시時에 있으면 자녀가 번창하고 만년이 왕성하다.

6. 쇠론衰論

초로의 인생으로서 육신의 원기가 쇠하고 박력과 기백이 감퇴해 간다. 적극성이 줄고 활동력과 발표력도 부족하며 만사에 소극적이니 왕자처럼 천하를 다스릴 능력은 없고 다만 일정분으로서의 분업은 성실히 감당할 수 있다.

비록 육신은 늙어 가나 정신면으로는 노련한 시기이므로 온후하고 원만하며 자립능력은 없으나 직장생활에는 적합하다.

강자에 순종하고 아집과 자만심을 자제해 환경에 순응한다.

사색적이고 소극적이며 처세술이 평범하고 소박한 생활을 한다. 자기를 나타내려 들지 않고 욕망이 적으며 이상보다는 현실적이고 멋과 사치를 외면해 노태가 완연하다.

중년에 가야 운이 열리고 속성이 없듯이 연패도 없다. 인정에 약하고 배짱이 없어서 남의 일 때문에 애를 많이 쓰고 남의 보증 등으로 손재 파산하는 경우가 많으니 남을 위한 신원보증은 금물이다.

남자로서 부족한 점이 있고 너무 소극적이어서 발전성이 없으며 부부 간에도 능동성이 부족해 원만하지 못하고 결혼이 늦으며 독창성이 없으므로 조업祖業을 계승하거나 기술업, 학문연구, 교사, 회사원, 공무원 등 직장생활이 적합하고 투기나 기업企業에는 부적당하다.

여자는 순종의 미덕이 있어서 가장 모범적인 주부이며 남편을 위해서 헌신하는 현모양처나 남모르는 고생이 많다.

쇠衰가 년年에 있으면 부모의 운세가 쇠할 때 출생했거나 출생하면서 기운이 쇠퇴함을 암시하고 양자 인연이 많으며 소년시절이 어려웠고 월月에 있으면 타고난 기질이 허약해 인정과 남의 보증으로 실패가 많다.

일日에 있으면 부모 대에 비해 못 살고 처 덕이 박해 고생이 많고 여자는 남편에 순종해 원만하고 행복하다. 시時에 있으면 자녀 덕이 박하고 노년에 고생이 많다.

7. 병론病論

노쇠가 지나치면 건강을 잃고 병이 발생한다. 병은 정신적 육체적인 정상성을 잃게 한다. 작은 일에도 신경을 쓰고 울고 웃는가 하면 이것저것 생각한 나머지 근심걱정이 태산 같다.

담력이 약하고 기백이 부족하며 고독과 비관에 빠지기 쉽다.

누군가 문병 오면 그렇게 반가울 수가 없고 먹을 것을 가지고 와서 같이 대화하고 함께 식사를 하면 그보다 더 반가움이 없다. 문병객에게 아픈 시늉을 할 수는 없다.

무척 반갑고 명랑한 모습으로 기쁘게 대하나 속으로는 걱정이 끊이지 않는다.

　같은 병자라 해도 어려서는 공상과 환상이 많고 늙어서는 노파심이 많다. 감상적이고 음악을 즐기며 사람을 반기고 대화와 회식과 향락을 즐긴다. 남의 신세를 지다 보니 자기도 남을 위해서 돌봐 주는 봉사정신이 높다. 마치 환자들 돌봐 주는 간호사처럼 약과 간호와 병원에 인연이 두텁다. 직장이나 취미나 사업인들 정상적이기는 어렵다. 건강 등 여러 가지 문제가 생겨서 변동이 많다. 건강 위주로 모든 것을 차분히 전진해야 하고 서두르고 무리를 하면 성공 직전에 병으로 실패하기 쉽다.

　인생은 병들면 자식에게 의지할 수밖에 없다.

　그와 같이 남에게 의존하는 직장생활이 적합하고 다정다감하니 감상적인 음악이나 예능에도 적성이 있다. 무엇이든 다예다능하고 쓸모가 있으나 정신적인 번민이 많다. 병은 질병의 별로서 사주에 병이 있으면 무병할 수는 없다. 병이 년年에 있으면 소년시절에 건강하지 못했고 일월日月에 있으면 청년시대에 건강이 좋지 않으며 겉으로는 태연하지만 속으로는 걱정이 많고 비관도 잘하는 동시에 결단력과 실천력이 부족하다.

　이를 명랑한 성격으로 위장하고 보충하니 사교성이 능하고 인기도 좋으나 지속성이 부족하고 변덕이 있어서 유시무종이다. 시時에 있으면 만년에 질병이 많고 자녀도 무력하며 자녀의 질병이 많고 자녀의 질병으로 근심이 많다. 년年이나 월일月日에 병이 있으면 양친 중 한쪽을 일찍 여의거나 일찍 이별하게 되고 월月에 병이 있으면 묘근苗根에 병이 있는 것이니 타고난 질병으로 건강이 좋지 않다. 대중적인 봉사활동이나 사회활동으로 이름을 널리 날릴 수 있으나 무리와 조급은 금물이다.

8. 사론死論

　몸은 이미 죽음에 임박하고 정신은 승화昇華단계에 이른 중노기中老期를 사死라고 한다. 살려는 욕망을 떠나서 죽음에 대한 준비를 서둘러야 하는 인생에겐 담담한 심정뿐이다. 이승보다는 저승에 대한 관심이 더욱 커질 수밖에 없다.

　운명과 종교와 철학 그리고 모든 학문에 관심을 기울인다. 인간 자신을 알고 싶어서다. 이승에 대한 마지막 결산도 멋지게 하고 싶어한다. 여태껏 살아온 여러 가지를 다시 한번 되풀이해서 후회없는 종말을 고하고 싶어서 틈만 있으면 온갖 취미를 살리고자 애를 쓴다. 등산, 야구, 음악, 극장, 여행, 관광 등 한 가지라도 더 구경하고 되새겨 보고 싶어 한다. 돈을 번다는 물욕과는 거리가 먼 인생을 음미하고 발견하려는 종교가, 운명가, 철학가, 학자 그리고 기술자, 과학자로서의 이정표를 차분히 실천하는 것이 사死의 특징이다.

　무엇이든 배우고 생각하고 느끼는 데 큰 보람을 느낀다. 그러나 이미 죽음에 임박한 육신인지라 기백과 용기와 실천력이 허약하다. 젊어서 노인 티가 나는 사死의 인생은 모든 것을 정신적으로 해결하려 든다. 비록 몸은 늙었어도 정신만은 최고도로 성숙하고 발달된 노련한 인생은 고도화된 지성을 기술적으로 활용하고 발휘한다. 그래서 사死를 기술의 별이라고 한다. 그 기술은 정신을 최고도로 개발한 지능의 꽃으로서 학문, 예술, 의술, 역술, 종교, 철학 등 정신적인 기술이다.

　사死에 임한 인생은 틈만 있으면 등산, 야구, 음악, 미술, 서화 등 다각적인 취미를 살리고자 노력하지만 자기가 맡은 책임만은 철저히 지키고 이행한다. 적극적일 수는 없지만 소극적도 아닌 중용을 지켜서 만사에 열성을 다하며 무엇이든 일을 즐긴다. 낙천적이면서 분수를 지키고 안정

위주로써 진실하기 때문에 사회적 신용이 두텁고 적이 없는 노련한 교제로서 실패가 적다. 말이 없고 건실하며 점진적으로 운로를 개척하고 명랑한 인생으로서 어디 가나 환영을 받으나 패기가 약해서 큰 기업에는 부적당하다.

박력 있는 상대와 같이 박력과 신중성이 조화돼서 원만하게 성공할 수 있다. 능변하지 못하고 워낙 말이 없다 보니 집에서는 오해를 사기도 한다. 외교관이나 사교가로서는 부족함이 많다. 사死가 년年에 있으면 조숙하고 아버지가 장남이거나 형제가 적으며 월月에 있으면 장남 출신이 많고 형을 대신해 생가를 잇거나 양자로서 양자를 계승하는 일이 많으며 일日에 있으면 독자가 많다.

비견겁재가 사死와 동주同柱(비겁의 지지에 死가 있음)하면 형제자매가 드물거나 사별하는 수가 있고 상관이 사死와 동주同柱하면 기술자의 운명을 타고난 듯이 기술업으로 진출한다. 사死는 일편단심으로서 자녀를 낳는 데도 아들이면 아들만 딸이면 딸만 주르르 편생偏生하는 경향이 있다.

9. 묘론墓論

중노中老가 지나면 아무런 활동도 못한다. 집에서 조용히 여생을 즐길 수밖에 없다. 마치 산송장처럼 집에서 두문불출하는 것이 무덤에 갇혀 있는 인생과 같다 해서 묘墓라고 했다.

활동을 하지 않고 벌어 놓은 돈으로 생활하자니 사치와 낭비는 생각조차 할 수 없다.

한 푼이라도 아껴 쓰고 검소하게 절약하며 소박하고 소탈하게 고정적인 수입으로 안정된 생활을 하는 것이 꿈이다. 물질보다 정신적인 흥미를 즐기고 투기나 불안정한 투자는 싫어한다.

여자도 고정된 직장생활과 그러한 배우자를 희망하며 스스로 활동하고 저축하는 데 취미를 갖는다. 대외적 활동을 하는 외교원이나 기업가로서는 적합지 못한 반면에 자리를 지키고 살림을 알뜰히 꾸려 가는 은행원, 회사원 등 봉직자로선 가장 적합하다. 사치와 낭비를 하지 않기 때문에 금고를 맡겨도 사고를 낼 염려가 없고 맡은 바 일에 충실하니 어딜 가나 모범 직원으로서 신용이 두텁다. 연구실에서 두문불출하고 학문을 연구하고 기술을 연마하는 것도 적성이고 일정한 장소에서 차분하게 일하는 직업은 무엇이나 적합하다.

묘가 년年에 있으면 아버지가 구두쇠처럼 저축하고 치부했고 월月에 있으면 장남이든 차남이든 봉묘 역활을 맡게 되고 운세가 중년에서부터 열린다. 일日에 있으면 남성은 초혼에 실패해 한두 번 재혼하고 여자는 장남에게 출가하거나 양녀로 가면 이혼율이 적다. 같은 묘라 해도 재산의 묘는 금고金庫로서 기업가에 적합하다.

가령 庚辛일생은 木이 재財요 未가 木의 묘로서 재고財庫라 하고 壬癸일생은 火가 재財요 戌이 재고財庫가 되며 戊己일생은 水가 재財요 辰(甲子辰水局에서 辰이 壬의 묘가 된다)이 재고가 되고 丙丁일생은 金이 재財와 丑이 재고가 되고 甲乙일생은 土가 재財요 戌이 재고가 된다. 일주의 묘는 재고로서 충沖을 두려워하나 재고는 자물쇠로 잠겨 있는 금고金庫로서 반드시 충을 해야만 자물쇠가 열리고 재財가 유통한다.

사주에 처음부터 충이 돼 있으면 평생 돈을 흔하게 쓸 수 있고 충이 없으면 충이 되는 운에서 발신發身한다. 일단 충이 됐으면 다시 충되는 것을 싫어하고 없으면 돈을 은행에 예금해 놓고도 문이 닫혀 못 쓰며 유통이 안 돼 고생이 많다. 그러나 재고가 있다 해도 신약자면서 재財가 기신忌神인 자는 그림의 떡 같이 아무런 쓸모가 없다.

10. 절론絶論

인생은 한번 무덤에 들어가면 종말을 고한다. 육신은 흙이 되고 다시 살아날 수 없다. 그러나 형체가 없는 기氣는 육신과 더불어 썩는 것이 아니고 육신과 분리돼 모체인 대기大氣로 환원된다. 독립된 개체에서 하나의 분자로서 전체에 흡수된다.

그 체體와 기氣가 단절되고 분리되는 것을 절絶이라고 한다. 체體에서 유리된 영혼은 다시 새로운 체體를 구해서 하나의 개체로 재생한다. 인생의 영혼이 육신에서 분리됐다가 다시 인생의 영혼으로 부활하는 것이니 죽었던 사람이 다시 되살아 나오는 환생임이 분명하다.

그래서 인생은 회전목마처럼 끝없이 윤회하고 영혼불멸이라는 전설이 있기 마련이다. 그러나 이는 착오에 지나지 않는다.

왜냐하면 인간의 기가 다시 육신을 통해서 부활하는 것은 사실이지만 그 기는 개체의 주인공이 전혀 다르듯이 새로운 기로서 죽은 개체와는 아무런 관련도 없는 것이다.

가령 甲이라는 인생이 죽었다면 그 인생은 육신과 더불어 완전 소멸해 다시는 부활할 수 없듯이 재생은 불가능하며 그에서 분리된 인생의 기가 乙이라는 인생의 개체를 빌려서 재생하는 경우 그 영혼은 전혀 새로운 乙의 영혼으로서 甲과는 아무런 상관도 없는 것이다. 때문에 전혀 새로운 乙의 영혼은 출생 이전의 사실을 전혀 알 수 없듯이 甲에 대해서도 아는 바가 전혀 없다.

절은 허공에 뜬 기가 새로운 개체로 변신하려는 전환기로서 아직 체體를 갖지 못한 유기무체有氣無體의 가장 허약한 상태에 있다. 허공에 떠 있는 가냘픈 요기로서 누가 잡아도 쉽게 끌려오는 임자 없는 요물과 같다. 만인을 유혹하는 동시에 만인의 유혹에 빠질 수 있는 무방비 상태가 절이다. 그래서 절이 있는 사람은 마음씨가 순진난만하고 티가 없이 담백한 동시에 남의 유혹에 빠지고 저항하기 힘들다. 그 자신 인생으로서 부활하려고 인간의 개체를 찾아 헤매고 인간을 유혹하는 터에 자신을 유혹하니 기다린 듯이 사로잡힐 것은 자명지사다.

그러나 절은 체體가 없음으로서 자기 것으로 묶어 놓을 도리가 없다. 그와 같이 절은 쉽게 유혹에 빠지는 동시에 보다 유력한 유혹자가 나타나면 바람처럼 사라진다. 설사 붙잡아 매고 싶지만 체體가 없으므로 소용이 없다. 쉽게 끓는 냄비가 쉽게 식는다고, 쉽게 유혹에 빠지면서도 쉽게 벗어나는 것이 절의 특징이다. 가장 어리고 무력한 별인지라 세상 사람을 무조건 믿는 나머지 속임수에 잘 떨어지는 반면에 싫으면 미련 없이 훌쩍 떠나 버린다. 마음만 있고 몸이 없으니 마음이 항상 변화하고 또 변화하려 들면 언제나 새로운 것을 원한다. 자기 혼자만을 애지중지하기를 원하고 정이 식으면 새로운 열정을 찾기 때문에 시종일관이란 거의 기대하기 어렵다.

일찍이 이성에 눈을 뜨고 유혹되는 가운데 향락을 즐긴다. 처음에 자기보다 연상인 이성의 귀여움을 탐하다가 진력이 나면 몇 번이고 바꾸다가 나이가 많아지면 자기보다 훨씬 연하인 이성을 탐한다. 물리지 않는 강렬한 정열을 탐해서다.

무엇을 해도 안정되고 차분하지 못하여 항상 새로운 변화를 추구하면서 무계획적으로 갑작스런 변동을 즐긴다. 변덕이 많고 희로애락이 얼굴에 그대로 반사되며 참을성이 없다. 그래서 결혼을 하면 머지않아 후회하고 멀미를 낸다.

남자는 가정에 불만이 많고 그 때문에 이혼하는가 하면 여자는 불평과 불행에 찌들어 급기야 이혼한다. 남녀 간에 결혼하기까지는 깨가 쏟아지나 결혼 후에는 가정에 풍파가 많다. 초년 고생이 많고 중년부터 자리가 잡히니 여자는 30이 넘어서 후취로 가는 것이 좋고 연상자나 연하자와 결혼하는 것이 행복하다.

일생에 주거와 직업에 변동이 많고 언제나 새로움을 즐기니 남자는 예술이나 흥행업 대중적인 서비스업, 브로커 등이 적합하고 여자는 물장수, 여관, 요리업, 미용업이 적성이며 기생이나 소실로 흐르기 쉽고 아예 중으로 입산하는 경우도 있다. 년年에 절이 있으면 출생 후 가운이 변하고 일찍 부모를 떠나며 월月에 있으면 형제가 무력하고 서로 헤어지며 일日에 있으면 부부가 변동하거나 자주 떨어지게 되고 시時에 있으면 후사가 끊어지거나 부자가 서로 멀리 떨어지게 된다.

11. 태론胎論

허공에서 재생의 주체를 찾아 헤매던 기가 체體를 선택해서 태아로 잉태한 변동의 실현이 태胎다. 그토록 원했던 환생의 길이 열리고 새로운 생명으로서 포태했으니 기쁨에 넘쳐 있다. 여성처럼 온순하고 대화를 즐기며 화술이 능하고 무엇이든 쉽게 받아들이는 반면에 불노취식함으로써 노력이 부족하고 안일과 향락을 즐기며 실행력이 약하다.

덮어 놓고 청탁을 수락하고는 실천을 못해서 언행이 일치하지 못하다는 비난을 받으며 그 때문에 불신을 당하기 쉽다. 악의라고는 추호도 없으면서 남의 청탁을 뿌리칠 수 없는 약한 인정에서 실수를 저지른다. 뱃속에 있는 태아가 가장 두려워하는 것은 폭력이다. 고상하고 이상적 꿈을 그리는 반면, 현실에 어둡고 무엇이든 결단성이 부족해서 우유부단하다가 기회를 놓친다. 아직 남녀의 성이 결정되지 않았기에 성을 가르는 데는 엄숙해진다. 운명을 좌우하는 중대한 기로이기 때문이다.

그와 같이 태의 인생은 같은 동성 간에도 호불호가 없듯이 사교를 즐기면서도 이성문제에 대해서는 마음이 냉정하게 굳어진다. 연애가 서투르고 결혼을 전제로 한 교제를 원한다. 사실, 태의 인생은 남녀의 성이 운명을 좌우하듯이 배우자의 선택에 의해서 성패가 좌우된다. 그만큼 배우자의 영향이 절대적이다. 태아의 성은 고정되지 않고 중간에서 남자나 여자로 분별되듯이 태의 인생은 배우자와 해로하기 어렵다. 살아가는 과정에서 변동이 거의 필연적으로 발생한다.

개성이 강하고 아름다운 용모를 구하되 시종 일관성이 부족하다. 뱃속에서 세상 밖을 모르듯이 현실에 미숙하고 자기철학이나 인생관이 뚜렷하지 못해 일생을 통해서 변동과 고민이 많다. 초년에 고생이 많고 중년 후에야 개운이 되며 한 가지만 일관하면 반드시 성공하나 변덕이 있어서 주거와 직업의 변동이 많다. 장남이 아니고 막내가 많고 독자의 경우도 많으며 부모와의 인연이 박하다.

다재다능하고 만사에 유능하나 참을성과 끈기가 부족해서 직장 생활은 부적당하고 자유업이 적합하다. 년年에 태가 있으면 아비의 인연이 박하고 월月에 있으면 형제의 인연이 박하며 어머니의 인연 또한 박하다. 일日에 있으면 부부가 해로하기 어렵고 시時에 있으면 딸은 많고 아들이 귀하되 귀한 자식을 낳는다.

태아는 과연 아무 탈 없이 성숙하고 복 중에 유산이나 낙태가 되지 않을까 항상 불안하듯이 일생을 통해서 불안과 초조가 떠나지 않으며 급히 서두르고 조바심이 크다.

12. 양론養論

태중에서 성이 정해지고 태아로서 완성된 만삭의 인생이다.

출생만을 기다리기 때문에 불안이나 초조함이 없이 유연하고 침착하며 너그럽고 원만하며 사교가 능수능대한 팔방미인이요 노신사와 같다. 부모의 힘으로 성숙했듯이 창조력은 부족하나 전통과 유산을 상속해 보존하는 데는 유능하다.

무리하는 것을 싫어하고 급하고 빠른 것을 원하지 않는지라 약진을 기대할 수 없고 단계적인 발전을 한다. 초년보다는 중년이, 중년보다는 말년이 점차로 갈수록 좋아진다. 중류 이상의 생활을 하는 경제적인 혜택이 크고 점진적이고 장기적인 안목을 즐긴다.

양養은 어머니로부터 분신을 상속하듯이 상속의 인연이 있으므로 장남이 많고 차남인 경우엔 양자로서 상속을 받으며 조상의 가업과 유산을 잘 지킨다. 만삭의 태아는 모체와 분리하듯이 양養은 언제나 분리에서 분리를 거듭한다.

부모를 떠나게 되고 고향을 떠나, 모든 것에서 하나하나 분리돼 간다. 부부 간에도 서로 떨어지는 경향이 많고 그래서 여자는 중년에 미망인이되기 쉽다. 양자로 가면 이러한 분리의 아픔이 크게 감퇴되니 입양해서 수양부모를 모시는 것이 개운의 비결이다.

운동 신경이 둔한지라 운동 신경을 많이 쓰는 운전수 같은 직업에는 부적당하고 장기적으로 수련하는 직업이 적합하다.

신규사업은 부적당하고 전통적인 직업이 적합하다.

양養이 년年에 있으면 아버지가 입양했거나 아버지와 일찍 떨어지며 월月에 있으면 형제가 서로 분리되고 일日에 있으면 부부 간에 떨어지는 경향이 있으며 시時에 있으면 양자를 두거나 남의 자녀를 길러야 하며 자녀와 분리되기 쉽다.

이상은 십이운성의 성정에 대한 구체적인 설명으로서 운명 판단에 핵심이 된다. 그러나 모든 별이 그러하듯이 형충파해가 있으면 작용作用이 감퇴 내지 정지되듯이 십이운성十二運星의 성정性情 또한 변질된다. 가령 목욕沐浴의 별이 충합沖合됐으면 목욕沐浴의 성정性情이 반감되거나 거의 소멸되니 면밀히 관찰해야 한다.

택일법

애경사의 택일법은 여러 가지가 있다. 건建, 제除, 만滿, 평平, 정定, 집執, 파破, 위危, 성成, 납納, 개開, 폐閉의 십이건법十二建法을 비롯해서 택일하는 법은 여러 가지 있지만 가장 대표적이고 실용적인 것은 천덕天德과 월덕月德 그리고 천덕합天德合과 월덕합月德合이다.

천덕과 월덕은 삼합의 정으로서 대인관계와 사회 활동상 가장 좋은 기회를 의미한다. 명서命書에 의하면 천덕과 월덕은 천신과 지신이 중생에 대해 모든 허물을 탓하지 않고 관용함으로써 백 가지 흉살이 제거되고 전화위복이 된다고 했다.

택일은 어떤 탈이 생길까 염려한 나머지 아무런 탈도 없는 길일吉日을 택하는 데 참뜻이 있는 바, 신살神殺 중에서 모든 흉살을 제거하고 일체의 재난이 발동하지 않는 대길일大吉日은 오직 천덕과 월덕 뿐이다. 그렇다고 이 날은 반드시 무사고라고 단정할 수는 없다.

모든 행사는 그 자체의 운세에 의해서 성패가 좌우되는 것이 원칙이고 일신日辰 또한 사주의 희기신喜忌神에 의해서 길흉이 분별되는 것이 상식이지만 대중적인 길흉을 논하는 데는 일반적으로 누구에게나 재난과 흉액이 면제된다는 천덕과 월덕을 택할 수밖에 없다.

천덕과 월덕은 다음과 같다.

천덕天德

천덕은 월月을 위주로 해서 다음과 같이 적용한다.

丑	子	亥	戌	酉	申	未	午	巳	辰	卯	寅	月支/天德
庚	巳	乙	丙	寅	癸	申	亥	辛	壬	申	丁	

월덕月德

월덕은 월月을 위주로 해서 다음과 같이 적용한다.

丑	子	亥	戌	酉	申	未	午	巳	辰	卯	寅	月支/月德
庚	壬	甲	丙	庚	壬	甲	丙	庚	壬	甲	丙	

천덕합天德合

천덕신과 육합이 되는 별을 천덕합이라고 한다.

丑	子	亥	戌	酉	申	未	午	巳	辰	卯	寅	日支/天德合
乙	申	庚	辛	亥	戊	己	寅	丙	丁	巳	壬	

월덕합月德合

월덕신과 육합되는 별을 월덕합이라고 한다.

丑	子	亥	戌	酉	申	未	午	巳	辰	卯	寅	日支/月德合
乙	丁	乙	辛	乙	丁	己	辛	乙	丁	己	辛	

천덕의 경우 寅월에 택일을 하려면 丁일을 최길最吉로서 택하고 卯월엔 申일로 택한다. 丁은 한 달에 보통 세 번 들고 申은 두 번이 든다.

丁일은 丁未든 丁酉든 丁巳든 丁卯든 丁亥든 丁丑이든 丁火일은 모두 천덕일로 삼는다. 申 또한 甲申이든 戊申이든 丙申이든 壬申이든 庚申이든 申일은 모두 천덕일로 삼는다. 천덕합은 천덕일과 간합干合 또는 지합支合의 일日로서 천덕과 같이 겸용한다. 가령 寅월이면 천덕이 丁이니 壬이 합덕合德이며 丁이나 壬이 드는 날은 길일로서 택일한다. 월덕 또한 마찬가지다.

寅午戌월은 丙일을 월덕으로 삼고 丙과 육합이 되는 辛을 월덕합으로서 택한다. 그래서 寅월이면 午월이나 戌월엔 丙일과 辛일을 모두 월덕일로서 택한다. 천덕과 천덕합 그리고 월덕과 월덕합을 모두 응용하면 한 달에 길일이 여러 날 든다. 가령 寅월엔 丁일과 壬일 丙일과 辛일은 모두 길일로 택하니 택일할 수 있는 날이 12일간이나 된다. 그러니까 寅월엔 丁이나 壬이나 丙이나 辛이 드는 날을 모두 길일로 택일함으로써 일요일이든 토요일이든 본인이 원하는 날을 자유로이 선택할 수 있다.

천덕이나 월덕일엔 백살百殺이 꼼짝을 못하니 아무것도 가질 것이 없지만 가급적이면 주인공의 공망일이나 일지日支를 합合하는 것은 피하는 것이 좋다. 이제 월별로 택일하는 길일을 나열하면 다음과 같다.

월별/길일		월별/길일	
寅	丁 壬 丙 辛	戌	丙 辛
卯	申 巳 甲 己	亥	乙 庚 甲 己
辰	壬 丁	子	巳 申 壬 丁
巳	辛 丙 庚 乙	丑	庚 乙
午	亥 寅 丙 辛		
未	甲 己		
辛	癸 戊 壬 丁		
酉	寅 亥 庚 乙		

제8장

격국론 格局論

물건에는 품격이 있고, 사람에겐 인격이 있듯이
태어난 인간은 인간 나름대로의 각기 다른 자기의 격格이 있다.
예컨대, 직장 생활할 사람, 사업할 사람,
공부하고 가르치는 일을 할 사람,
바쁘게 기획하고 머리를 쓰고, 기술 활동을 해야 할 사람 등의
방향성이 정해지는 격국이 있다.
지금 나는 나에게 주어진 길을 가고 있으며,
어떤 사람인지가 궁금하거든 지금 이 책을 읽어 보시기를······.

격국格局은 인간에 있어서의 성명姓名과 같다. 이름 없는 인간이 없듯이 격국 없는 사주는 없다. 다만 이름에 선악길흉善惡吉凶이 있듯이 격국에는 여건을 구비한 것과 구비하지 못한 성패成敗가 있고 구성요소가 지나친 것과 부족한 것이 있다. 그에 따라서 인생의 등급과 차별과 부귀빈천이 발생한다.

　격이 상급이면 부귀하고 하급이면 빈천하며 중급이면 평범하다. 그것은 타고난 그릇과 똑같다. 그릇이 크고 탄탄하고 아름다운 것은 비싸게 팔리고 값있는 작용을 할 수 있듯이 그릇이 적고 허약하고 금이 가거나 흠이 있는 것은 헐값으로 팔리고 별다른 작용을 할 수 없는 것과 같다.

　격국은 여러 가지로 성립되지만 이를 크게 나누면 월지月支에서 형성되는 내격內格과 월지 이외에서 형성되는 외격外格의 두 가지로 분류할 수 있다.

　월지는 곧 사주四柱의 묘목苗木이요 울 안이기 때문에 사주를 나무로 비유하고 집으로 비유하면 그 나무 싹만 봐도 밤나무인지 소나무인지를 알 수 있듯이 집안 마당이므로 내격이라 하는 것이다.

　외격은 묘목을 떠나서 외형 전체를 보고 이름을 명명命名하는 변태적 격국으로서 마치 소나무에서 잣이 열리고 미꾸라지가 용이 되는 것처럼 조화가 무쌍하다. 그러한 인물이 비범한 것은 가히 짐작할 수 있지만 때로는 용이 못 되고 이무기가 돼서 만인에게 해를 끼치는 수도 있으니 사회적으로 문제아問題兒요 풍운아라 하겠다.

본시 비범이 드물듯이 격국 또한 대부분의 내격이요, 간혹 외격이 발생한다.

1. 내격팔격內格八格

내격은 월지에서 격국을 형성하는 팔격으로서 건록격建祿格을 비롯해 양인격(羊刃格=月刃格) 재백격(財帛格=正財格, 偏財格) 정관격正官格 칠살격七殺格 인수격(印綬格=政印格 偏印格) 식신격食神格 상관격傷官格 등 여덟 가지가 있다.
이를 내격의 팔격이라고 한다.

내격은 월지의 지장간을 기준 삼아 설명하는 것이 보편적인 통례이지만 천기에 투간(透干=천간에 나타나 있는 지장간의 별, 예를 들면 寅에는 여기餘氣의 戊土와 중기의 丙火 正의 甲木 등 세 가지 지장간이 있는데 천간에 戊土가 나타나 있으면 이를 여기餘氣의 戊土가 투간했다고 하고 丙火가 천간에 있으면 중기병화中氣丙火기 투간됐다고 한다)된 것을 기준으로 정기正氣부터 우선 주위로 설정하는 학파學派도 있다.

어느 것이 원리이고 합리적인가는 실제적이고 장기적인 체험과 실증을 통해서만이 가려질 것이지만, 양자의 학설이 모두 타당성을 가지니 양자를 다 같이 활용하는 것이 보다 합리적이라 하겠다. 왜냐하면 지장간은 공간과 시간을 지배하는 그 당시의 원기元氣로서 가령 寅월의 여기에 출생한 甲木이라면 여기의 戊土기운을 타고난 토질목체土質木體로서

土기를 生기로 삼는 것이 당연하다. 때문에 그 甲木의 격국을 편재격으로 설정하는 데 의심이나 이의가 있을 수 없다.

그러나 지지는 뿌리요 천간은 싹으로서 아무리 타고난 원기는 土라 해도 천간에 土가 없으면 土는 싹이 없는 뿌리로서 아무런 작용도 못한다. 그런 경우 천간에 정기正氣인 甲木이나 중기中氣인 丙火가 나타났다면 甲木이나 丙火는 뿌리가 있고 싹이 있으니 그를 사주의 묘목苗木으로 선택하는 것이 당연하며, 甲丙이 동시에 투간했을 경우엔 甲木정기가 丙火중기보다 압도적으로 강대하니 힘차고 패권을 잡은 甲木을 선택해 건록격으로 설정하는 것이 원칙이다. 때문에 지장간 본위와 더불어 천간에 나타난 투간 본위의 양자를 서로 절충하고 종합해 격국을 설정하는 것이 현명하고 합리적인 것이다.

(1) 정관격正官格

월지의 지장간이 정관에 해당하는 것을 정관격이라 한다.

가령 酉월정기에 태어난 甲木이나 申월정기를 타고난 乙木을 비롯해 卯월정기를 타고난 戊土, 寅월정기를 타고난 己土, 辰월정기를 타고난 癸水, 巳월정기를 타고난 辛金, 巳월중기를 타고난 乙木, 巳월여기를 타고난 癸水일생은 모두가 정관격正官格이다.

정관은 일주를 극하는 별로서 덮어 놓고 성립되는 것이 아니고 첫째, 일주가 왕하거나 강함으로써 정관의 극을 지탱할 수 있어야 하고 다음은 정관을 생부하는 재성財星이 있어야 멋지고 큰 출세를 할 수 있다.

둘째, 일주가 허약해 정관을 감당할 능력이 없으면 환자가 벼슬한 격이니 보약을 먹고 건강을 회복하는 것이 급선무요 전체조건이다. 그 보약은 곧 일주를 생해 주는 인수다.

인수가 있으면 정관이 인수로 변해 일주를 생해 주는 보약으로 化화하기 때문에 건강을 회복하는 동시에 벼슬을 충분히 감당할 수 있다. 인수가 있는 것이 이상적이지만 인수가 없는 경우엔 비견겁재比肩劫財도 약으로 활용해 건강을 회복하고 정관을 감당할 수 있다.

셋째는 정관을 꺾는 상관傷官을 비롯해 정관을 좀먹고 병들게 하며 무력화無力化시키는 형충파해刑沖破害와 정관에 먹칠을 하는 칠살이 없어야 한다. 만에 하나라도 이런 것이 있으면 벼슬은 상처투성이 상이용사일 뿐이니 영광의 벼슬자리에서 물러서야 한다. 이러한 파괴분자를 병이라 한다.

병이 있으면 활동을 못하는 것이니 비록 정관을 타고 났다고 해도 병든 환자는 그림의 떡이 아닐 수 없다.

그러나 병이 있다고 해도 그를 고치는 약이 있다면 병이 물러가고 건강을 되찾기 때문에 정관격은 성립된다. 가령 甲木일생이 庚辛金과 나란히 있으면 관살官殺이 혼잡이라서 정관격은 파격이 되지만, 乙木이 있어서 庚金을 합하거나 丙火가 있어 庚金을 억누르고 있는 경우엔 정관격이 파했다가 다시 구제돼 회생한 것이니 乙木과 丙火는 甲木의 약이요 구신救神의 역할을 하게 된다. 또한 申월생의 乙木은 정관격인데 寅이 있어서 충을 하면 파격이 된다. 이때에 亥가 있어서 寅亥合을 하거나 午가 있어서 寅午반합을 하면 충이 해제解除되고 申의 정관이 구제돼 희생하고 성립된다.

(2) 칠살격七殺格

칠살격은 월지 지장간이 칠살에 해당함으로써 성립된다. 寅월 정기를 타고난 戊土를 비롯해 卯월 정기 태생인 己土, 申월 정기 태생의 甲木, 酉월 정기 태생의 乙木, 巳월여기餘氣생의 壬水, 亥월 중기中氣생의 戊土 일생은 모두가 칠살격이다.

칠살은 범처럼 배우지 못한 사나운 권세라서 일단 출세했다 하면 큰 인물이 된다.

그러나 범을 잡으려면 범 같은 힘과 용맹이 있어야 한다. 그러한 강대한 힘이 없으면 칠살을 감당할 수 없으므로 격국이 성립될 수 없다. 칠살격이 성립되려면 첫째로 신강身强해야 하고, 신강하다 해도 칠살이 여러 개 있으면 그를 억누르는 식신食神이 있어야 하며, 둘째로 그러한 힘이 없을 경우엔 보신해 줄 수 있는 인수가 있어서 칠살을 인술로 변화시켜 일주를 생부生扶하고 건강을 회복시켜야 한다.

이는 배우지 못한 용맹자를 덕德으로 가르쳐서 주인을 해치고 반역하려는 악의를 스스로 버리고 주인의 덕망에 감동하고 교화돼 충성을 다하는 역군을 만드는 것으로 적이 동기가 되고 전화위복이 되는 것이다.

셋째로는 일주와 칠살이 비등하거나 일주를 도와주는 비견겁재가 있어 적을 교화시키지 못하는 경우엔 동기간인 비견겁재의 지원을 받아 우선 칠살을 이겨내고 물리칠 수밖에 없다. 그러면 일주는 범을 잡은 용감한 영웅이요 권력자로서 이름을 떨치고 천하의 범으로 군림하게 된다.

넷째로는 일단 칠살격이 성립됐으면 칠살을 침해하는 형충파해가 없어야 하고 칠살을 도와주는 재성財星이 없어야 하며 일간이 허약해져서는 안 된다. 그러한 병이 발생하면 칠살격은 병든 환자로서 무대에서 물러나서 병원에 입원하고 병을 고치는 약을 구해야 한다. 그 약을 구했을 경우 소생해 성격成格이 될 것임은 상식적 사실이다.

(3) 식신격食神格

식신격은 월지의 지장간이 식신에 해당함으로써 성립된다. 寅월중기 丙火를 타고난 甲일생을 비롯해 未월 여기(丁火) 태생인 乙일주日主, 辰월 중기(癸水) 태생인 辛일생, 申월중기(壬) 태생인 庚일주日主, 亥월중기(甲木) 태 생인 壬일주日主, 卯월정기(乙木) 태생인 癸일주日主는 모두가 식신격이다.

식신은 자기 정기(正氣=精氣)를 외부로 작용시키고 발휘하는 활동기능이 요 수단으로서 그 자체가 건전하고 강해야 하는 동시에 주체인 일주가 건강해야 한다. 따라서 인간의 활동 목적인 재물財物이 있어야 비로소 식 신격은 건전하다. 신왕하고 식신이 강하며 재성이 있으면 몸이 건강하고 활동력이 강하며 수익성收益性이 높은 형상形象으로서 일생동안 봉직奉職 하거나 투자投資해 쉴 새 없이 활동하고 생산해 치부致富하게 된다.

그러나 일주가 약하면 환자가 활동하는 격으로서 견딜 수가 없으며 식 신이 도리어 병이 된다. 때문에 먼저 일주의 허약성을 고쳐 주는 보약(인 수)이 있어야 비로소 식신격이 성립되고 식신을 감당할 수 있다. 반대로 일주는 강하고 식신이 약하면 능력은 있으나 활동무대가 빈약한 것이니 식신을 움직이고 작용을 극대화시키는 재성財星을 만나는 것이 급하다. 재물을 보면 힘이 용솟음치듯이 식신의 작용이 활발해지고 극대화함으 로써 자기 능력, 활동, 수익을 최대한 발전시킬 수 있다.

일주가 강하고 식신이 강하다 해도 일주를 극剋하는 칠살이 있으면 돈 보다는 칠살을 감당하기가 어렵다. 원기를 보강하는 인수나 비견겁재가 필요한 동시에 칠살을 도와주는 재물이 있으면 호랑이가 날개를 다는 격 으로, 식신이 칠살을 감당하기에 앞서 재물로 변해 칠살을 돕고 일주를 공격하는 반역자로 둔갑함으로써 식신격은 성립되지 않는다.

식신격이 가장 두려워하는 것은 뭘까. 첫째, 일간은 강한데 식신이 빈약하며 더욱이 식신을 치는 편인偏印을 만나는 것이다. 식신격은 식신이 주인을 먹여 살리고 운명을 이끌어 가는 충신이요 사공인데 그 자체가 허약해서는 유명무실하다. 하물며 병든 식신이 벽력같은 편인을 만나면 솔개가 병아리를 치는 격으로 식신격은 산산조각 나고 만다. 이런 때에 편인을 누르고 식신을 춤추게 하는 재성財星을 만나면 호랑이 앞에 총을 잡는 것처럼 화를 면하고 큰 이득을 얻는다. 가령 갑일주의 경우 식신은 丙火이고 壬水가 편인偏印이며 戊己土는 재성이 된다.

甲木은 강한데 丙火는 쇠약해 병든 강아지처럼 비틀거리는데 壬水가 침공하면 丙火는 물벼락을 맞은 호롱불처럼 꺼지고 만다. 이런 경우 戊土가 壬水를 물리치고 동시에 土를 본 丙火는 꽃을 본 나비처럼 생기를 되찾고 있는 힘을 총동원함으로써 죽음의 싸움터에서 큰 승리를 하고 일약 이름을 날리는 것과 똑같게 된다.

둘째, 일주는 약한데 식신이 재성財星을 생부하거나 칠살을 돕고 있는 것이다. 일주가 병들어 누워 있는데 식신이 재성을 생부하는 것은 병든 환자를 강제로 노동을 시키는 것이며 칠살까지 동원하는 것은 병든 노동자에게 채찍을 내리치는 격으로서 죽음을 독촉하는 살인 행위인 것이다. 주인의 병을 돌보지 않고 피를 빼고 매를 치는 식신의 집이 온전하거나 지탱될 수는 없다.

셋째는 식신을 병신으로 만드는 형충파해刑沖破害다. 거목巨木도 병들고 좀먹으면 시들고 쓰러지듯이 아무리 좋은 식신격이라 해도 상처투성이가 되면 손들고 하직하지 않을 수 없다. 이러한 병폐가 발생하면 식신격은 파격이 되고 다행히 병을 고치는 약을 만나면 파격은 다시 소생해 성격成格이 된다.

(4) 상관격傷官格

월지에 상관이 투간透干하면 상관격이 형성된다. 寅월 여기(戊土) 태생인 丁일주日主를 비롯해 卯월정기(乙木) 태생인 壬일생, 辰월중기(癸水) 태생인 庚일생, 巳월중기(庚) 태생인 己일생午월중기(己土) 태생인 丙일주는 모두가 상관격이다.

상관은 일주의 지능(知能=精神)을 외부로 작용시키는 심적 활동기능이요 수단으로서 일주日主와 상관이 다같이 건전해야 한다.

첫째, 일주가 강하고 상관이 건전하며 활동 목적인 반대급부(反對給付=財星)가 있어야 한다. 일간이 강하면 일주의 재능을 아낌없이 발휘할 수 있다. 그러나 아무리 일주와 상관이 견실하다 해도 활동의 댓가인 재성이 없으면 일할 의욕이나 기분이 없어지므로 모두가 침체하고 녹슬게 되며 급기야 상관이란 집이 쓸모없는 흉가로서 문을 닫고 폐기된다. 때문에 일간이 강하고 상관이 강하면 반드시 재성이 있어야 한다.

둘째, ①일주가 약하면 상관이 작용을 할 수 없고 상관이 작용하면 환자가 머리를 들볶으면 자신을 지탱할 수 없으므로 일주를 생해 주는 인수를 만나야 한다. 보약을 먹으면 건강을 회복함으로써 상관을 감당하고 재물을 생산할 수 있다.

상관격이 가장 두려워하는 파괴분자는 첫째로 정관正官이다. 상관이 정관을 보면 재물을 생산하지 않고 벼슬을 쳐부수는 흉한별로 돌변함으로써 일주는 돈을 벌지 않고 싸움만 일삼는 그러한 흉기를 버리지 않을 수 없다.

②일간이 허약해서 상관을 감당할 수 없는 처지에 재성이 여러 개 있어서 상관작용을 극대화시키고 병든 환자 머리를 들볶는 것이다.

허약한 환자를 쉴 새 없이 머리를 쓰게 하고 밤을 새워 채찍질하면 졸

도해 쓰러질 것이 분명하다. 주인을 쓰러뜨린 흉악한 상관이 주인으로부터 버림받을 것은 당연한 일이 아닌가?

③일간은 강한데 상관은 허약하고 더욱이 병든 상관을 공격하는 인수를 만나는 것이다.

상관은 자기 재능을 발휘하는 무대와 같다. 아무리 능력이 훌륭해도 재능을 발휘할 수 있는 무대가 빈약하면 진가를 발휘할 수 없다. 마치 일류 주연배우가 삼류무대에서 그것도 조연 노릇을 한다면 어찌 되겠는가? 하물며 그 무대를 쳐부수는 철거령을 내린다면 어찌 되겠는가? 무대를 상대로 먹고사는 연기생활을 청산하지 않을 수 없듯이, 머리로 먹고사는 상관격도 재능을 파는 시장이 폐쇄되면 버리지 않을 수 없다.

④상관의 뿌리를 도끼로 찍고 좀먹게 하는 형충파해다.

역발산의 장사도 병들면 살 수 없듯이 아무리 머리좋은 상관격도 형충파해를 만나면 더 지탱할 수가 없다. 다행히 병을 고치는 약을 만나면 회복할 수 있지만 약을 구함이 어찌 손쉽겠는가?

(5) 재백격財帛格

월지에 정재正財나 편재偏財가 투간돼 있으면 재백격이 형성된다. 본래는 정재격과 편재격으로 나누는 것이 원칙이지만 재물에 정당하고 부정한 것을 가릴 수 없듯이 재물은 하나요 둘이 아니기 때문에 하나로 묶어서 재백격이라고 한다.

寅월 여기(戊土) 태생의 甲乙木일주를 비롯해서 巳午월정기(丙丁火) 태생의 壬癸일생, 辰戌丑未월의 정기(戊己土) 태생인 甲乙木일주, 申酉월 정기태생(庚申金)의 丙丁일주, 亥子월정기(壬癸水) 태생의 戊己일주로서, 첫째로는 일주가 돈 버는 노동을 할 수 있을 만큼 건강하고 견실해야 하고 열매인 재성財星 자체가 왕성해야 하며 재물을 공격하는 비견겁재를 물리치고 재물을 지켜 주는 관성官星이 있어야만 완전하고 견실하다.

둘째, 재물은 많고 일주가 약하면 논밭은 많은데 주인이 병든 환자격이니 보약인 인수와 협력자인 비견겁재가 있어서 모든 재물을 능히 감당할 수 있어야 한다.

셋째, 주인은 천하장사인데 논밭은 보잘것없는 것처럼 일주는 강한데 재성이 빈약한 경우에는 재물을 만들기가 어려우니 재성을 생산하는 식신상관이 있어서 중화를 시켜야 한다.

그러므로 주인과 직장과 돈은 언제나 안전하고 발전하며 치부를 할 수 있다. 이러한 중화中和를 상실하면 재백격은 금이 가고 깨어진다. 가령 일주는 강한데 재성은 형편없이 빈약하고 재성을 공격하는 비견겁재가 있다면 재성은 고양이 앞의 쥐처럼 아무런 작용도 못한다. 반대로 일주는 약하고 재성은 강한데 일주를 치는 칠살까지 있다면 일주는 호랑이 앞의 강아지처럼 살아남을 수가 없으니 재백을 감당할 수가 없다.

재백의 묘목을 자르고 꺾고 쑤시는 형충파해가 있어도 재백은 상처투성이 상이용사가 되니 재백격은 무너진다. 다행히 이러한 병을 고치는 의사가 있어 구제된다면 재백격은 실격에서 다시 합격해 기능을 발휘하고 본분을 가질 수 있다.

(6) 인수격印綬格

월지 지장간에 인수나 편인이 있으면 인수격이 형성된다.

흔히 인수는 친어머니요 편인은 계모나 유모로서 정인격과 편인격으로 구분하기도 하지만, 부모를 차별하는 것은 자식된 도리가 아닌 듯이 계모도 어머님임에는 다름이 없기 때문에 인수격으로 통일한 것이다.

寅卯월정기(甲乙木) 태생인 丙丁火일주를 비롯한 辰戌丑未월정기(戊己土) 태생인 庚辛일생, 巳午월정기(丙丁火) 태생인 戊己일주, 申酉월정기(庚申金) 태생인 壬癸일주, 亥子월정기(壬癸水) 태생인 甲乙木일주는 모두가 인수격이다.

인수는 기르고 가르치는 양식이요 지식으로서 모자母子가 똑같이 건전해야 한다. 때문에 자식된 일주가 강하고 어머니된 인수가 허약하면 병든 어머니를 공경하고 보신하는 인수의 인수격인 관성(官星=正官, 七殺)이 있어야 하고, 일주와 인수가 다 같이 왕성하면 일주의 힘이 태왕함으로써 힘을 설기洩氣하는 식신상관이 있어야 하며, 인수가 여러 개 있으면 모왕자쇠母旺子衰라고 어머니가 여럿이면 서로 젖먹이는 것을 다투거나 미루다가 도리어 젖을 굶기듯이 올바른 양육이 어려우니 인수의 별을 누르는 재성財星이 있어야 한다.

그러나 재성이 인수와 맞서는 힘을 가졌거나 재성이 더욱 강해 인수를 파괴해서는 안 된다. 그렇게 되면 인수는 자식된 일주를 돌볼 새가 없고 재성과 싸우기에 바쁘며 재성에게 만신창이가 돼서 쓸모가 없으므로 인수격은 파격이 된다.

인수가 있으면 일주는 어머니의 젖꼭지를 물고 있는 어린애와 같이 건강하므로 신약할 수가 없고 병들 수가 없다.

그러나 인수가 빈약하면 일주도 허약함으로 이런 경우엔 인수를 생하는 관성이 있어야 하는데, 만일 관성이 없고 인수를 공격하는 재성이 있으면 병든 인수와 일주가 전투에 나가는 격으로서 파격이 된다.

일주가 허약한데 칠살이 있으면 병든 환자가 호랑이와 씨름하는 격이다. 이때에 인수가 있으면 호랑이의 이빨을 빼고 도리어 호랑이를 타고 다니는 격으로 마치 사경에서 의사를 만남과 같다. 그러나 이런 경우 인수와 관성이 많으면 모왕자쇠격母旺子衰格으로 일주를 돌보지 않기에 인수격은 파격이 된다.

인수의 묘목인 월지가 형충파해를 당하면 싹이 병들고 시들며 썩게 되니 인수라는 묘목에서 형성된 인수의 집은 고목처럼 폐기가 되고 문을 닫아서 파격이 된다. 의사와 약을 만나야만 다시 인수의 묘목으로 살아남을 수 있다.

(7) 건록격建祿格

월지에 일주의 정기建祿를 타고났으면 건록격이 형성된다.

寅월[甲木]정기 태생인 甲일주를 비롯해 卯월[乙木]정기 태생인 乙일생, 巳월[丙火]정기 태생인 丙일주, 午월[丁火] 태생인 丁일주, 申월[庚金]정기 태생인 庚일주 酉월[辛金]정기 태생인 辛일주 등은 모두가 건록격이다.

건록격은 일주가 왕성한 정기[精氣=正氣]를 타고난 것이니 육체와 정신이 건전하고 벼슬하고 사업하는 기운[氣運]이 강하다. 때문에 재관이나 식신이 있으면 크나큰 활동을 하고 출세를 할 수 있다. 반대로 재성이나 관성 또는 식신이 없으면 힘은 장사인데 일거리가 없는 것처럼 쓸모가 없게 된다.

건록격은 이미 완성된 성인으로 파격되는 수가 없다. 그래서 내격이 아니고 외격이라고 주장하는 파도 있다. 홍콩[香港]의 위천리韋千里씨는 그 대표적인 학자다.

(8) 양인격羊刃格=月刃格

월지에 제왕이 투간했으면 양인격이 형성된다. 卯월[乙木]정기 태생인 甲일생을 비롯해 午월[丁火]정기 태생인 丙일생, 子월[癸水]정기 태생인 壬

일주 등은 모두가 양인격이다. 음일陰日주에도 제왕이 있고 양인이 있으나 음일陰日양인은 본질상 애매한 것이 있기 때문에 양인격의 형성에 있어서 찬반양론이 있지만 제왕을 타고난 음일주니 일단 양인격으로 잡되 참작해 판단하는 것이 합리적이다.

왜냐하면, 양인은 칼날이 새파랗게 서 있는 사나운 군인인데 비록 여군女軍이 있다 해도 남군男軍과는 다르기 때문이다.

같은 양일주의 양인격에 있어서도 丙일주日主의 午월정기태생은 午중己土가 있어 丁火가 설기되고 허약하기에 순수한 양인이 될 수 없다 해서 양인격으로 취급하지 않고 상관격으로 취급하는 파도 있다.

양인격은 제왕의 집으로 파격이나 실격失格은 없다. 그래서 건록격과 같이 내격이 아니고 외격으로 취급하는 학파도 있다.

2. 외격外格

인간의 운명은 사주구조의 원칙에 따라서 월지의 묘목을 기준으로 해서 이름[格局]을 짓고 그 넝쿨의 뻗어가는 방향과 잎과 꽃과 열매의 실태를 종합해 부귀빈천을 가리는 것이 상식이지만 때로는 묘목과 일주를 떠나서 전체적인 형세를 기준으로 집의 이름을 짓고 운세를 판단하는 경우가 있다.

이와 같이 월지와 상식을 벗어나서 격국을 형성하는 비정상적인 격국을 외격外格이라고 한다. 외격은 그 자체가 비정상이듯이 특수한 사주로서 그 주인공의 인물 또한 비범하고 특수하다.

조화造化를 가지고 있는 것이 외격이듯이 외격의 주인공은 조화가 무쌍하다. 용이 되면 다행이지만 때로는 용이 못 되는 이무기도 될 수 있다. 외격은 무엇인가 출세를 하고 세상을 구제하는 조화력을 가진 큰 인물이 발생하는 반면에 사람을 해치는 나쁜 조화를 부리는 반사회적이거나 비정상적인 것도 많다. 그러니 외격이라고 해서 무조건 비범한 사주요 인물이라고 단정하는 것은 속단이요 오판誤判이니 음양오행의 원리에 따라서 세밀히 분석하는 것이 중요하다.

외격은 전체적으로 막강한 세력을 형성하고 있는 오행에 순종하는 종격縱格을 비롯해 육합의 화신化神에 순응하는 화격化格과 전체를 독점하고 있는 하나의 오행에 집약集約하는 일행득기격一行得氣格과 서로 상치되고 막상막하의 힘을 가진 두 개의 오행으로 형성된 양신성상격兩神成象格으로 대별한다.

내격이 대체로 오행을 고루 갖추고 중화를 위주로 하는 데 반해 외격은 한두 가지의 오행이 독점하고 판을 치며 운명을 좌지우지하는 것이 특색이다. 때문에 내격은 오행이 주류周流하고 생극제화生剋制化함으로써 비약적 발전이나 일락천장—落千丈의 급선직하가 드문 데 반해 외격은 독점한 오행이 득세하면 일약 비룡재천할 수 있고 반대로 실기실세失氣失勢하면 하루 아침에 추풍낙엽이 되는 흥망성쇄가 심한 풍운아의 운명이다.

이제 그 전모와 진상을 살펴보기로 한다.

(1) 종격從格

종격은 사주구성에 있어서 어느 한 가지 오행이 특별히 강왕하고 전체를 독점해서 감히 그 기세를 꺾을 수 없을 경우 강대한 독점 기세에 따르는 격국을 말한다. 원래 강한 것은 눌러 주고 약한 것은 생부生扶해 주는 것이 사주의 묘리요 철칙이지만, 워낙 태강해서 감히 누를 수 없는 막강한 힘은 도리어 건드리지 않고 그 힘을 돋구어 주거나 스스로 빠지도록 하는 것이 현명하고 현실적인 물리物理요 역학원리力學原理다.

종격에는 일주의 오행이 지나치게 강대해서 모든 신하(日干以外의 三干四支는 日主에 종속된 신하臣下다)가 군주에 그대로 추종하는 일주 본위의 종격과, 일주는 쇄약하고 신하가 너무 강대해서 주인된 주권을 포기하고 신하의 세력에 따르는 신하 본위의 종격 등 두 가지가 있다.

일주 본위의 종격

일주 본위의 종격에는 일주의 오행이 강대한 종왕격從旺格과 일주를 생해 주는 인수가 강대해 득세하고 지배하는 종강격從强格의 두 가지가 있다.

(2) 종왕격從旺格

종왕격은 일주와 똑같은 오행-비견겁재가 사주를 대부분 점유하고 일주를 공격하는 관살官殺이 전혀 없거나 비견겁재가 강대하고 인수가 있는 사주구조를 말한다. 사주가 일주 오행으로 꽉 차 있어서 다른 오행은 전혀 기를 피거나 사족을 쓸 수 없으며 사주를 운영하고 관리하는 데 전혀 간섭할 수 없다.

다만 일주의 동기간同氣間만이 전권을 잡고 횡행천지橫行天地를 한다. 때문에 일주를 극하는 관살을 만나면 큰 난리가 벌어진다.

모든 오행은 자신을 지배하는 관살을 만나면 벼슬아치 앞에 백성이 순종하듯이 관살 앞에 복종하는 것이 철칙이요 상식이다. 그러나 종왕격은 자기 일족의 막강한 세력을 믿고 벼슬아치 관살이 찾아와도 반항하고 대결한다. 그렇다고 벼슬아치가 백성의 반항으로 물러서거나 용서할 리는 없다.

벼슬아치는 노발대발해 당장 법대로 백성들이 포박해 형벌을 내린다. 극성지패라고 종왕자는 자기세력만 믿고 날뛰다가 패가망신을 당하는 것이다. 그와 같이 종왕격은 관살을 대운大運이나 세운歲運에서 만나면 큰 화를 당한다.

그 실례를 들어보자.

〈예 1〉

乙卯 　春生甲木이니 득령해 신왕한데 2乙2卯1癸1亥가
乙卯 　있어 사주전체가 水木으로 우거져 있으니 木의
甲寅 　천지요 기세가 당당하다. 누구도 목의 기세를 꺾
癸亥 　을 수가 없다. 만일 庚辛 申酉 대운이나 세운을
　　　만나면 일전을 불사한다. 金과 싸운 木이 온전할
　　　리가 없다. 만신창이가 돼 크게 패함을 당한다.

〈예 2〉

戊戌 　未일생 戊土가 득령하고 전체가 土일색一色이다.
己未 　어찌 그 강강强土를 함부로 건드릴 수 있는가? 甲
戊戌 　乙寅卯를 만나면 성난 황소처럼 덤벼들고 격전을
己未 　벌인다. 木과 싸운 土가 어찌 온전하겠는가? 살이
　　　찢어지고 뼈가 부러지고 가산이 파산하고 형벌
　　　을 당하는 등 큰 화를 당한다.

(3) 종강격從强格

사주에 인수가 거듭 있고 대세를 지배하고 있으며 일주와 비견겁재와 이 두 가지 오행이 합심 협력해서 이성을 형성하고 있는 인수비견의 천하가 종강격이다.

종왕격은 비견이 득세하고 인수가 협조하는 비견겁재의 천하인 데 반해 종강격은 비견겁재보다도 인수의 비중이 크고 천하대세를 잡고 있는 것이 특색이다. 인수가 최고권을 가짐으로써 인수를 침공하는 식신상관

을 만나면 황소처럼 뿔을 들이받는 통에 무서운 파란이 발생하고 큰 화를 가져온다.

그와 같이 위세가 당당한 일주를 극하는 관살을 보면 득세한 일주가 범처럼 덤벼들고 격전이 전개되니 상처투성이의 큰 화를 가져온다.

종왕격과 다른 것은, 종왕격 단독 집권인 데 반해 종강격은 인수와 비견이 합동해 천하를 독점하는 공동집권이다. 따라서 공동집권이면서 최고권은 인수가 가지고 있으므로 인수와 대결하는 식신상관을 가장 두려워한다.

〈예 1〉

辛丑　　土월생의 辛金이 태산에 둘러싸여 있다. 土가 전권을
庚辰　　잡고 辛金 辛未를 보호하니 土金천하를 이뤘다. 식
辛未　　신상관인 水를 보면 군群土가 쟁재爭財해 집안이 발끈
戊戌　　뒤집히고 관찰官殺인 火가 침공하면 辛金이 안하
　　　　무인격으로 반항함으로써 상처투성이의 화를 면
　　　　할 수가 없다.

〈예2〉

壬子　　춘생甲木이 득령하고 壬癸2水와 3子가 생부生扶하니 사
癸卯　　실상 부浮木이 되고 水가 전권을 잡고 있다. 식신상관
甲子　　인 火가 오면 군群水가 쟁재爭財하다가 구사일생의 위
甲子　　기를 초래하고 金이 오면 甲木이 안하무인으로 날뛰
　　　　다가 상처를 입는다.

종왕격과 종강격은 왕왕히 착각할 경우가 많다. 그러나 서로의 비중을

면밀히 분석하고 계산해서 비견겁재의 비중이 크면 종왕격이고 인수의
비중이 크면 종강격이다. 다음 일례를 살펴보자.

辛亥　　인수가 넷이요 비견이 넷이니 막상막하다. 언뜻
庚子　　보기에는 금이 많아서 종강격이다. 그러나 오행
癸亥　　의 비중은 십이운성의 왕약에 있으니 이럴 때는
庚申　　金과 水의 십이운성을 살펴야 한다. 첫째 癸水는
　　　　월지月支에 득령해 강왕하고, 亥에 태왕하니 극성
　　　　이며 亥가 두 개가 있으니 전성全盛인 데 비해 金
　　　　은 월지月支에 실령失令하니 쇠약하고 子에서 死
　　　　하고 亥에서 병病이 되니 근기根氣가 허약하며 물
　　　　구덩이에 빠지는 것을 申지에 가까스로 지탱하
　　　　고 있는 형국이다. 水가 전권을 잡고 있음을 한
　　　　눈에 볼 수 있으니 종왕격이 분명하다. 종왕이나
　　　　종강은 그 자체가 강왕함으로써 힘이 왕성하고
　　　　독립해 무엇이든 능동적이고 비약적이다. 벼슬
　　　　길에 올라서면 계급이 물솟듯 뛰어 오르고 지위
　　　　를 손쉽게 잡는 것이다.

신하 본위의 종격

일주가 극도로 쇠약하고 신하가 극도로 강하면 중과부적으로 옥새玉璽를 신하에게 넘겨 주고 그에 의지할 수밖에 없다.

신하에는 벼슬을 맡아 보는 관살官殺과 재정을 맡아 보는 재성財星과 자식의 위치에 있는 식신상관의 세 가지가 있다.

(4) 종재격從財格

일주가 극도로 쇠약한 데 반해 재성이 득령하고 득세해 천하를 지배하면 일주도 그에 추종하지 않을 수 없다.

재성財星이 집권하고 지배하는 재성의 천하를 종재격이라고 한다.

종재격을 형성하려면 첫째 재성이 득령하고 지지를 모두 점유하거나 방국이나 삼합국三合局을 형성해 재성이 독차지하는 동시에 천간에 재성을 생부하는 식신상관이나 재성이 있고 재성을 보호하는 관이 있는 반면에 일간을 생해 주는 인수나 일주가 다리를 뻗고 붙일 수 있는 지지의 생기나 왕기가 한 점도 없어야 한다.

그러기에 일주는 극왕한 재성을 감당할 능력이 없으므로 하는 수 없이 재성에게 주권을 넘겨 주고 보호를 받아 그 덕으로 득세를 하는 것이다. 때문에 인수나 비견운이 오면 큰 풍파가 발생한다. 힘이 없어 재성에 복종한 주인이 보약을 먹고 원기를 회복하며 동기간의 협력을 얻으면 반드시 재성에게 넘겨 준 도장을 다시 찾으려고 덤벼든다.

그렇다고 집권한 재성이 순순히 도장을 되돌려 줄 리는 없다.

여기서 양자 간에는 큰 싸움이 일어나고 상처투성이의 화를 입는다. 그것은 일단 시집을 간 여인이 친정으로 되돌아와서 친정의 세력을 빙자

해서 시집과 싸우는 격이니 시집에서 쫓겨나고 큰 화를 당할 것이 분명
하다.

〈예 1〉

庚戌	庚金재신財神이 득령하고 申酉戌방국方局을 형성
乙酉	했으며 4지에 金기氣가 가득 차고 丙火를 생해
丙申	주는 일점一點의 乙木이 庚金과 간합干合한데다가
乙丑	己土가 생재生財하니 외로운 丙火가 종재從財하지
	않을 수 없다.

〈예 2〉

丁未	재성財星丙火가 득령하고 巳午未남방火국局을 형
丙午	성했으며 甲木이 생재生財하니 극왕極旺하다 일
癸巳	주癸水를 생해 주는 인수가 일점一點도 없으니 어찌
甲寅	자주독립할 수 있겠는가? 재성에 의존할 수밖에 없다.

(5) 종살격從殺格

일주가 극도로 쇠약한 데 반해 관살이 득령하고 득세하면 관살을 감당
할 수 없으므로 부득이 모든 권리를 포기하고 종살하지 않을 수 없다.

그 여건은 종재와 똑같이 관살이 득령하고 삼합국이나 방국을 얻어
4지를 독점하는 동시에 천간에 살을 생부하는 재성이나 관살이 있는 반
면에 일주를 생해 주는 인수나 일주가 발붙일 생왕生旺의 지지가 없어야
한다.

종살격은 살을 도와주는 재운이나 관살운에 가면 대발전하고 관살을 공격하는 식신상관운이나 일주를 생부해 주는 인수비견운에 가면 파란과 재화災禍가 발생한다.

〈예 1〉

戊戌　추秋월생 乙木이 발붙일 곳이 없고 辛金은 득령
辛酉　하고 생해 주는 土가 있어 천하를 장악하고 있다. 호
乙酉　랑이 칠살이 날개를 펴고 호령하니 乙木이 어찌하겠
乙酉　는가? 종살從殺해 그에 의존할 수밖에 없다.

〈예 2〉

壬寅　未월생 己土가 득령하고 丁火인印수가 있으나 亥
丁未　卯未木국局해 未土가 木국局으로 변질하고 丁火
己卯　는 壬水와 6합六合해 화化木했으니 모두가 木의
乙亥　천지로 변했다. 己土가 의지할 곳은 하나도 없으
　　　니 木의 살신殺身에 의존할 수밖에 없다.

(6) 종아격從兒格

일주가 쇠약하고 인수가 없는 데 반해 식신이나 상관이 천하를 독점해 일주의 기운을 빼내면 환자가 피를 토하는 격이니 사는 길은 식신상관에게 도장을 넘겨 주고 그에 순종하는 것 뿐이다.

식신상관은 내가 낳은 자식이니 자식에 의지한다 해서 종아격從兒格이라고 한다. 일간 식신상관에게 전권을 넘겨 주고 식신상관이 집권했으면 집권자가 욱일승천으로 발전해야 한다. 비견겁재는 식신상관 운에는 집

권당이 크게 합세하고 협력하니 더욱 좋고 재성을 만나면 식신상관의 꽃
이 피고 열매가 생겨 최고의 행운이다.

그러나 식신상관을 공격하고 일주를 생해 주는 인수가 오면 식신상관
이 반항하고 격전을 벌이며 상처투성이가 됨으로써 큰 화를 가져오며 관
살을 보아도 식신상관이 적대시하고 도전하므로 파란이 일어난다.

종격은 처녀가 친정을 버리고 시집을 간 것이니 시집이 잘 살아야 자
신도 부귀하듯이 종아는 주신(主神=종아격은 식신상관이 주신이다)이 상처 없이
안전하고 발전해야 그 자신도 부귀영화를 누릴 수 있다.

〈예 1〉

丁卯　춘春생水가 장생長生이 둘이고 辰중癸水가 있으
壬寅　며 월상月上壬 水가 있어 득기得氣를 했으나 寅卯
癸卯　辰 동방東方木국局이 형성돼 이 천하를 독점하는
丙辰　동시에 壬水 또한 丁火와 화化木해 木의 천지가
　　　됐으니 종從木(식신)하지 않을 수 없다.

〈예 2〉

甲寅　춘생水가 장생長生이 3개가 있어 득기得氣했으나
丁卯　지지地支4지四支가 모두 木으로서 木천하가 됐고
癸卯　천간天干에 甲乙木이 병입해 천하대권을 잡으니
乙卯　의지없는 癸水는 그에 순종하지 않을 수 없다.
　　　木을 생부하는 水木운運과 木의 수기秀氣를 발휘
　　　하는 대운(재운)을 만나면 대발大發하고 木신神을 공
　　　격하는 金운(인수운)을 만나면 큰 화를 초래한다.

(7) 화격化格

일주와 월간 또는 시간이 육합하고 화신化神이 득령하며 화신化神을 공격하는 흉신이 없으면 화신化神이 일주를 대신해 천하를 점유하고 지배한다. 이는 화신이 득기하고 독립하는 변태적 격국으로서 화격 또는 화기격化氣格이라고 한다.

기는 계절을 의미하니 계절을 만난 화신이 집권한다는 뜻이다. 화격은 육합六合한 화신化神이 득령하고 득기해 득권하는 것이니 반드시 때를 얻어야 한다.

때를 잃은 화신은 구름을 얻지 못한 용처럼 하늘을 날을 수가 없다. 일부 학파에서는 일주가 육합을 했으면 때를 얻지 못했어도 화신化神으로 변한 화격으로 취급하는 것이 당연하다고 주장하고 있다.

왜냐? 육합은 오행의 변화로서 일단 변화된 오행은 화신으로 존재할 뿐 원신〔육합 이전의 日干오행〕으로 되돌아올 수 없기 때문에 어차피 화신으로 때를 기다리고 화신의 작용을 해야 한다는 것이다. 일리 있는 이야기이니 참고로 하는 것이 좋겠다. 그러나 일반적으로 득기 득령을 해야만 화격으로 인정하고 있다.

일부에서는 득령한 화격을 진화격眞化格이라고 하고 득령을 하지 못한 화격을 가화격假化格이라고 하며 진화격은 왕후공경王候公卿 위 대귀격大貴格인 데 반해 가화격의 주인공은 고아가 아니면 두 가지 성〔異性〕을 갖는 비천한 인물이라고 하기도 한다. 원래 화자化者는 조화무쌍한 용龍을 말하니 화격이 얼마나 못된 그릇인가는 가히 짐작할 수 있다. 그 조화 무쌍한 용의 화격이 제대로 성립됐으면 용이 여의주를 얻고 하늘을 나는 격이니 크게 출세할 수 있고 만인을 위해서 훌륭한 일을 할 수 있는 데 반해 화격이 때를 잃거나 파괴신이 있어서 파격이 됐으면 용이 구름을 얻지 못해서 바다에 잠겨 있는 이무기로 타락한 것이니 세상에 쓸모가 없고 출세가 어려움에 따라서 타고난 재주를 악용하지 않을 수 없는 것이다.

그러나 가화격도 일단 때를 만나면 비룡재천飛龍在天하는 기회를 얻어 일약 대발大發할 수 있으니 수신제가하고 때를 기다리는 수양이 아쉽고 중요하다. 화격은 반드시 일주를 기준으로 해서 일주와 바로 이웃인 월간이나 시간時干과 육합해야 한다.

화격은 甲己화化土격格을 비롯해서 乙庚화化金격格, 丙辛화化水격格, 丁壬화化木격格, 戊癸화化火격格의 다섯 가지가 있다. 화격이 성립됐으면 화化干은 화신으로 바꿔야 한다. 가령 丁壬화化木이였으면 丁은 음陰木이므로 음木인 乙木으로 壬은 양간이므로 양陽木인 甲木으로 고쳐 써야 한다.

(8) 화토격化土格

甲일 己월 또는 甲일 己시, 己일甲월, 또는 己일甲시생으로서 辰戌 丑未월 정기正氣를 타고나면 화토격이 성립된다. 같은 辰戌丑未월생이라 해도 입절入節후(3월 청명절이 3월 2일에 들었으면 3월 2일을 입절일이라고 하고 2일 이후를 입절후라고 하다) 12일 이전의 여기나 중기 태생이면 土월 정기正氣가 아니기에 득령이 아니고 甲己화化土의 화격化格이 성립될 수 없다.

〈예 1〉

戊辰	9월 정기正氣 태생으로서 득령했고 4지四支가 모
戊戌	두 土이며 土의 화신을 극하는 木이 없으니 성격
甲辰	成格이다.
己丑	

〈예 2〉

癸卯	甲乙화化土는 했으나 실령失令을 했고 화化土격格
乙卯	을 파괴하는 木이 득령하고 왕성하니 화化土격格
甲辰	은 산산조각이 났다.
己巳	

(9) 화금격化金格

乙일 庚월 乙일庚시생이나 庚일乙월, 庚일乙시생으로서 申酉월생 또는 巳丑戌월생으로서 金기氣를 타고났으며 金신神을 파괴하는 火가 없으면 성격成格이 된다. 월령月令에 있어서는 방본위方本位로 申酉戌월을 따지는 학파와 삼합 본위로 巳酉丑월을 고집하는 양파가 있는데 여기서는 양쪽을 모두 받아들이기로 한 것이다. 서로가 합리적인 주장이기 때문이다.

〈예 1〉

甲申	乙庚화化金하고 화신化神이 득령했으며 화신化神
癸酉	을 극하는 丙丁火가 없으니 성격成格이다. 乙간干
乙丑	을 辛金으로 고쳐서 甲申 癸酉 辛丑 庚辰으로 봐
庚辰	야 한다.

〈예 2〉

丙申	乙庚 化金이 실령失令하고 화신化神을 극하는 丙
丙寅	火가 있으니 파격破格이다.
乙丑	
庚辰	

(10) 화수격化水格

辛월 丙일 辛시, 辛일丙월, 辛일丙시생으로서 亥子월생 또는 申辰丑의 水기氣를 타고났으며 水화신化神을 극하는 土가 없으면 성격成格이 된다.

〈예 1〉

壬辰	丙辛화化水가 득령하고 水기氣를 장간하고 있는
壬子	辰丑土가 있으니 성격成格이다. 水기氣 없는 未戌
辛丑	土가 있으면 파격이다.
丙辰	

〈예 2〉

戊戌	辰월정기正氣 태생으로서 戊土가 득령하고 戌未
丙辰	양兩土가 극하니 丙辛化水가 무기無氣하고 무한無
辛未	根하며 무력한 화신化神으로 파격이 됐다.
壬辰	

(11) 화목격化木格

丁일壬월, 丁일壬시, 壬일丁월, 壬일丁시생으로서 寅卯월생이나 亥未辰 월생중 木기氣를 타고났으며 木신神을 치는 金기氣가 없으면 성격成格이 된다.

〈예 1〉

丁未　壬화化木이 병립하고 화신化神이 득령했으면 화
壬寅　신化神을 파괴하는 金이 없으니 성격成格이다. 水
壬寅　木운運으로 가면 대길大吉하고 금운을 만나면 대
丁未　파大破하고 대화大禍를 초래한다.

〈예 2〉

戊辰　丁壬화化木이 실령失令하고 金이 극목尅木하니 화
庚辰　신化神이 혼비백산해 파격이다.
丁亥
壬寅

(12) 화화격化火格

戊일癸월, 戊일癸시, 癸일戊월, 癸일戊시생으로서 巳午월생이나 寅戌未월중 정기正氣를 타고났으며 화신化神을 극하는 壬癸亥子가 없으면 성격이 된다.

〈예 1〉

辛亥　戊癸화化火신神이 득령하고 화신化神을 극하는 亥는
癸巳　巳의 충神으로 무능화했으며 辰중癸水는 午중己土가
戊午　억누르니 화신化神이 온전해 성격成格이 된다. 그
丙辰　러나 亥와 辰은 화신化神의 적이요 기신忌神으로
　　　서 항상 경계해야 하고 신중身中 독기毒氣임을 잊
　　　어서는 안 된다.

〈예 2〉

壬子　戊癸화化火신神이 득령하고 화신化神을 극하는 壬
戊申　水와 申子亥辰이 포위하고 있으니 고양이 앞에
癸亥　있는 생쥐처럼 위기일발이며 화신化神이 실신을
庚辰　하고 있으니 파격이다.

(13) 화격과 투합妬合

화격은 음양의 결합이요 1대1의 순수하고 공명정대한 배함으로 2대
1 등의 투합이 있으면 화합할 수 없듯이 화격은 성립될 수 없다.

〈예 1〉

戊戌　　丁壬화化木이 득령했으나 2丁1壬의 투합이 돼서
丁卯　　壬水는 2丁中 어느 것을 택할 수도 없이 2丁을 모
壬午　　두 포기하지 않을 수 없다. 사주는 곧 사람의 운
丁未　　명으로서 윤리를 벗어날 수 없듯이 인간사회의
　　　　현실을 무시할 수 없다.

(14) 화격의 성패

화격은 화신을 공격하는 극신剋神이 있으면 파격이 되는 동시에 극신이
있다 해도 그 극신을 제화制化하는 구신救神이 있으면 파격이 다시 성격
으로 변한다.

인간 만사에 성패가 있듯이 격국에도 성패는 무상하다.

〈예 1〉

戊戌　　丙申화化水가 득령했지만 화신化神의 水를 극하
壬子　　는 戊土가 투간했고 戌중 戊土와 未중 己土가 극
辛未　　剋子水하는 파격이다.
丙申

〈예 2〉

辛酉　　乙庚화化金이 득령했으나 丙火가 극剋金해 파격
丙申　　이다. 다행히 년간年干辛金이 丙火와 육합해 화化
乙丑　　水하니 병이 없어지고 완쾌돼 화化金격格이 성립
庚辰　　됐다.

(15) 일행득기격─行得氣格

사주의 간지팔자干支八字가 한 가지의 오행일행으로 가득 차 있고 그 기세를 감히 꺾을 수 없으면 그 일행─行을 전적으로 보살펴 주고 추호라도 극해서는 안 된다. 이러한 일행득기격─行得氣格은 金木水火土의 다섯 종류가 있는데 득기한 일행─行이 생해 주는 운으로 가면 크게 발전하고 반대로 극하는 운을 만나면 치열한 전쟁이 발생한 싸움터로 변해 큰 화를 가져온다.

(16) 곡직격曲直格

甲乙일주로서 木월생이고 木이 많으며 金이 없으면 일행득기격으로서 곡직격이라고 한다. 나무는 곧기도 하고 구불기도 하므로 그 형상을 따서 곡직曲直이라 한 것이다. 곡직격은 木이 득령한 동시에 寅卯辰 木방국方局이나 亥卯未 3합목국三合木局이 형성돼서 목의 집이 튼튼해야 한다.
금운을 만나면 파격이 된다.

〈예 1〉

甲寅	甲木이 득령하고 寅卯辰동방東方 木국局이 형성
乙卯	돼 있으니 사주 전체가 木의 천하가 되고 木이
甲辰	득권득세했다. 티 하나 없는 곡직격이다.
甲子	

〈예 2〉

乙亥	乙木이 득령하고 亥卯未 3합三合水국局을 얻었으
乙卯	니 완전무결한 木의 집이요 천하에 金기氣가 일
乙卯	점도 없으니 힘이 있는 곡직격이다.
乙未	

(17) 염상격炎上格

丙丁일火월생으로서 사주에 火성性이 많고 水성性이 없으면 염상격이 성립된다. 불꽃이 위로 치솟는 형상을 따서 염상炎上이라 한 것이다. 水운運을 만나면 파란만장이다.

〈예 1〉

丁巳	丙火가 득령하고 巳午未남방南方火국局이 형성됐
丙午	으며 水기氣가 일점一點도 없으니 염상격炎上格
丙寅	으로서는 일품이다.
丁未	

〈예 2〉

戊戌	丁火가 득령하고 寅午戌3합火국局이 형성돼 성
丙午	격成格이 됐다. 시상時上 壬水는 丁壬화化木해 합
丁卯	신合神으로 변했고 시지時支寅木이 설수洩水하니
壬寅	水기氣가 사라지고 국局이 맑아졌다.

(18) 가색격稼穡格

戊己월 土월생으로서 辰戌丑未가 있거나 사주간지四柱干支에 土성性이 충만하고 甲乙寅卯 등이 土를 극하는 木성성星이 없으면 가색격이 성립된다. 봄에는 땅에 씨를 뿌리고 가을에는 곡식을 타작한다 해서 가색이라 한 것이다. 가색격은 火土운에 가면 발전하고 木운을 만나면 어려움이 발생한다.

〈예 1〉

戊戌	戊土가 득령하고 丑戌辰未가 모두 있으면 天干
己未	에 戊己土가 있고 時干癸水가 戊癸化火해 조助土
戊辰	하니 하자가 없는 성격이다.
癸丑	

〈예 2〉

戊戌	사주 전체가 火土로 가득 차 있으니 土국國이 형
己未	성됐다. 土가 전왕專旺하니 土를 극하는 木운을
戊戌	만나면 일대격전이 벌어지고 파란만장한 운이
丙辰	시작된다.

(19) 종혁격從革格

庚辛金일 金월생으로서 申酉戌이나 巳酉丑의 金국局이 형성되니 丙丁巳午의 火성性이 없으면 종혁격이 성립된다. 금은 숙살지기肅殺之氣로서 만유를 개혁하고 바로잡는 성질이 있으므로 종혁이라고 한 것이다. 土金운에 가면 만사가 뜻대로 성사되고 불을 만나면 큰 파란이 발생한다.

⟨예 1⟩

戊申　　庚金이 득령하고 만국滿局이 土金이며 시지時支의
庚申　　巳火는 申과 지합支合해 화化水하고 또 巳중 庚金
庚申　　이 있으니 金의 천하를 형성했다. 방국方局이나
辛巳　　삼합을 하지 않아도 전국全局이 金일색一色이면
　　　　金의 전왕격專旺格인 종혁격이 성립된다.

⟨예 2⟩

戊戌　戊申　　좌명左命은 巳酉丑金국局을 하고 우명右命
辛酉　辛酉　　은 申酉戌방국方局을 형성했으니 빈틈없
辛巳　庚戌　　는 종혁격이다.
己丑　己酉

(20) 윤하격潤下格

壬癸일 水월생으로서 亥子丑 方局이나 申子辰 水局을 형성하고 水를 극하는 土성性이 없으면 윤하격이 성립된다. 물은 만물을 윤택하게 하면서 아래로 흐른다 해서 윤하라 한 것이다.

금수운을 만나면 꽃이 피고 토운을 만나면 풍랑이 일어난다.

〈예 1〉

壬申	壬水가 득령하고 申子辰 水국局을 얻으며 土가
壬子	일점一點도 없으니 성격이다.
壬辰	
壬子	

〈예 2〉

癸亥	水가 득령하고 水방국方局을 가졌으니 水가 전왕
壬子	專旺하고 전권을 잡는 윤하격이 성립됐다.
癸丑	
癸丑	

(21) 양신성상격兩神成象格

사주팔자를 서로 상극하는 두 가지의 오행이 대등한 힘을 가지고 서로 견제하고 있을 때 어느 것을 일방적으로 보호하면 상대방이 반란을 일으켜 집을 뒤엎으니, 양자를 똑같이 보호해 평화를 유지해야 한다. 이를 양신성상격이라고 한다.

金木상출의 양신성상격을 비롯해 火金 土水, 水火 木土 등의 양신성상격이 있다.

〈예 1〉

辛卯 　천하에 2金2木이 있고 지지地支에 2木2金이 있으
甲申 　며 4대4로 대등하게 견제하고 있다. 팔자 중 2行
辛卯 　이 팔자를 차지하고 있으니 어느 한쪽을 공격하
甲申 　면 집의 반이 무너질 수 있어 위험천만이다. 서
　　　로 똑같이 안정을 갖도록 보살펴야 한다.

〈예 2〉

壬子 　겉으로 볼 때는 4水4土다. 그러나 水는 득령하고
壬子 　土는 실령失令했으며 2丑중에도 癸水가 있으니
己丑 　힘으로는 8대4가 된다. 양신성상격은 간지수干支
己丑 　數의 비등比等이 아니고 실력의 비등을 조건으로
　　　했다. 그런데 이는 대등성을 상실했고 양신성상
　　　격이 될 수 없다.

〈예 3〉

甲戌 　土4木4이지만 木은 득령해 극왕하고 土는 실령失
甲寅 　令해 쇠한다. 그러니 그 힘은 6대4가 된다. 단, 건
戊寅 　록격으로서 양신성상격은 성립되지 않는다.
戊辰

제9장

용신론 用神論

나를 도와주고, 지켜주는 신은 존재하는가?

어떤 신은 나를 도와주는 희신喜神이고,

또 나를 해롭게 하는 신神은 어떤 신인가?

해마다 바뀌는 오행신의 조화속에 웃고 우는 사람은 있기 마련이다.

나를 이롭고 유익하게 해주는 신, 용신用神을 찾아야 한다.

그리고 용신을 모시는 겸손한 삶을 사는 자는 복을 받을 것이다.

사주를 연구하는 데 있어 가장 중요시하는 것은 격국格局과 용신用神이다. 격국과 용신을 제대로 잡을 수 있으면 사주공부는 완성한 것으로 생각한다. 그만큼 용신은 사주를 감정하고 길흉을 판단하는 중요한 열쇠로 믿고 있다. 그러나 용신을 올바로 선택할 수 있다고 해서 사주의 열쇠를 잡은 것은 아니다.

용신은 길흉을 판단하는 기준은 될 수 있어도 어느 때 무엇으로 어떠한 사태가 발생한다는 구체적이고 실제적인 감정은 불가능하다. 그것은 사주의 육신과 십이운성과 형충파해刑沖破害와 공망空亡과 격국용신과 희신喜神과 기신忌神과 구신救神 등을 하나하나 분석하고 종합한 연후에 비로소 판단할 수 있는 전체적이고 종합적인 최종판단인 것이다. 때문에 용신이 사주의 전부라는 것은 크나큰 속단이요 부분적 관찰이다.

이때까지의 용신론은 두 가지로 요약할 수 있다. 용신 지상주의와 용신 형식주의가 바로 그것이다. 용신 지상주의자는 사주 전체를 중화시키고 요리하는 정상적 지주요 일생을 운전해 가는 사공이요 운전수가 바로 용신이라며 사주학은 곧 용신이라고 결론짓기를 서슴지 않는다. 이에 반해 용신 형식주의자는 용신을 사주의 구조에 따라서 그때그때 필요한 해

석판으로서 절대적이나 불변적인 것이 아니라고 본다.

가령 겨울태생의 금수金水상관격은 상관이 가장 싫어하는 관성의 火신神을 조후용신調候用神으로 선택하듯이 때로는 원리와 상식을 벗어난 용신법도 있다. 그렇다고 겨울金의 金水상관격이 언제까지나 관성 火신神을 용신으로 사용하는 것은 아니다. 대운이 남방으로 운행하고 있으면 이미 조후가 중화됐기 때문에 관성을 계속 사용할 필요가 없듯이 용신은 변경돼야 한다.

억강부약의 용신법도 그러하다. 신약사주는 재관을 누르고 자신을 생부하는 인수나 비견겁재를 용신으로 선택하는 것이 상식적이다. 그러나 대운이 인수나 비견운으로 행해 건강을 회복하고 신약이 신왕으로 바뀌었다면 이미 인수용신은 쓸모가 없는 것 아닌가? 도리어 재관을 보강하는 것이 시급하다. 때문에 용신 절대주의나 지상주의는 다시 고쳐 생각할 문제이다.

명서命書에는 체體는 불변이지만 용[용신]은 한 걸음마다 달라질 수 있다고 하지 않았는가? 그렇다고 용신을 경시하거나 원리 원칙을 떠난 무질서한 선택을 허용할 수는 없다. 다만 사주의 생명인 통변通變을 그 무엇에도 구애됨이 없이 현실에 입각해서 아낌없이 자유자재로 활용하는 것이야말로 참다운 삶이 있는 용신법임을 밝혀두는 바이다.

1. 용신선택법用神選擇法

용신을 잡는 데는 다섯 가지 방법이 있다.

첫째로 억강부약용신법이 있고, 둘째로 병이 있으면 약으로 고쳐야 한다는 병약용신법이 있으며, 셋째로 사주는 생명체의 운명구조이니 춥고 더운 기후를 조절하는 데 생사성쇠生死盛衰의 열쇠가 있다는 조후용신법이 있고, 넷째로 외격과 같이 전왕한 것은 억강부약의 원칙을 떠나서 대세를 따르는 것이 옳다는 전왕용신법이 있으며, 다섯째론 서로 대립하는 상극된 구조는 서로 숨을 통할 수 있는 통관이 열쇠라는 통관용신법이 있다.

2. 억강부약용신법抑强扶弱用神法

일주가 강하면 일주를 억제하는 식신상관 재관이 용신이 되고 일주가 약하면 일주를 생하고 도와주는 인수와 비견겁재가 용신이 된다. 가령 정관격인 경우 일주는 약하고 정관은 강한데 재성이 정관을 도와주고 있으면 일주를 더욱 악화시키는 재성을 누르고 일주를 도와주는 비견겁재를 용신으로 택해야 한다.

반대로 일주는 강하고 정관은 약한데 인수가 더욱 일주를 생해 주고 관성의 기운을 설기한다면 강한 인수를 누르고 약한 관성을 도와주는 재성을 용신으로 택해야 한다. 이것이 바로 강한 것은 누르고 약한 것은 도와주는 억강부약의 용신 채택원리다.

3. 병약용신법病弱用神法

건강을 해치는 신체의 흠이 병이듯이 사주의 중화를 해치는 오행의 흠이 곧 병이며, 그 흠을 제거하는 것이 곧 약이다. 가령 신약사주로 인수에 의존하는 경우 그 인수를 해치는 재성이 있다면 그 재성이 병이요, 재성을 제거하는 비견겁재가 곧 약이 된다. 병이 있고 약이 있으면 중화를 유지해 건전하게 발전할 수 있지만, 병은 있고 약이 없으면 가난뱅이 환자요 장기적 고질병 환자로서 오랫동안 천신만고를 겪어야 하고 약을 구할 때까지는 발전을 기대할 수 없다.

병약설을 가장 크게 주장하는 명리정종命理正宗은 '대병자大病者는 대상大賞하고 무병자는 평범하다'고 했다.

4. 조후용신법調候用神法

오행의 강약이나 사주의 병약을 떠나서 춥고 더운 기후로서 운명을 조절하는 것이 조후용신법이다. 가령 壬申년 癸丑월 乙丑일 辛巳시생이라면 乙木이 추위에 얼고 떨고 있으니 오행상의 강약보다는 먼저 불을 줘야 숨을 돌리고 꽃이 필 수 있다는 것이며, 丁丑년 丙午월 乙丑일 丁亥시생이라면 乙木이 더위에 허덕이고 목이 타고 있으니 무엇보다도 시원한 물을 줘야 정신을 차리고 발전할 수 있다는 것이다. 이 조후용신을 전적으로 다룬 것이 궁통보감이다.

5. 전왕용신법專旺用神法

사주의 구조가 어느 한 가지 오행이 독점했을 경우엔 극왕極旺한 그 대세를 건드릴 수 없으니 억강부약법을 섣불리 사용했다가는 무서운 재난이 일어난다. 때문에 전왕한 왕신旺神을 그대로 용신으로 택하고 더욱 생부해 주는 것이 발전의 열쇠라는 것이 전왕용신법이다.

가령 戊寅년 乙卯월 乙未일 甲寅시생이라면 木이 전권을 잡고 戊土는 발붙일 곳이 없으니 극왕한 木을 억누르고 허약한 土를 생부해 주면 도리어 큰 파란이 발생한다. 때문에 왕목을 그대로 도와주고 생해 주는 것이 개운開運하는 열쇠가 된다.

6. 통관용신법通關用神法

두 개의 상극된 오행이 대등하게 대립되고 있는 양신성상격의 경우 양자를 똑같이 견제하고 보호하는 조절을 통관용신법이라고 한다.

가령 戊戌년 甲寅월 甲戌일 乙丑시생이라면 木과 土가 똑같이 4대4이므로 이를 조절하는데 木土를 다 같이 누르고 설기하는 金과 강한 木을 설기하고 득령하지 못한 土를 도와서 木土의 힘을 중화시키는 火의 중개자가 있으니 火를 통관용신법이라고 한다.

7. 용신선택비결

격국에 따라서 용신은 각양각색이고 같은 격국이라도 적용법은 여러 가지로 변화한다. 이를 종합적으로 빠르게 선택하는 원리와 방법을 여기에 소개한다.

(1) 정관격正官格

정관격이 성립됐는데 일간日干이 약하고 정관을 도와주는 재성이 거듭 있으면 재성을 누르고 일주를 도와주는 비견겁재를 용신으로 삼는다.

비견겁재가 없으면 인수를 용신으로 택한다. 일간이 약하고 관살이 여러 개 있으면 인수를 용신으로 삼고 설기하고 일주를 생부해 주어야 한다.

- 일간이 강하고 비견겁재가 많으면 비견겁재가 병이므로 그를 억누르는 관성을 그대로 용신으로 삼아야 한다.
- 일간이 강하고 인수가 많으면 관성이 더욱 허약해지니 인수를 누르고 관성을 보강하는 재성을 용신으로 택해야 한다.
- 일간이 강하고 식신상관이 여러 개 있어서 관성을 억누르면 재성을 용신으로 택해 식신상관을 설기하고 관성을 도와줘야 한다.

(2) 재백격(財帛格=정재-편재격)

정재격이나 편재격으로서
- 일주가 약한데 식신상관이 많고 재성을 도와주고 있으면 인수를 용신으로 잡아 식신상관을 누르고 일주를 생해 주어야 한다.

- 일주가 약한데 재성이 강하면 비견겁재를 용신으로 택해서 일주를 도와주고 재성을 눌러야 한다.
- 일주가 약한데 관살이 많으면 재관의 압력을 감당할 수 없으므로 인수를 용신으로 삼아 관성을 설기하고 일주를 생해 주어야 한다.
- 일주가 강한데 비견 겁제가 여러 개 있으면 재성이 위험하므로 식신상관을 용신으로 택해 재성을 도와줘야 한다. 식신상관이 없으면 비견겁재를 누르고 재성을 보호하는 관살을 용신으로 삼는다.
- 일주가 강하고 인수가 많을 때는 재성을 그대로 용신으로 삼고 인수를 눌러야 한다.

(3) 인수격(印綬格=편인 정인격)

정인격이나 편인격으로서
- 일주가 약하고 관살이 많으면 인수로 용신을 삼는다.
- 일주가 약하고 상관식신이 많으면 인수로 용신을 삼는다.
- 일주가 약하고 재성이 많으면 비견겁재로 용신을 삼는다.
- 일주가 강하고 비견겁재가 많으며 관살이 있으면 관살을 용신으로 삼고 관살이 없으면 식신상관으로 용신을 삼는다. 그래서 일주를 설기해 주어야 한다. 일주가 강하고 인수가 또 있으면 재성으로 용신을 삼아 인수를 눌러 주어야 한다.
- 일주가 강하고 재성이 많으면 인수가 위험하므로 관살을 용신으로 삼아 재성을 누르고 인수를 보호해 주어야 한다.

(4) 식신격食神格

사주가 식신격으로서

- 일주가 약하고 관살이 많으면 감당하기 어려우니 인수를 써서 일주 를 도와주어야 한다.
- 일주가 약하고 재성이 많으면 비견겁재로서 재성을 누르고 일주를 도와주어야 한다.
- 일주가 약하고 식신상관이 많으면 인수를 용신으로 하고 식신상관 을 누르는 한편 일주를 도와줘야 한다.
- 일주가 약하고 인수가 많으면 재성을 용신으로 하고 인수를 누르고 식신을 도와주어야 한다.
- 일주가 강하고 비견겁재가 여러 개 있으면 식신상관을 용신으로 한다.
- 일주가 강하고 재성이 많으면 관살을 용신으로 한다.

(5) 상관격傷官格

상관격이 성립됐는데

- 일주가 약하고 재성이 많으면 비견겁재를 용신으로 하고 재성을 눌 러 주어야 한다.
- 일주가 약하고 관살이 많으면 인수를 써서 관살을 설기하고 일주를 도와주어야 한다.
- 일주가 약한데 식신상관이 많으면 인수를 용신으로 하고 일주를 도 와주는 한편 태과한 식신상관을 눌러야 한다.
- 일주가 강하고 비견겁재가 많으면 칠살을 용신으로 하고 비견겁재

를 눌러 주어야 한다.

- 일주가 강하고 인수가 많으면 재성으로서 용신을 삼고 인수를 눌러
야 한다.

(6) 칠살격七殺格

칠살격이 성립됐는데

- 일주가 약하고 재성이 많으면 비견겁재를 용신으로 하고 재성을 눌
러야 한다.
- 일주가 약하고 상관 식신이 많으면 인수를 써서 일주를 도와주고 식
신상관을 눌러야 한다.
- 일주가 약하고 관살이 많으면 감당하기 어려우니 인수를 용신으로
하고 관살을 설기해 일주를 도와주어야 한다.
- 일주가 강하고 비견겁재가 많으면 칠살로서 용신을 삼는다.
- 일주가 강하고 인수가 많으면 재성으로서 용신을 삼는다. 그래서 인
수를 눌러야 한다.
- 일주가 강하고 관살이 거듭 있으면 식신상관을 용신으로 하고 관살
을 눌러 주어야 한다.

(7) 종격從格

- 종왕격은 비견겁재를 용신으로 한다.
- 종강격은 인수와 비견겁재를 용신으로 한다.
- 종재격은 재성을 용신으로 한다.
- 종살격은 칠살을 용신으로 한다.

- 종아격은 식신상관을 용신으로 한다.

(8) 화격化格

- 甲己화化土격格은 土가 용신이고
- 乙庚화化金격格은 金이 용신이고
- 丙辛화化水격格은 水가 용신이고
- 丁壬화化木격格은 木이 용신이고
- 戊癸화化火격格은 火가 용신이고

화격이 너무 왕성하면 설기하는 화신化神의 식신상관을 용신으로 하고 화격이 파격이 됐을 경우엔 구제하는 구신을 용신으로 삼는다.

(9) 일행득기격—行得氣格

- 곡직격은 木을 용신으로 하고
- 염상격은 火를 용신으로 하고
- 가색격은 土를 용신으로 하고
- 종혁격은 金을 용신으로 하고
- 윤하격은 水를 용신으로 한다.

(10) 건록격建祿格

건록격이 성립됐을 때
- 신약하고 재성이 많으면 비견겁재로 용신을 삼고
- 신약하고 관살이 많으면 인수를 용신으로 하며

- 신약하고 식신상관이 많으면 인수를 용신으로 하며
- 신강하고 관살이 많으면 재성을 용신으로 하며
- 신강하고 재성이 많으면 관살을 용신으로 하고 관살이 없으면 식신 상관으로 용신을 삼는다.
- 비견겁재가 많으면 관살을 용신으로 삼는다.
- 인수가 많으면 재성으로 용신을 삼는다.

(11) 양인격羊刃格=月印格

양인격이 성립되고 재성이 많으면 관살을 용신으로 하고, 관살이 많은 사람은 재성으로 용신을 삼으며, 상관 식신이 많으면 재성으로서 용신을 삼고, 비견겁재가 많으면 관살을 용신으로 삼으며, 인수가 많은 사람은 재성을 용신으로 삼고, 재성과 관성과 식신상관이 만반(사주에 가득하면)이면 인성을 용신으로 삼는다. 甲일卯, 庚일酉, 壬일子는 가장 강하고 순수한 양인으로서 그 성질이 광폭하기 때문에 양인을 억누르는 재성과 관성이 많아서 그 힘을 빠지게 하고 횡포를 부릴 수 없게 만들어야 한다.

만일 인수나 비견이 오면 호랑이에게 고기를 먹이는 격이니 더욱 화를 가져온다. 특히 양인은 재물을 공격하는 겁재로서 양인을 누르는 재관이 없거나 양인을 도와주는 인수나 비견을 보면 재물을 파격하는 힘과 작용이 그만큼 강대하니 상처傷妻 손재損財 등이 크다. 그러나 甲庚壬일의 양인 이외에는 그 힘이나 성질이 과히 난폭하지 않으므로 덮어 놓고 억누르는 것도 부당하다.

8. 용신의 구별用神區別

용신이 형충파해나 극합剋合이 없으면 건전健全이라고 한다. 용신이 약할 때 그를 도와주는 조신助神이나 용신이 형충극합이 됐을 때 그를 구해주는 구신救神을 상신相神이라 한다. 상신은 용신과 대등한 중요성을 가지고 있다. 격국이 정재격인데 용신 또한 정재인 것은 격국상겸格局相兼이라 하고 대단히 중요한 것이다.

용신은 사주의 정신이요 배의 사공이자 돛대로서 사주의 흥망성쇠와 사활死活을 좌우하는 핵심처럼 중요한 역할을 하기 때문에 세력이 있고 득기를 하며 원조를 얻고 형충극합이 없어야 한다. 용신이 강하면 정신이 건전하고 사공이 성실함과 같으니 만사가 뜻대로 이뤄질 수 있다.

제10장

질병해설 응용론

건강할 때는 그 소중함을 모르다가, 건강을 잃어버린 후에야

후회하며 안타까워하는 못난 인간의 습성…….

우리 자신도 지금 부끄러운 모습으로,

고집과 아집으로 우리의 건강을 해치고 있지는 않는가?

장수할 수도 있는데 자신을 돌보지 않아

질병 속에서 고통을 당하는 것은 무지의 소치요,

자신을 사랑치 않는 자학의 결과이니 누구를 원망할

자격이 없는 바보 같은 사람이다.

사주 속에는 당신이 어떤 병으로 고통을 당하며,

그 병으로 죽을 수도 있는지까지 예시돼 있다.

1. 오장육부五臟六腑

다섯 가지의 내장內臟인 간장肝臟[1], 심장心臟, 비장脾臟, 폐장肺臟, 신장腎臟을 통틀어 오장五臟이라고 한다. 오장五臟은 오음五陰에 속하는 것이다.

乙木은 간장肝腸이다.

丁火는 심장心臟이다.

己土는 비장脾臟이다.

辛金은 폐장肺臟이다.

癸水는 신장腎臟이다.

---

1) 간장肝臟: 뱃속의 오른편 위쪽 횡격막 아래 있어 위를 반쯤 덮은 암적갈색의 소화선으로 좌우 두 개의 간엽肝葉으로 되고 가운데에 쓸개가 붙었음. 담즙膽汁의 분비양분의 저장소로서 탄수화물을 글리코겐으로 만들고 요소의 생성 해독 작용 등의 기능을 가졌음.

육부六腑는 뱃속의 여섯 기관인 담장膽腸, 소장小腸, 위장胃腸, 대장大腸, 방광膀胱, 삼초三焦[2]가 있어서 육부六腑라고 하는 것이다. 육부六腑는 오양五陽에 속하는 것이다.

甲木은 담장膽腸이다.
丙火는 소장小腸이다.
戊土는 위장胃腸이다.
庚金은 대장大腸이다.
壬水는 방광膀胱이다.
水氣는 삼초三焦이다.

위와 같이 오행을 음양으로 구분하면 음의 오행은 5장이요, 양의 오행은 6부에 속하지만 음양의 경계를 분리할 수 없듯이 오장육부도 반드시 그런 것은 아니다. 통설적으로 木은 간, 담이요, 火는 심장, 소장이요, 土는 위장, 비장이요, 金은 폐, 대장이요, 水는 신장, 방광, 생식기에 해당된다.

오장육부도 상생하는 것이 있는 법이다. 생을 받는 기관은 생왕生旺이 되는 것이요, 생을 하는 기관은 설기洩氣가 되는 것이다. 오장육부가 생하고 설기하는 것을 보고 오장육부의 강약왕쇠強弱旺衰를 응용하는 것이다. 오장육부가 상생하는 것은 쇠약한 기관을 생해 주고 강왕強旺한 기관을 설기하는 것을 응용하는 것이다.

오장육부가 상생하는 것도 음양陰陽이 교차하면 상생이 잘 되고 음양陰

---

2) 삼초三焦: 음식의 흡수, 소화, 배설을 맡는다고 하는데 상초上焦, 중초中焦, 하초下焦를 이름. 곧 상초는 위의 上部, 중초는 위의 속, 하초는 방광의 上部에 해당함.

陽이 교차하지 않으면 상생이 잘 되지 않는 것이다.

간장담장肝臟膽腸은 심장소장心臟小腸을 생한다.

심장소장心臟小腸은 비장위장脾臟胃腸을 생한다.

비장위장脾臟胃腸은 폐장대장肺臟大腸을 생한다.

폐장대장肺臟大腸은 신장방광腎臟膀胱을 생한다.

신장방광腎臟膀胱은 간장담장肝臟膽腸을 생한다.

오장육부도 상극相剋하는 것이 있는 법이다. 극을 하는 기관은 소모약消耗弱이 되는 것이요, 극을 받는 기관은 극제약劇劑弱이 되는 것이다. 오장육부가 소모되고 극제劇劑하는 것을 보고 오장육부의 강약왕쇠强弱旺衰를 응용하는 것이다.

오장육부가 상극相剋하는 것도 음양陰陽이 교차하면 상극하는 것이 잘 되지 않고 음양陰陽이 교차되지 않으면 상극이 잘 되는 것이다.

간장담장肝臟膽腸은 비장위장脾臟胃腸을 극한다.

비장위장脾臟胃腸은 신장방광腎臟膀胱을 극한다.

신장방광腎臟膀胱은 심장소장心臟小腸을 극한다.

심장소장心臟小腸은 폐장대장肺臟大腸을 극한다.

폐장대장肺臟大腸은 간장담장肝臟膽腸을 극한다.

오장육부도 생설生泄하고 극제剋制하는 것을 응용하고 억강부약抑强扶弱하므로 중화中和를 요망하는 것이다. 오행이 상생해 부절不絶되는 것은 곧 오장육부가 상생하는 것이므로 상생이 잘 되면 무병장수하는 것이다.

2. 신체부위身體部位

(1) 甲乙은 두항頭項이다.

甲木은 머리이고, 乙木은 목이 되는 것이다. 木은 신경, 혈관이며 전달하는 기관이고 힘줄이다.

木은 모발毛髮이고 체모體毛로 몸에 나는 털이다.

木은 수퇴手腿돼 손과 다리가 되는 것이다.

木은 혼성魂性으로 넋이고 얼이 되는 것이다.

寅木은 사지四肢로 두 팔과 다리가 되는 것이다.

卯木은 십지十指로 열 손가락이 되는 것이다.

(2) 丙丁은 견흉肩胸이다.

丙火는 어깨이고 丁火는 가슴이 되는 것이다. 火는 안목眼目, 시력視力으로 광명光明이고 눈이며 빛이다.

火는 체온이고 온기가 되는 것이다.

火는 혈압으로 혈액이 흐르는 압력과 심장의 수축력이다.

火는 심신心神이고 마음과 정신이 되는 것이다.

巳火는 면인面咽으로 얼굴과 목구멍이 되는 것이다.

午火는 정신이고 마음이며 생각이 되는 것이다.

(3) 戊己는 협복脅腹이다.

戊土는 갈비 부위이고 己土는 배가 되는 것이다.

土는 피부와 근육으로 살갗이 되는 것이다.

土는 당분이고 당뇨병의 원인이 되는 것이다.

土는 종양腫瘍이고 근종筋腫이며 종기腫氣가 되는 것이다.

土는 영靈과 의意가 되고 신령神靈이고 영혼靈魂이다.

辰戌은 위견胃肩이고 명문命門으로 위와 어깨이고 명치가 된다.

丑未는 해각胲脚이고 완격腕膈으로 발가락과 종아리가 된다.

(4) 庚辛은 제고臍股다.

庚辛은 배꼽 부위이고 辛金은 다리가 되는 것이다.

金은 골격骨格이고 철분鐵分이 되는 것이다.

金은 골수骨髓이고 치골齒骨이며 뼛속이고 이빨이다.

金은 골강骨腔에 차 있는 결체질結締質의 물질이다.

金은 기백氣魄으로 씩씩한 기상이고 진취성이다.

申金은 이전二膞이고 다리뼈와 창자가 되는 것이다.

酉金은 경락經絡으로 경혈經穴이 되는 것이다.

(5) 壬癸는 경족脛足이다.

壬水는 정강이이고 癸水는 발이 되는 것이다.

水는 혈액, 분비돼 피가 되고 체액體液이다.

水는 냉기이고 수분으로 찬 기운이고 물이 된다.

水는 생식기生殖器와 자궁子宮이다.

水는 지정智精으로 정수精髓3)이고 정액精液이 되는 것이다.

亥水는 신경腎莖이고 요로尿路가 되는 것이다.

子水는 이음耳陰으로 귀와 구멍이고 그늘진 곳이다.

3. 질병해설 응용疾病解說 應用

木火는 상체上體가 되는 것이요,

金水는 하체下體가 되는 것이다.

木火는 청경淸輕해 맑고 가벼운 것이요,

金水는 중탁重濁해 무겁고 탁한 것이다.

木火는 陽기가 되며, 상승하는 기질이다.

金水는 陰기가 되며, 하강하는 기질이다.

土기는 중앙中央이고 중성中性에 해당되는 것이며 오장육부를 감싸고 있는 것이다.

천간은 상체上體이고 정신이요, 지지는 하체下體이고 물질이다.

영靈과 혼魂은 지청지경至淸至輕해 맑고 가벼운 것이요,

육肉과 백魄은 지중지탁至重至濁해 무겁고 탁한 것이다.

청경淸輕한 것은 천심天心이요, 중탁重濁한 것은 지심地心이다.

적선적덕積善積德하고 수심수신修心修身해 담력영력膽力靈力을 배양培養하면 초월성超越性이 발해서 영생불멸永生不滅 장수長壽한다.

---

3) 정수精髓: 뼈 속에 있는 골. 사물의 중심이 되는 요점.

오행이 생왕生旺하고 정신기精神氣가 생설生泄해 상생부절相生不絶하고 간지干支가 통근건왕通根健旺하면 오장육부가 상생해 무병장수하는 것이다.

수승화강水昇火降해 水기氣는 위로 올라가고 火기氣는 아래로 내려가서 상체는 시원하고 하체는 따뜻하면 무병장수하는 것이다.

정신기는 생조生助하고 극설剋泄하는 것이다.

일주는 기氣가 되는 것이다.

일주를 생조生助해 왕하게 하는 것은 정精이 되는 것이다.

정기精氣라고 하는 것이다.

일주를 극설剋泄해 약하게 하는 것은 신神이 되는 것이다.

신기神氣라고 하는 것이다.

정기와 신기는 곧 정신이 되는 것이다. 정신기라고 하는 것이다.

정기는 강왕强旺하고 신기가 허약하면 질병이다.

신기는 강왕强旺하고 정기가 허약하면 질병이다.

정신기가 균형이 깨지면 또한 질병이 발생하는 것이다.

5陰이 형충刑沖하고 극제剋制되며 설기泄氣가 심하면 오장에 질병이요, 5陽이 형충刑沖하고 극제剋制되며 설기泄氣가 육부에 질병이다.

陽기는 동적이고 형충刑沖은 동적이다.

陰기는 정적이고 합화合化는 정적이다.

陽동動이 득세하면 급병急病이고 급화急禍되며 사고事故가 되는 것이요, 陰정靜이 득세하면 지병遲病이고, 신병身病과 구병久病이 되는 것이다.

木기가 태약太弱하면 간장과 담장의 질병이고 두항頭項으로 머리와 목에 질환이다.

木기가 태약太弱하면 신경과 혈관의 이상이고 모발에 지장이 있는 것이다. 木기가 태약太弱하면 수퇴水腿와 사지가 허약하고 인대에 이상이고 섬유질이 부족하다.

火기가 태약太弱하면 심장[4]과 소장의 질병이고 견흉肩胸으로 어깨와 가슴의 질환이다. 火기가 태약太弱하면 안목眼目과 시력에 지장이 있고 체온의 이상이 있는 것이다. 火기가 태약太弱하면 정신과 심신이 허약하고 온기가 부족해 질병이다.

土기가 태약太弱하면 비장과 위장의 질병이고 협복脅腹으로 옆구리와 배의 질환이다. 土기가 태약太弱하면 피부와 근육의 지장이고 종양이 발생하는 것이다. 土기가 태약太弱하면 종기와 해각胲脚이 지장이고 당뇨병을 앓게 되는 것이다.

金기가 태약太弱하면 폐장과 대장의 질병이고 제고臍股로 배꼽 부위와 다리에 질환이다. 金기가 태약太弱하면 골격과 골수의 지장이고 골강에 이상이 있는 것이다. 金기가 태약太弱하면 결체질結締質과 치골齒骨이 허약하고 철분이 부족해 질병이다.

水기가 태약太弱하면 신장과 방광의 질병이고 경족脛足으로 정강이와 발의 질환이다. 水기가 태약太弱하면 혈액과 분비의 이상이고 체액體液에 지장이 있는 것이다. 水기가 태약太弱하면 생식기와 정수精髓의 이상이고 요로尿路에 지장이다.

木火는 소양少陽 태양太陽이고 陽기가 되므로 木火陽기가 태왕太旺하면

---

4) 심장心臟: 혈관계통의 중추를 이루며 신축伸縮작용으로 혈액을 신체 각부에 순환시키는 복숭아 모양으로 근육질의 대상袋狀 기관. 사람의 것은 수축 시에 주먹만한 크기로 흉강 안의 前下部에 자리 잡고 몸의 正中線보다 약간 왼쪽으로 치우쳐 횡격막 위에 있음. 내강內腔은 격벽隔壁에 의해 좌우로 나뉘고 그 좌우 양강兩腔은 판막에 의해서 각각 상하로 구분돼 右心房, 右心室, 左心房, 左心室의 네 腔部를 이룸. 모든 혈관은 이곳에 모이고 벽의 신축과 판막의 작용에 의해 정맥관에서 돌아온 혈액을 동맥관으로 내보냄. 염통.

성급해 질병이다. 木火가 태왕太旺하면 성급해서 음독자살하고 열기가 발산되지 않으면 울화병이다. 土기는 비장5) 위장이고 복배腹背가 되므로 감추려고 하는 것이 있어서 불안하고 초조해 신경성으로 소화기의 질환이 되는 것이다.

金水는 소음少陰 태음太陰이고 음기陰氣이므로 金水陰기가 태왕太旺하면 침울해 우울증 질병이다. 金水가 태왕太旺하면 침울해 자포자기하고 음습해 명랑하지 않아서 귀신병이다.

木火는 상승하는 기질이요, 金水는 하강하는 기질이다.

수승화강水昇火降해 水기는 상승하고 火기는 하강하면 명랑하고 침착해 이해하는 기질로서 무병장수하는 것이다. 화승수강火昇水降해 火기는 상승하고 水기는 하강하면 과격하고 성급해 폭발하는 기질이 있고 울화병이 발생하는 것이다. 두상頭上과 상체는 한냉을 가장 기쁘게〔最喜〕하는 것이요, 족하足下와 하체는 온난을 가장 기쁘게하는 것이다.

한습寒濕하면 난조暖燥하게 하고 난조暖燥하면 한습寒濕하게 해서 한난조습寒暖燥濕이 균형이면 무병장수하는 것이다. 조열燥熱이 과다하고 한습寒濕이 부족하면 피부는 건성이고 종기腫氣의 질환이다. 한습寒濕이 과다하고 조열燥熱이 부족하면 피부는 습성濕性이고 습진濕疹의 질환이다. 한난조습寒暖燥濕이 불균형이고 조후調候가 되지 않으면 피부암이 위험하다. 조후調候가 잘 되지 않으면 오장육부의 모든 부위에 암병癌病의 원인이 되기도 하는 것이다.

조열燥熱이 많으면 분비는 부족하고 성욕이 없는 것이고 한습寒濕이 많으면 분비分泌는 과다하고 탐음貪淫해 질병이다. 음양陰陽의 불균형은 정

---

5) 비장脾臟: 위胃의 뒤쪽에 있으며 암적색으로 구형球形이며 내부는 해면상이고 림프선과 비슷한 구조를 가졌음. 주로 백혈구의 생성과 노폐한 적혈구를 파괴하는 기능 등을 가짐. 지라.

신질환이고 면역성이 이상이고 혈압이고 귀신병이다. 정신기精神氣의 불균형은 신진대사의 질환이고 활력소가 없는 것이다. 동적動的이고 충극沖剋하는 것과 정적靜的이고 합화合化하는 것이 불균형이면 정서가 불안정해 질병이 되는 것이다.

일간日干이 태약太弱하면 신체의 장애가 위험하고 정신건강이 허약하다. 신체와 정신이 허약하면 일을 추진해도 성공하기가 어려운 것이고 신체와 정신이 강왕強旺하면 염력念力과 예지하는 능력이 뛰어나서 소원성취하고 무병장수하는 것이다.

일주가 태왕太旺하면 활동하는 것을 요망하고 활동하지 않으면 질병이고 일주가 태약太弱하면 안정하는 것을 요망하고 안정하지 않고 활동을 많이 하면 질병이다. 신왕身旺하면 운동을 많이 하고 활동하며 신약身弱하면 편안하게 안정된 생활을 하는 것이 질병을 예방하는 방법이다.

土기는 태약太弱하고 丙丁이 있으면 비장, 위장은 보호되는 것이다. 金기는 태약太弱하고 戊己가 있으면 폐장⁶⁾ 대장은 보호되는 것이다. 水기는 태약太弱하고 庚辛이 있으면 신장⁷⁾ 방광은 보호되는 것이다. 木기는 태약太弱하고 壬癸가 있으면 간장 담장은 보호되는 것이다. 火기는 태약太弱하고 甲乙이 있으면 심장 소장은 보호되는 것이다.

---

6) 폐장肺臟: 육서陸棲 동물의 호흡기의 주요 부분. 수서水棲 동물의 아가미에 해당함. 사람에 있어서는 흉강의 양측 횡격막의 상부에 좌우 한 개씩 있어 심장을 싸고 있음. 상단을 폐첨肺尖, 내측 중앙의 혈관 및 기관지 등의 출입하는 부분을 폐문이라 함. 각 기관의 말단은 많은 폐포로 돼 있어서 이 부분에 모세관이 붙어서 혈관, 폐포의 벽을 통해 혈액 중의 탄산가스와 흡기 중의 산소를 교환함. 허파.

7) 신장腎臟: 동물의 오줌의 배설排泄을 맡는 기관. 사람에는 복강腹腔 뒷벽 상부에서 척추의 양쪽에 잠두蠶豆 모양을 이뤄 좌우 한 쌍이 있는데 피질 및 수질로 되고 지방이 풍부한 결체조직結締組織으로 싸여 있음. 혈액 중에서 오줌을 걸러 내어 방광으로 보내고 몸 밖으로 내보내는 작용을 함. 콩팥.

284

4. 목기질병해설 응용木氣疾病解說 應用

甲乙木기는 金기가 많으면 금다목작金多木斫이고 나무는 극제剋制되어 찍히고 쪼개지므로 목작木斫되니 질병이다.

甲乙木기는 火기가 태왕太旺하면 화다목분火多木焚이고 나무는 설기泄氣되어 불에 타서 없어지므로 목분木焚되니 질병이다.

甲乙木기는 土기가 태왕하면 토다목절土多木折이고 나무는 흙을 보면 극제剋制해 소통하면서 힘이 소모돼 나무는 부러지고 흙에 묻혀 목절木折되어 질병이다. 甲乙木기는 水기가 범람하면 수다목부水多木浮이고 나무는 물에 떠서 표류되므로 부목浮木되니 질병이다.

甲木乙木이 생설극제生泄剋制하는 것이 중화中和되지 않으면 木기와 관련해 질병이 되는 것이다. 甲木乙木이 金기가 태왕하면 木은 극을 받아서 간장과 담장에 질병이다. 甲木乙木이 충극沖剋되면 정경精驚하고 경풍驚風이며 신경이고 두통이며 수족을 상하는 것이다. 甲木은 동맥이고 乙木은 모세혈관이며 水기가 태왕하면 혈관이 부담되는 것이다.

木기는 태약하고 형충刑沖되면 두항頭項과 뇌신경이 지장이고 사지와 수족이 마비되는 것이다. 木기가 태약하면 갑상선이고 편도선의 질병이 발생하는 것이다. 木기가 허약하고 형충刑沖하면 간질이고 간경肝驚해 혼비백산하게 되고 지랄병이 발병하는 것이고 그래서 놀라면 '간 떨어질 뻔했네, 간이 콩알만 했네' 하는 것이다. 木기가 태약하면 사지와 십지十指의 질환이고 신경이 약하고 혈관에 이상이 온다.

木기가 태약하면 근육이 이상이고 인대의 지장이며 소아마비로 인해 건각蹇脚[8]이 되는 것이다. 木기가 식상食傷이고 부목浮木되면 발성發聲에 지장이니 식상은 음성瘖聲이고 젖은 나무는 소리가 나지 않는 것이다. 木기氣가 태약하거나 형충되어 손상되면 간경변증[9]이고 황달이 나타나는 것이다.

木기가 태약하고 조열燥熱하면 담석증이고 인대는 결체조직섬유結締組織纖維와 교질膠質[10]이므로 木기가 약하면 인대가 허약하고 통증이 발생하는 것이다. 木기가 형충되면 인대에 지장이고 사지의 골절이며 통풍이 되는 것이다. 木기는 태왕하고 설기하는 것이 없고 극제하는 것이 없으면 木기는 무성해 측은지심으로 불쌍히 여기고 언짢아하는 마음이 많고 울적한 마음도 발병의 원인이 되는 것이다.

木기는 생조生助하는 것이 많고 설기하지 않으며 극제하지 않으면 지방간이고 활동하지 않으면 체내에 木기가 축적돼 질병이 되는 것이다. 木기가 용신이고 태약해 발병하면 치료가 쉬워서 용신운에 치료해 완치되는 것이다. 木기가 태왕해 기신忌神이고 木기의 질병이 발생하면 만초손滿招損하는 원리로 용신운에도 치료가 어려우며 기신忌神운은 최흉最凶하는 것이다. 木기가 태왕하면 간담肝膽이 비대하고 산기酸氣가 되는데 체내에 산기가 과다하면 비장, 위장이 허약해 소화기에 지장이다.

---

8) 건각蹇脚: 절뚝발이, 절름발이.

9) 간경변증肝硬變症: 간장의 실질세포의 장애와 결체조직의 증식에 의해 간장이 경화 축소되는 병. 알코올. 음료. 영양의 결함, 기생충 따위가 원인임. 증상이 진행하면 복수가 생기고 빈혈, 황달, 부증浮症, 전신 쇠약 등을 일으키며 결국은 죽게 됨.

10) 교질膠質: 아교와 같은 물질의 끈끈한 성질.

5. 선천적인 오장육부의 병약요인

명리학상으로 음양 오행은 인체의 오장육부에 해당되며, 오행의 기氣의 강약과 오행의 유무有無는 그 사람의 건강에 직접적인 원인이 된다.

인간의 일생을 명리학적으로 근根, 묘苗, 화花, 실實과 유소년기, 청년기, 장년기, 노년기로 나누어 볼 때 기력이 최고로 왕성한 때는 청년기이다. 이 시기는 누구나 건강하겠지만 음양오행의 유무有無와 과다過多에 따라 오장육부가 젊어서도 병약한 장부가 있게 된다.

사주는 사람이 선천적으로 타고난 팔자이므로 타고난 오행의 현상에 따라 강하고, 약한 장부를 예측할 수가 있다.

윗장에서 이를 부분적으로 설명하였으나 특히 취약한 장부臟腑를 예측할 수 있는 요인을 다음과 같이 정리한다.

(1) 사주에 없는 오행에 해당되는 장부臟腑

사주팔자를 음양오행으로 분류해 볼 때 오행의 글자가 없는 사람은 고루 다 있는 사람에 비해 없는 오행에 해당되는 장부가 약함을 알 수 있다.

예를 들어 오행 중 木에 해당되는 甲과 乙이나 지지의 寅과 卯가 없는 사람은 이 오행에 해당되는 장부인 간과 쓸개, 눈과 신경계통이 타인에 비해 취약한 장부가 되므로 술에 약하고, 쉽게 피로를 느끼며, 일찍 안경을 쓰는 경우가 많다.

이런 경우의 사람은 어릴적부터 음식을 통한 지속적인 섭생攝生을 해준다면 음식으로 보강을 해주지 않은 사람보다 간장과 담장이 튼튼할 수도 있으리라 본다. 음식이 몸을 보해 주는 보약이기 때문이다.

(2) 사주에 너무 많은 오행이 편중되어 있는 장부臟腑

음양오행이 고루 조화를 이루는 사주는 모든 면에서 무난하고 건강하다. 그러나 사주팔자가 편중되어 특정한 오행이 많게 되면 편중된 오행에 해당되는 장부가 너무 강해서 좋지 않은 현상이 생기게 된다.

이를 과유불급過猶不及 또는 태과불급太過不及이라 한다. 태과된 오행에 해당되는 장부는 강한 스트레스로 인해 정상적인 기능을 발휘하지 못하므로 질병과 같은 현상이 생긴다.

예를 들면 土가 많은 사람은 위장 기능이 좋지 않아 소화장애를 일으키기 쉽고, 소화불량 증세가 야기된다.

이런 현상은 土가 없을 경우에도 생기지만 이렇게 너무 많아 土다多현상일 때도 생겨 피부도 거칠고 소화도 잘 안되는 경우가 많다.

너무 많은 것은 모자른 것보다도 못하다는 말과 같이 많은 것이 반드시 좋은 것만은 아님이 여기에서도 입증되는 원리이다.

(3) 사주에 많이 편중된 오행의 극을 받는 장부臟腑

음양오행은 서로 생하고, 극剋하는 작용을 한다. 상생, 상극의 원리에 의해 사주에 많이 편중된 오행이 있으면, 태과한 오행의 극을 받는 오행에 해당되는 장부는 상대적으로 건강치 못할 수 있다.

극하는 오행에 비해 극을 받은 장부는 스트레스를 더 많이 받게 되므로 해당되는 장부의 기능이 좋지 않은 법이다.

예를 들면, 火가 많이 편중된 사람은 심장과 소장이 안좋을 뿐만 아니라 火다多의 극을 받는 金에 해당되는 폐, 대장, 기관지 등의 호흡기관의 장부가 좋지 않을 확률이 많은 것이다. 이렇게 편중된 오행의 극을 받는 오행에 해당되는 장부는 살아가는 인생 노정 속에서 질병 발생의 확률이 타인에 비해 많은 것이다. 사주에 과다한 오행이 편중되면 상극을 받는 장부도 건강하기가 어렵다.

(4) 좋지 않은 행동, 습관이 계속 누적될 때에도 질병과 병약의 원인이 된다

좋은 습관이 계속되면, 유익하고 좋은 결과를 만들지만 반대로 자연섭리와 건강에 유익하지 않은 행동과 습관이 누적되면, 건강에도 좋지 않은 결과를 초래한다.

사람이 건강한 사주를 선천적으로 타고났다 할지라도 식습관食習慣이 잘못되어 편식을 한다든지, 낮과 밤을 거꾸로 잠자는 수면 습관이다, 건강에 좋지 않은 흡연과 음주의 나쁜 습관이 누적된 행동을 할 때에도 건강을 해치는 요인이 된다.

이러한 나쁜 습관은 처음에는 별로 영향을 주지 않지만 계속 누적되고, 기력이 쇠퇴되는 갱년기 이후에는 그러한 나쁜 습관으로 인해 취약했던 장기가 더 나빠질 수 있어 질병에 걸릴 확률이 많게 된다.

자연 속의 맑고 신선한 공기, 맑은 물과 태양빛은 인간의 건강에 아주 중요한 요소이다. 그런데 오염된 공기와 물을 계속 마신다면 건강할 수가 없듯이 깨끗한 자연은 인간의 건강과 질결되어 있는 것이다.

자연에 위배되는 인간의 행동과 습관은 결국에는 인간세계를 질병과 파멸로 만들 것이다. 자연을 사랑하고 보호하는 운동은 인간의 건강을 지키고 생명을 아름답게 하는 운동이요, 사람이 꼭 실천해야 할 책임이다.

제11장

사주 감정요결 鑑定要訣

사람들은 가슴에 남모르는 희망의 씨 하나씩

묻고 살아가고 있다.

그 희망이 언제 싹틀지 아무도 모른다.

그러나 그는 희망의 싹이 트기를 기다리다가

아름다운 삶의 열매를 맺는 사람이 된다.

운은 돌고 또 돌면서 인간에게 기다림과 인내를 요구하고 있으며,

희망은 이들의 몫으로 준비된 것이다.

사주는 타고난 선천운[四柱八字]과 이 세상에서 전개되는 후천운[대운大運, 세운歲運]을 기초로 길흉화복을 감정하고 판단한다. 선천운이 타고난 그릇[선박 또는 자동차]이라면 후천운은 활동하는 무대[용도 또는 도로나 항로]이다.

　타고난 그릇이 아무리 튼튼하고 쓸모가 있다고 해도 용도가 없으면 쓸모가 없는 고물로서 퇴장될 수밖에 없듯이 비록 그릇은 약하고 변변치 못하다 해도 용도가 많고 서로 가지겠다는 임자가 많으면 최고의 값을 받을 수 있는 것이다.

　그와 같이 사주가 좋다고 해서 덮어 놓고 잘 사는 것이 아니고 사주가 변변치 않다 해서 반드시 못 사는 것이 아니다. 배가 크고 튼튼해도 뱃길이 험악하고 풍랑을 만나면 하루아침에 부서지거나 침몰하듯이 비록 배는 적고 약해도 순풍운의 뱃길을 만나면 아무 탈없이 일생을 만족하게 잘 살 수가 있는 것이다. 그래서 사주가 불여대운不如大運이라고 한다. 사주가 좋은 것보다 대운이 좋아야 한다는 뜻이다.

　대운은 십년을 지배하고 세세년년은 세군歲君이 지배한다.

　한 대운은 10의 세군을 거느리고 있으니 같은 대운이라 해도 세운에 따라서 기복과 흥망이 달라진다.

세군은 1년 12개월을 다스리는데 12장관長官을 거느리고 각 장관은 배정된 한달 동안의 행정을 집행하고 있으니 대운이 좋다 해도 세운이 거슬리면 풍파를 면치 못한다.

이제 그 세운 판단의 기본작업을 분석해 보기로 하자.

1. 대운大運

대운은 사주의 묘목인 월지月支의 넝쿨이 뻗어 가는 과정과 방향과 작용을 관장하는 운영의 대세大勢다. 가령, 사주의 묘목이 호박이라고 한다면 호박농사는 뿌리 밑거름과 더불어 넝쿨의 방향과 그 환경의 작용에 따라서 풍작일 수도 있고 흉작일 수도 있다.

넝쿨이 평지로 뻗어 가면 안정도 되고 호박의 성장과 결실도 크게 기대할 수가 있으나 절벽으로 뻗어 간다면 허공에 매달리듯이 중심과 안정을 유지할 수가 없고 호박이 열린다 해도 바탕과 의지가 없으므로 자라날 수가 없다. 그와 같이 호박넝쿨이 울안으로 뻗으면 지켜 주는 주인이 있으니 호박농사는 실수가 없지만 울 밖으로 뻗어 나가면 지나가는 길손들의 손을 타서 도둑맞을 수도 있다.

대운은 월지에서 출발하는 월지의 연장이요 진행으로서 그 방향은 음양에 따라서 결정된다. 양년생陽年生 남자와 음년생의 여자는 자기의 때를 만났으므로 순리대로 앞으로 진행하고 양년생 여자와 음년생 남자는 때를 만나지 못했으니 거꾸로 역행을 해야 한다.

순리대로 진행하는 대운을 순운順運이라 하고 거꾸로 역행하는 대운을 역운이라고 한다. 가령 생월이 남자의 경우 순운은 60갑자의 순서대로

乙丑 丙寅 丁卯 戊辰으로 대운이 진행되고 역운은 癸亥 壬戌 辛酉 庚申으로 대운이 거꾸로 뒷걸음질한다.

〈예 1〉

癸酉	男命〔逆運〕	女命〔順運〕
甲子	癸亥	乙丑
丁未	壬戌	丙寅
庚戌	辛酉	丁卯
	庚申	戊辰
	己未	己巳
	戊午	庚午

같은 해, 같은 달, 같은 날, 같은 시時에 태어난 사주라 해도 여자는 순운으로서 뱃머리가 동남방의 따뜻한 봄과 여름으로 향하니 한곡퇴춘寒谷退春으로 부귀영화를 누리고 남자는 역운으로서 춥고 메마른 남북방으로 향하니 엄동설한의 풍파를 겪지 않을 수가 없다.

이와 같이 같은 사주라 해도 방향과 계절이 다르면 운명도 크게 달라지는 것이다. 흔히 사주를 비방하는 사람들이 인간이 사주팔자대로 산다면 한 날 한 시에 출생한 쌍둥이가 하나는 재상이 되고 하나는 거지가 됐으니 어찌 된 곡절이냐고 따지는데 이는 선천운과 후천운의 조화에 따라서 인생의 운명이 크게 달라질 수 있다는 원리를 모르고 하는 말이다.

같은 쌍둥이를 하나로 묶어 놓으면 동일한 운명을 걸어가지만 서로 사는 고장이 다르고 직업이 다르면 사주의 적성 여부에 따라서 크나큰 변화를 가져올 수가 있다. 가령 사주가 금수金水가 왕해 木火를 요구하는 경우엔 동남방으로 진출한 주인공은 발전하고 출세하며 서북방으로 진출한 사람은 만사가 실패하고 불행을 겪게 된다.

대운은 한달 30일을 가지고 10년을 계산하기 때문에 3일이 1년에 해당한다. 대운은 절기의 변화이기 때문에 절기와 생일의 시간을 가지고 대운의 단수端數를 계산한다. 대운의 단수를 계산하는 시간의 계산은 대운의 순운과 역운이 있듯이 두 가지가 있다.

순운 사주는 태어난 날로부터 다음 절기의 입절일까지의 일수를 따지고 역운 사주는 태어난 날로부터 생월이 절기 입절일까지의 일수를 따져서 3으로 나눈다. 가령 癸丑年 5월 15일 辰시생인 경우 입춘이 정월 3일 辰시 초각初刻분에 입절하고 경칩이 2월 2일 丑시 정초각正初刻 5분에 입절하며 정월이 木월이라면 여자는 순운이니 정월 15일 辰시부터 2월 2일 辰시까지의 일수를 따져서 3으로 나누고, 남자는 역운이니 正月十五日辰時부터 정월 2일 辰시까지의 일수를 따져서 3으로 나누면 된다.

여자는 정월 15일 辰시부터 2월 2일 辰시까지의 일수가 17일이 되니 3으로 나누면 5가 되고 2가 남는다. 2가 남으면 하나를 올리고 1이 남으면 버리는 2입入1사捨의 원칙에 따라서 그 여자의 대운은 6이 단수端數가 된다. 그러나 이는 정확한 6이 아니므로 5세 9월부터 대운이 들어오고 15세 9월, 25세 9월, 35세 9월, 45세 9월에 대운이 바뀐다.

남자는 정월 2일 辰시부터 정월 15일 辰시까지의 일수가 13일이므로 3으로 나누어 4가 되고 1이 남았으니 대운이 4세 5월부터 들어오고 바뀌고 한다. 왜냐하면 3월이 1년이니 1일은 4개월에 해당하며 일일이 남았으니 4개월에 해당하니 4개월이 지난 4세 5월부터 대운이 시작되고 5에서 2가 남아 6이 됐으면 1일이 부족하니 4개월을 앞당겨서 6의 대운을 찾아온다. 때문에 5세 9월에 대운이 찾아오고 10년만큼 5세 9월에 대운이 바뀐다.

대운은 방위와 계절을 가리키고 일주와의 직접 간접적인 통변거래를 하고 있으므로 운명의 진행에 중대한 영향을 가져온다. 가령 丙火를 희신으로 하는 사주는 丙午 대운을 만나면 나비가 꽃을 본 것처럼 만사가 뜻대로 이뤄지고 丙火를 기신忌神으로 하는 사주는 丙午대운에 서리를 맞은 풀잎처럼 운세가 시들어진다. 대운은 간지干支를 통틀어서 그 힘의 비중을 따져서 판단하는 것이 합리적이다. 가령 丙午 대운이면 간지干支가 모두 火이므로 火로서 10년을 보는 것이 당연하고 丙午대운이라면 庚金이 허약하고 午火는 득했으니 金을 3분 火를 7분으로 보는 것이 타당하며 甲申대운이라면 甲은 절지에 있고 庚은 록지에 있으니 木은 3분 金은 7분으로 보는 것이 합리적이나 일반적으로 대운은 방위와 계절을 가리키고 있는 만큼 지지를 더욱 중요시하고 있다.

2. 세운歲運

세운은 1년을 통솔하는 세군歲君과의 운명 거래로서 1년 동안의 길흉화복은 전적으로 세군의 손에 달려 있다. 가령 세군이 癸丑이고 일주가 己未인 경우엔 일주가 세군의 목덜미를 내려치는 형국이니 세군이 그냥 관용할 리가 없다. 세군은 1년을 통치하는 세월의 통치가로서 자기와 우호적인 백성에게는 상을 주고 벼슬을 주지만 적대적인 백성에게는 아무런 편의도 제공하지 않음은 물론 형벌을 내린다. 때문에 세군을 극하는 사주는 자칫하면 형벌을 당하고 만사가 실패이며 세군과 상생하는 사주는 세군의 가호를 받아 만사가 뜻대로 이루어진다.

대운이 좋으면 어느 정도의 구제를 받지만 세군의 권한은 누구도 간섭할 수 없으므로 세운이 불길하면 만사가 허사다. 대운이 불여세운不如歲運이란 바로 이를 두고 한 말이다. 그러기에 세운을 무시하고 대운만으로 사주의 일생 운명을 판단하는 것은 저울눈을 떠나서 중량을 따지는 것과 같다.

세운은 천간天干을 중요시하고 지지를 가볍게 보는데 대운에서와 같이 간지干支를 종합적으로 따져서 판단하는 것이 타당하다.

3. 월운月運

세군은 1년 12월을 다스리는데 열두 장관을 배치해 한 달씩 관의 행정과 집행을 위임했다. 때문에 세군과는 다정해도 월관(月의 干支)과 상극되면 장관이 미워하고 도장을 찍지 않으므로 고통을 받고 손재를 보게 되며 세군과는 상극돼도 월궁과 우호적이면 그 달만은 장관의 가호로서 혜택을 누리게 된다.

월운은 천간을 위주로 하지만 대운이나 세운과 같이 간지를 종합적으로 헤아려서 판단해야 한다. 대운과 세운과 월운은 서로 분리될 수 없는 연결된 사주의 항로로서 전체적인 종합과 분석을 통한 판단을 위주로 해야 한다. 대운 위주로 하는 것도 큰 실수지만 세운이나 월운을 위주로 판단하는 것도 부분적인 편견으로서 오판의 근원이다.

4. 행운판단비결

운명은 선천운(四柱八字)과 후천운(大運)의 이중창이기 때문에 먼저 선천운의 선악을 판단한 다음 후천운과 대조해 봐야 한다. 선천운인 사주팔자가 멋지게 구성되고 일주를 극하고 해치는 악신이 없는 양명良命은

- 행운이 본명本命(사주)를 돌봐 주는 좋은 운(호好운)이면 운세가 날개를 펴는 것이니 부귀공명을 뜻대로 누릴 수 있고
- 행운이 본명本命을 극하고 해치는 악운인 경우엔 본명本命이 워낙 좋으니 큰 해는 받지 않겠지만 반드시 어떤 장애물로 인해 뜻을 이루기가 어렵다.

둘째, 사주팔자가 잘 구성되기는 했지만 일주를 극하고 해치는 일부 악신이 있으면,

- 행운에서 악신을 제거하고 일주를 구제하는 호운을 만나면 만사가 뜻대로 이루어지고
- 반대로 희신喜神을 극하고 해치는 악운을 만나면 화가 도처에 발생한다.

셋째, 사주팔자가 모두 일주를 극하고 해치는 악신으로 가득 차 있는 사주는,

- 악신을 누르고 일주를 돌봐 주는 좋은 운을 만나면 큰 복을 받을 수 있지만 불구자가 봄을 만난 것처럼 조그만 기쁨과 작은 뜻을 이룰 수 있고
- 반대로 악신을 도와주는 악운을 만나면 고질병이 악화된 것처럼 처참한 고통을 당하고 수명을 부지하기가 어렵다.

넷째, 사주팔자가 악신으로 구성됐지만 악신을 누르고 일주를 도와주는 희신이 있는 사주는,

- 희신을 도와주는 행운을 만나면 의사가 있고 양약을 얻은 것처럼 기쁨과 발복이 도처에 있고
- 희신을 파괴하고 악신을 도와주는 악운을 만나면 화가 도처에 미친다. 이는 타고난 그릇을 자동차로 가정하고 행운을 편하고 좋은 길로 가정해서 생각하면 쉽게 이해할 수가 있다.

첫째, 본명이 멋지고 좋다는 것은 자동차가 튼튼하고 결함이 없다는 말이니 넓고 곧고 평평한 포장이 잘된 신작로(본명을 도와주는 행운)를 만나면 최대의 속도로 최장의 장거리를 멋지게 달릴 수 있으므로 이름을 크게 떨치는 동시에 수익을 극대화시키고 부귀를 누릴 수 있다.

그러나 길이 좁고 언덕진 울퉁불퉁한 그리고 험한 절벽 강산의 길(본명을 극하고 해치는 악운)을 만나면 비록 자동차는 튼튼해 고장이 나지 않고 상하는 일이 없다 해도 길이 막혀 목적지에 갈 수 없으므로 화는 받지 않아도 뜻을 이룰 수가 없는 것이다.

둘째, 타고난 사주가 악신으로 가득 차 있듯이 엉망진창으로 고장난 자동차라면 고속도로와 같이 잘 다듬어진 신작로(좋은 운)를 만나면 변변치 않아도 운행하고 속도도 마음껏 낼 수 있으므로 조그만 수익을 올릴 수 있지만 길마저 험준한 산간벽지(악운)를 만나면 차는 더욱 고장이 나서 못쓰게 되고 급기야는 폐차시키라는 불운에 부딪치게 된다.

셋째, 자동차는 좋으나 일부가 고장난 것은 그 고장을 고쳐 주는 정비 기술자(좋은 운)를 만나면 완전한 기능을 발휘함으로써 최대의 수익(행복)을 올릴 수 있고 반대로 고장을 확대시키는 사고(악운)를 당하면 차는 움직일 수 없는 동시에 차에 타고 있던 승객들이 죽고 상하는 사고가 발생함으로써 큰 손재(불행)를 당하게 된다.

넷째, 자동차는 쓸모없는 중고품이지만 차를 잘 보수하고 운전하는 기술자를 가지고 있는 자동차는 기술자를 최대한 운행함으로써 최고의 수익(행복)을 올릴 수 있고 운전수를 박해하는 악운을 만나게 되면 운전수가 활동을 못하게 되고 차운전을 잘 못함으로써 큰 사고와 화를 일으키게 된다.

이와 같이 사주라 해도 대운과 세운의 행운에 따라서 길흉의 차이가 있고 같은 행운이라 해도 타고난 사주의 구조가 튼튼하고 허약함에 따라서 길흉의 차이가 있다. 한 치의 차이가 천리의 거리차를 가져오는 것이 운명이니 모든 것을 차분하고 세밀하게 분석하고 또 그러한 습관을 체질화시켜야 한다.

5. 격국格局과 행운幸運

(1) 정관격으로서

- 일간이 약하고 재성이 강한 경우 비견겁재로서 용신을 삼는데 비견겁재가 없으면 인수로서 용신을 삼는다. 인수나 비견겁재운을 만나면 운세가 활짝 열리고 재관의 운(대운, 세운, 월운)으로 가면 운세가 막히고 만사가 부진하다.
- 일간이 약하고 식신상관이 많으면 인수로서 용신을 삼으니 인수운이나 인수를 생해 주는 관운에 가면 발복發福하고 상관이나 재운으로 가면 풍파가 있다.
- 일간이 약하고 관살이 많으면 인수로서 용신을 삼으니 인수비견운에 가면 크게 발전하고 재관살財官殺에 가면 파란만장이다.
- 일간이 강하고 비겁(비견겁재)의 약칭이 많으면 정관을 용신으로 삼으니 재관운으로 가면 봄바람이 행운을 가져다 주고
- 인수비견운을 만나면 만사가 뜻대로 되지 않는다.
- 일주가 강하고 인수가 많으면 재성으로 용신을 삼으니 식신재성운에 가면 뜻밖의 행운이 있고 인수비견운으로 가면 물이 막힌 것처럼 만사가 침체되고 부진이다.
- 일간이 강하고 식신상관이 많으면 재성을 용신으로 삼으니 재관운

을 만나면 크게 발전하고 비견겁재운으로 가면 되는 일이 없다.

(2) 사주가 재백격(정재, 편재격)으로서

- 일간이 약하고 식신상관이 많으면 인수를 용신으로 삼으니 인수비견운에 발전하고 상관재성운에 가면 모든 것이 막힌다.
- 일주가 약하고 재성이 강하면 비견겁재운으로서 용신을 삼으니 비겁운으로 가면 대발전하고 식신상관운에 가면 크게 실패한다.
- 일주가 약하고 관살이 많으면 인수로서 용신을 삼는데 인수비견운으로 가면 발복하고 재관살운으로 가면 화를 당한다.
- 일주가 강하고 비견겁재가 많으면 식신상관을 용신으로 삼거나 관살을 용신으로 삼으니 식신상관이나 관살운으로 가면 운세가 활짝 피고 인수비견운으로 가면 운세가 캄캄하다.
- 일주가 강하고 인수가 많으면 재성을 용신으로 삼으니 식신상관재운으로 가면 만사가 뜻대로 되고 인수비견운으로 가면 모두가 실패한다.

(3) 사주가 인수격(정인, 편인격)으로서

- 일주가 약하고 식신상관이 많으면 인수로서 용신을 삼으니 인수비견운에 가면 발전하고 식신상관재운으로 가면 화를 당한다.
- 일주가 약하고 관살이 많으면 인수로서 용신을 삼으니 인수비견운으로가면 기쁜 일이 있고 재관운으로 가면 비운이다.
- 일주가 약하고 재성이 많으면 비견겁재를 용신으로 삼으니 비견겁재운을 만나면 발전하고 식신상관재운으로 가면 큰 화가 발생한다

〔속출다과續出多過〕.

- 일주가 강하고 비견겁재가 많으면 관살을 용신으로 삼거나 식신상
관을 용신으로 삼으니 식신상관 관살운으로 가면 발전하고 인수 비
겁운으로 가면 만사가 실패한다.

- 일주가 강하고 인수가 많으면 재성으로 용신을 삼으니 상관재운으
로 가면 모두가 뜻대로 되고 비견겁재 정관 인수운으로 가면 모두가
도로아미타불이다.

- 일주가 강하고 재성이 많으면 관살을 용신으로 삼으니 정관인수운
에는 발복하고 상관재성운에는 풍파가 많다.

(4) 사주가 식신격으로서

- 일주가 약하고 재성이 많으면 비견겁재로서 용신을 삼으니 인수비
견운에 가면 출세하고 상관 재관살운에 가면 화를 당한다.

- 일주가 약하고 식신이 많으면 인수로서 용신을 삼으니 정관이나 인
수운으로 가면 복을 받고 식신상관재운으로 가면 화를 당한다.

- 일주가 강하고 인수가 많으면 재성으로 용신을 삼으니 식신상관재
운으로 가면 발전하고 인수비견운으로 가면 극성지패로 실패한다.

- 일주가 강하고 비견겁재가 많으면 식신으로 용신을 삼으니 식신상
관운에는 발전하고 인수비견운에는 풍파가 있다.

- 일주가 강하고 재성이 많으면 관살을 용신으로 삼으니 재관살운으
로 가면 이름을 떨치고 인수비견운으로 가면 유명무실하다.

(5) 사주가 칠살격으로서

- 일주가 약하고 재성이 많으면 비견겁재로 용신을 삼으니 인수 겁재 운으로 가면 만사가 뜻대로 되고 상관재운으로 가면 실패하고 화가 속출한다.
- 일주가 약하고 식신상관이 많으면 인수로서 용신을 삼으니 인수운 으로 가면 행복하고 식신상관재운으로 가면 불행하다.
- 일주가 약하고 관살이 많으면 인수로서 용신을 삼으니 인수비견운 으로 가면 운세가 호전되고 재관운으로 가면 흉하다.
- 일주가 강하고 비견겁재가 많으면 칠살을 용신으로 삼으니 재성이 나 칠살운으로 가면 발복하고 인수비견운으로 가면 되는 일이 없다.
- 일주가 강하고 인수가 많으면 재성으로 용신을 삼으니 상관재성 운으로 가면 도처에 춘풍이요 정관 인수비견운으로 가면 추풍낙엽 이다.
- 일주가 강하고 관살이 중중重重하면 식신상관으로 용신을 삼으니 식 신상관운으로 가면 이름을 떨치고 인수운으로 가면 화가 도처에서 속출한다.

(6) 사주가 상관격으로서

- 일주가 약하고 관살이 많으면 인수로서 용신을 삼으니 인수비견운 으로 가면 발복하고 재관운으로 가면 화를 당한다.
- 일주가 약하고 재성이 많으면 비견겁재로 용신을 삼으니 인수비견 운으로 가면 순풍순우順風順雨요 재관운으로 가면 파란중첩이다.
- 일주가 약하고 식신상관이 많으면 인수로서 용신을 삼으니 정관이

나 인수운으로 가면 운세가 열리고 식신상관운으로 가면 평지풍파다.

• 일주가 강하고 비견겁재가 많으면 칠살로서 용신을 삼으니 재성칠
살운으로 가면 발전하고 인수비견운으로 가면 모두가 허사다.

• 일주가 강하고 인수가 많으면 재성으로 용신을 삼으니 식신상관재
운으로 가면 만사가 뜻대로 되고 인수비견운으로 가면 백사가 막힌다.

(7) 사주가 외격으로서

• 곡직격인 사람으로서 水木火운에는 발전하고 金운에는 화를 당하며
가색격인 사람은 火土金운은 좋고 木운은 흉하다.

• 염상격인 사람은 木火土운은 길하고 水운은 흉하다.

• 종혁격인 사람은 土金水운에는 발신發身하고 火운에는 화가 속출
하며 윤하격의 주인공은 金水木운은 대발전하고 土운에는 풍파가
많다.

• 종재격의 사주는 식신상관 재관살운은 좋고 인수비견운은 흉하며
종살격의 사주는 재성 칠살운에는 운이 열리고 인수비견운에는 운
이 막힌다.

• 종아격의 사주는 식신상관재운에는 발전하고 관살과 인수운에는 풍
파가 있으며

• 종왕격의 주인공은 인수 비견겁재운에는 이름을 떨치고 재관운에는
크게 실패한다.

• 종강격의 주인공은 인수 비견겁재운에는 대발전하고 재관식신상관
운에는 풍파가 있다.

• 화化土격格의 사람은 火土金운에 성공하고 木운에 실패하며 화化金
격인 사람은 土金水운에 출세하고 火운에 곤두박질한다.

- 화化水격格인 사람은 金水木운은 길吉하고 土운은 흉하다.
- 화化火격格인 사람은 木火土운에 성공하고 水운에 풍파가 있다.

(8) 사주가 건록격建祿格으로서

- 재성이 많고 신약하면 비견겁재로 용신을 삼으니 인수비견운에는 발복하고 재관운에 가면 만사가 막힌다.
- 재성이 많고 신강하면 관살을 용신으로 삼으니 재관운으로 가면 발전하고 인수비견운으로 가면 유명무실하다. 관살이 없으면 식신상관으로 용신을 삼으니 식신상관 재관운에 발복하고 인수비견운에 가면 실패한다.
- 관살이 많고 신약이면 인수로 용신을 삼으니 인수비견운에는 운이 열리고 재관운에는 풍파가 있다.
- 관살이 많고 신강하면 재성으로 용신을 삼으니 식신상관재운으로 가면 길하고 비견운으로 가면 흉하다.
- 식신상관이 많고 신약하면 인수로 용신을 삼으니 인수비견운에는 발전하고 식신상관재운에는 되는 일이 없다.
- 식신상관이 많고 신강하면 재성으로 용신을 삼으니 식신상관재운에는 발복하고 인수 비견운에는 풍파가 있다.
- 비견겁재가 많으면 관살을 용신으로 삼으니 재관운에는 길하고 인수비견운에는 흉하다.
- 인수가 많으면 재성으로 용신을 삼으니 식신상관재운으로 가면 뜻대로 이루어지고 인수비견운으로 가면 모든 일이 막힌다.

(9) 사주가 양인격羊刃格으로서

- 재성이 많으면 관살을 용신으로 삼는다. 재관운에는 발복하고 인수 비견운에는 실패한다.
- 재성이 많으면 재성으로 용신을 삼으니 식신상관재운으로 가면 길하고 인수비견운으로 가면 화를 당한다.
- 식신상관이 많으면 재성으로 용신을 삼으니 식신상관운에 가면 호전되고 인수비견운에 가면 역전된다.
- 비견겁재가 많으면 관살을 용신으로 삼으니 재관운에는 발신하고 인수 비견 식신상관운에는 풍파가 있다.
- 인수가 많으면 재성으로 용신을 삼으니 식신상관재운에는 발신하고 인수비견운에는 만사가 허사다.
- 재관 식신상관운이 만발해 인수로서 용신을 삼으니 인수비견운에는 길하고 재관 식신상관운에는 흉하다.

6. 행운幸運의 길흉吉凶

(1) 용신을 생부生扶하는 행운은 길하다. 가령 재성이 용신이면 재성을 생生해주는 식신상관이나 재성을 도와주는 재성의 행운은 길吉하다. 그러나 생부生扶하는 별을 타간(他干=사주의 年月日時의 干支)에서 극하거나 합을 하면 작용을 상실하므로 별일 없이 평탄하다.

(2) 용신을 극해 주는 행운은 흉하다. 가령 용신이 정관이면 상관이 드는 행운은 화를 당한다. 그러나 상관을 타간他干에서 극하거나 합해 주면 탈 없이 평범하다.

7. 행운감정비록行運鑑定祕錄

일주가 왕하고 정관과 상관이 병출해 정관이 거세돼 있으면 재운에 통관돼 뜻밖의 발전을 한다. 정관을 용신으로 삼는데 상관이 같이 있으면 통관하는 재운이나 상관을 누르는 인수운에 호전된다.

상관을 용신으로 하는데 상관이 많으면 일주가 허약하니 인수운에 발신한다. 그러나 상관이 적으면 도리어 인수를 싫어한다. 상관을 용신으로 하는데 정관이 같이 있으면 관왕운에 화를 당한다. 설사 구신이 있어서 구제를 한다 해도 반드시 악질이 발생하거나 관재官災를 당한다. 상관과 정관이 같이 있으면 거관하는 운에 발복한다.

상관이 인수를 쓰는 사주는 재운이 불길하다. 상관이 인수를 용신으로 쓰는 사주는 관살운에 발복하고 인수운도 길하다.

그러나 식신상관재운으로 가면 흉하다. 상관이 있고 인수나 비견이 많으면 재성이 허약하면 재운을 도와주는 재운에 발복한다. 상관이 있어 재성을 용신으로 삼는 사주는 재성을 공격하는 비겁운을 싫어한다.

따라서 지지에서 재성이 득기하는 행운에 발복하고 재성을 공격하는 겁재운에는 죽음을 당하기 쉽다. 상관이 있고 재성을 용신으로 하는 사주는 몸이 가벼운 운에 발전한다. 상관이 있고 칠살을 용신으로 하는 사주는 인수운에 길하고 식신상관운도 나쁘지 않다.

편인운은 좋지 않고 칠살을 도와주는 재운을 만나면 위험하다. 신왕하고 칠살이 왕하며 정관이 없으면 청귀淸貴한 관이라고 한다. 시상時上에 편관이 있고 이를 누르는 식신이나 설기하는 인수가 없으면 식신이나 인수운에 발복한다.

칠살이 건록을 얻고 왕하며 재성을 보면 귀로 변하고 인수를 보면 발복한다. 칠살을 식신이 너무 누르면 가난한 선비의 팔자라 재운을 만나면 이름을 떨친다. 칠살이 왕하고 신약하며 인수가 있으면 재운을 가장 싫어한다. 칠살이 왕하고 신약하면 신왕운에 발신하고 신약운에는 화가 되풀이 발생한다.

신강하고 칠살이 왕하며 제살(칠살을 누르는 식신)이 없으면 살왕운에 귀貴를 얻어도 오래 보전할 수 없다. 칠살이 강하면 누르는 것을 좋아한다. 다시 관살운에 가면 죽는 일은 없으나 경제적인 고통을 받는다. 칠살이 있는 사주가 관을 만나서 혼잡이 되면 직장을 그만두게 되고 심한즉 흉사할 수도 있다.

칠살이 있는 사주는 식신을 용신으로 삼는다. 식신이 약하면 식신을 돕는 행운에 발신하고 칠살이 약弱하면 칠살운에 발복發福한다. 칠살과 식신이 서로 균등하고 일주가 약하면 인수비견운에 길하다.

관살이 혼잡하면 거관유살(去官留殺=즉 관을 없애고 살만 남는다. 이것은 甲일생에 庚辛이 있으면 관살이 혼잡이고 乙로서 庚을 합하면 거살去殺이 되고 丙으로서 辛을 합하면 거관유살이 된다)이나 거관유살을 논할 것이 아니라 일주가 약하면 식신운에 가야 좋다. 일주가 약하면서 종살격이 성립되지 않는 사주(칠살이 식신으로 눌리거나 인수로 화인化印되면 종살격이 파격이다)는 재운을 만나면 큰 화를 당한다.

살운에 가면 더욱 위험천만이다. 일주와 칠살이 비등하면 인수비견운에 가야 좋다. 칠살과 식신이 같이 있으면 칠살운에 가야 발복한다. 정관이 청순하고 신강하면 관운이나 관성이 삼합성국을 할 때 크게 발복한다.

일주가 약하고 관살이 혼합된 사주가 다시 재관운을 만나면 거처와 직업이 안정되기 어려운 도류지명徒流之命이다. 정관이 월주와 시주에 있고 천간에도 많이 투출한 사주가 다시 관운에 가면 관이 변해 귀살貴殺로 변하니 손재하거나 재난을 당한다.

재관이 왕하고 일주가 쇠약한 사주가 다시 재살운으로 가면 큰 병을 앓게 된다. 정관이 있고 인성을 용신으로 한 사주는 인수비견운에 길하다. 관성이 약하고 신강하면 재관운을 좋아한다. 정관이 있고 식신상관을 마주 본 사주는 재성을 용신으로 하고 인수와 정관운을 좋아한다.

정관이 있고 칠살이 있으면 비견을 용신으로 하거나 칠살을 제살制殺하는 별을 용신으로 한다. 다시 식신상관재운에 가면 실의하고 칠살운에는 화가 발생한다. 식신이 많은 사람은 인수운을 기뻐하고 식신이 적은 사주는 인수운을 싫어한다. 관살이 혼잡되고 상관이 칠살을 합한 사주는 다시 식신운이나 재운에 가면 흉하다. 또 상관을 치는 인수운에 가도 흉하다.

식신은 상관운에 가면 길하지만 편인이나 비견운은 싫어한다.

신왕하고 인수가 많으면 재운이 와도 무방하고 신약하고 인수가 있으면 칠살운에 가도 무방하다. 인수가 있고 비견이 있으면 재운을 기뻐하고 인수만 있고 비견이 없으면 재운을 두려워한다.

재성이 인수를 치는 사주는 신왕운에 가서 일이 막힌다. 재성이 있고 인수를 용신으로 하는 사주는 비견운을 좋아한다. 인수가 지나치게 허약한 사주는 인수를 생해 주는 관살운을 기뻐하고 인수가 태강한 사주는 인수를 누르는 재운을 기뻐한다.

재다신약財多身弱하면 신왕운에 발복하고 신왕재약身旺財弱한 사주는 재왕운에 발복한다.

재성은 많으나 인수가 일주를 생해 주는 사주는 거대한 수목처럼 그 집 가문이 오래 전부터 이름난 사람이요. 처가 현명하고 자녀가 뛰어났으며 만년에 재산을 크게 얻는다. 재성이 없는 사주는 재운에 가면 좋다고 하나 유명무실하다. 재다신약한 사주가 관운에 가거나 재운을 만나면 화가 연속적으로 발생한다.

재가 많으면 인수를 기뻐한다. 재다신약하면 겁재운에서 발복한다. 신왕재약하면 겁재운에 화를 당한다. 겁재가 많거나 겁재운에 가면 어려운 일이 거듭 발생한다. 양인격으로 칠살을 용신으로 한 사주는 칠살운보다는 칠살을 돕는 재운에 발복한다. 칠살이 태중太重하면 신왕운이 좋다.

8. 유년법流年法

유년流年의 간지干支가 용신을 생부生扶하면 길吉년이고 유년의 간지干支가 용신을 극해하면 흉년이다. 유년의 간지干支가 용신을 생부한다 해도 사주의 타간지他干支가 그를 극하면 좋을 것 같으면서도 실속없는 평범한 해다. 유년의 간지干支가 용신을 극한다 해도 사주에서 그를 극합하면 작용이 불가능하니 나쁜 것 같으면서도 손해가 없는 평범한 해다.

(1) 유년과 대운 관계

- 유년이 좋은데 대운도 좋으면 대발전한다.
- 유년은 좋으나 대운이 나쁘면 길흉이 반반이다
- 유년도 나쁘고 대운도 나쁘면 큰 화가 발생한다.
- 유년이 나쁘나 대운이 좋으면 길반 흉반이다.
- 유년이 길한데 사주에서 극합(극합을 충하거나 합해서 없애는 것)해 유년의 작용을 묵살시키는 경우 대운에서 극합을 풀어주면 크게 발전한다.
- 유년이 흉한데 사주에서 극합하면 흉이 사라지는데 대운에서 극합을 풀어 주면 어려운 일이 많이 발생한다.
- 유년이 길한데 사주에서 극합할 경우 대운에서 사주의 극합작용을

도와주면 흉다길소凶多吉小가 된다.

- 유년이 흉한데 사주에서 극합하는 경우 대운에서 극합을 도와주면 길다흉소吉多凶小하다.
- 유년이 길한데 대운에서 생부해 주면 더욱 길하다.
- 유년이 흉한데 대운이 그것을 생조해 주면 흉이 더욱 늘어난다.
- 유년이 길한데 대운이 유년을 극하면 길이 감해진다.
- 유년이 흉한데 대운이 유년을 극하면 흉이 감소된다.

(2) 유년간지流年干支의 비중比重

유년의 천간天干을 중요시하고 지지地支를 가볍게 보는데 그릇된 견해다. 간지干支를 다 같이 중요시해야 한다.

- 유년의 간지가 다 같이 용신을 도와주면 대길하다.
- 유년의 간지干支가 모두 용신을 극하면 대흉하다.
- 유년의 간干은 용신을 돕고, 지支는 용신을 극해하면 길흉반반이다.
- 유년의 천간天干은 용신을 극하지만 지지地支가 용신을 도우면 길흉상반相半이다.
- 유년의 천간天干이 용신을 돕고 지지地支가 천간天干을 도우면 대길하다.
- 유년의 천간天干이 용신을 극하는데 지지地支가 천간天干을 도우면 대흉하다.
- 유년의 지지地支가 용신을 돕는데 천간天干이 지지地支를 도우면 대길하다.
- 유년의 지지地支가 용신을 극하고 천간天干이지지地支를 도우면 대흉하다.

- 유년의 천간天干이 용신을 돕는데 지지地支가 천간天干을 극하면 길이 감소된다.
- 유년의 천간天干이 용신을 극하는데 지지地支가 천간天干을 극하면 흉이 감소한다.
- 유년의 지지地支가 용신을 돕는데 천간天干이 지지地支를 극하면 길이 감소된다.
- 유년의 지지地支가 용신을 극하는데 천간天干이 지지地支를 극하면 흉이 감소한다.

※ 월月운 보는 법은 유년운을 보듯이 월간干 간지干支와 용신을 대조하고 월月간과 유년을 대조해 판단하되 그 방법은 유년법과 똑같다.

참고문헌

곽동찬, 《사주추명학》, 국제역학문화협회, 1989.
김일엽, 《명리전서》, 동양철학교육원, 2003.
신수훈, 《명리강론》, 도서출판 서자원, 2005.